A MARAVILHOSA E BOA
COMUNIDADE

James Bryan Smith

A MARAVILHOSA E BOA COMUNIDADE

Seguindo o Espírito, estendendo graça, demonstrando amor

Vida

EDITORA VIDA
Rua Conde de Sarzedas, 246 — Liberdade
CEP 01512-070 — São Paulo, SP
Tel.: 0 xx 11 2618 7000
atendimento@editoravida.com.br
www.editoravida.com.br
@editora_vida /editoravida

A MARAVILHOSA E BOA COMUNIDADE
© 2010, by James Bryan Smith
Originalmente publicado nos EUA com o título
The Good and Beautiful Community
Edição brasileira © 2011, Editora Vida
Publicação com permissão contratual da
InterVarsity Press (P. O. Box 1400, Downers Grove, IL 60515, USA)

Todos os direitos desta edição em língua portuguesa reservados e protegidos por Editora Vida pela Lei 9.610, de 19/02/1998.

É proibida a reprodução desta obra por quaisquer meios (físicos, eletrônicos ou digitais), salvo em breves citações, com indicação da fonte.

∎

Exceto em caso de indicação em contrário, todas as citações bíblicas foram extraídas de *Nova Versão Internacional* (NVI)
© 1993, 2000, 2011 by International Bible Society, edição publicada por Editora Vida. Todos os direitos reservados.

Todas as citações bíblicas e de terceiros foram adaptadas segundo o Acordo Ortográfico da Língua Portuguesa, assinado em 1990, em vigor desde janeiro de 2009.

∎

Editor responsável: Marcelo Smargiasse
Editor-assistente: Gisele Romão da Cruz Santiago
Editor de qualidade e estilo: Sônia Freire Lula Almeida
Tradução: Andrea Filatro
Revisão de tradução: Josemar de Souza Pinto
Revisão de provas: Equipe Vida
Projeto gráfico e diagramação: Claudia Fatel Lino e Karine dos Santos Barbosa
Capa: Arte Peniel

As opiniões expressas nesta obra refletem o ponto de vista de seus autores e não são necessariamente equivalentes às da Editora Vida ou de sua equipe editorial.

Os nomes das pessoas citadas na obra foram alterados nos casos em que poderia surgir alguma situação embaraçosa.

Todos os grifos são do autor, exceto indicação em contrário.

1. edição: mar. 2012
1. *reimp.*: ago. 2021
2. *reimp.*: set. 2023

Dados Internacionais de Catalogação na Publicação (CIP)
(Câmara Brasileira do Livro, SP, Brasil)

Smith, James Bryan
  A maravilhosa e boa comunidade: seguindo o Espírito, estendendo graça, demonstrando amor / James Bryan Smith; [tradução Andrea Filatro]. — São Paulo: Editora Vida, 2012.

  Título original: *The Good and Beautiful Community*.
  ISBN 978-85-383-0232-2

  1. Comunidades — Aspectos religiosos — Cristianismo 2. Vida cristã I. Título.

12-00014		CDD-261.1

Índices para catálogo sistemático:

1. Comunidades : Aspectos religiosos : Cristianismo 261.1

Para minha maravilhosa e boa comunidade: Meghan Smith,
Matt Johnson, Catherine Johnson, Janeen Sehl, Patrick Sehl,
Laura Fox, C. J. Fox, Jimmy Taylor e Andrew Tash,
por permanecerem comigo, de coração e alma.

1Samuel 14.7

Sumário

Introdução 9
Como tirar o máximo de proveito deste livro 25

1 A comunidade peculiar......................................28
   Treinamento para a alma: Dois por quatro 48
2 A comunidade da esperança...............................54
   Treinamento para a alma: Compartilhando sua fé
   (sem embaraço ou coerção) 75
3 A comunidade do serviço 80
   Treinamento para a alma: Valorizando nossos tesouros 99
4 A comunidade centrada em Cristo 102
   Treinamento para a alma: Amando aqueles que
   discordam de nós 128
5 A comunidade da reconciliação....................................131
   Treinamento para a alma: Experimentando a reconciliação 154
6 A comunidade do encorajamento................................158
   Treinamento para a alma: Encontrando um amigo para
   prestar contas 181

7 A comunidade da generosidade 184
   Treinamento para a alma: Administração de recursos 208
8 A comunidade da adoração 212
   Treinamento para a alma: Adoração 233
9 Escrevendo um plano para treinamento da alma 236

Apêndice: Guia de discussão para pequenos grupos 252
Agradecimentos 283
Sobre o RENOVARE 286

Introdução

Esta trilogia é destinada a ajudar as pessoas em seus esforços para crescer em semelhança a Cristo. A trilogia é construída sobre uma fórmula básica de transformação que inclui uma dimensão cognitiva (mudar narrativas), uma dimensão física (praticar exercícios espirituais), uma dimensão comunitária (fazer as duas primeiras coisas no contexto de uma comunidade) e uma dimensão espiritual (a obra do Espírito Santo). Isso significa que a verdadeira transformação precisa ser holística, considerando as muitas dimensões da vida humana.

Cinco anos testando este material me ensinaram muito sobre como mudamos a nós mesmos e sobre as coisas que nos impedem de mudar. Descobri que, quando as pessoas se envolvem nesses três grupos de atividades (com relação a Deus, a si mesmas e ao próximo) — sob a direção do Espírito —, a transformação é não apenas possível, mas também praticamente inevitável. Cada pessoa que realmente se aplicou em seguir este currículo experimentou uma mudança considerável. Seus amigos e familiares notaram a diferença e rapidamente se inscreveram para experimentá-la na própria vida.

OS DOIS PRIMEIROS LIVROS

Os livros que compõem a trilogia seguem uma progressão lógica. O primeiro livro, *O maravilhoso e bom Deus*, lida com nossas "narrativas sobre Deus", ou seja, nossas ideias a respeito de Deus. A premissa é que nossos pensamentos sobre Deus precisam estar alinhados com Jesus ou estaremos partindo de um ponto de partida errado, e nossa vida com Deus será afetada de modo negativo, de maneira talvez até mesmo nefasta. Quando as pessoas "se apaixonarem pelo Deus que Jesus conhece", estarão prontas para encarar o espelho e examinar a própria alma. Esse é o objetivo do segundo livro, *A maravilhosa e boa vida*. Ele lida em primeiro lugar com o caráter e a virtude. Seguindo o ensino de Jesus no Sermão do Monte, o livro aborda as lutas comuns na vida humana, como a ira, a lascívia, a mentira, a inquietação e o julgamento dos outros.

Cada capítulo desses livros segue um padrão similar. Por meio de histórias da vida real, o leitor é convidado a examinar as ideias e narrativas falsas que prejudicam nossa vida e depois substituí-las pelas narrativas verdadeiras encontradas nos ensinamentos de Jesus e no restante da Bíblia. Cada capítulo também inclui um exercício de treinamento para a alma, escolhido especificamente para ajudar na mudança de narrativa. Você pode simplesmente ler o livro, e nada mais, e talvez até experimentar algum ganho. Ou você pode ler um capítulo e praticar o exercício sugerido, experimentando então uma mudança um pouco maior. O melhor de tudo, no entanto, é ler o capítulo de maneira reflexiva, envolvendo-se de todo o coração no exercício proposto e discutir suas experiências e descobertas com um grupo de colegas participantes da mesma jornada. Essa última maneira tem provado ser a mais eficaz.

CORAÇÃO, GRAÇA E AÇÃO

Além da fórmula básica para a transformação (narrativa, exercício, comunidade — Espírito Santo), a trilogia também ensina alguns princípios básicos que são cruciais para a formação espiritual cristã. Esses princípios foram importantes nos dois primeiros títulos e são ainda mais críticos neste terceiro livro, que trata mais diretamente da maneira pela qual vivemos, não apenas de nosso amor a Deus (o primeiro livro) ou da cura de nossa alma (o segundo livro). Em *A maravilhosa e boa comunidade*, examinaremos a segunda parte do Grande Mandamento: amar nosso próximo como a nós mesmos.

Quando ingressamos nessa área, é fácil perder o foco principal (o coração) e pôr toda a ênfase na coisa errada (a atividade propriamente dita). Paulo entendia isso muito bem quando escreveu aos coríntios: "Ainda que eu dê aos pobres tudo o que possuo e entregue o meu corpo para ser queimado, se não tiver amor, nada disso me valerá" (1Coríntios 13.3).

Podemos nos envolver nos mais sublimes atos de serviço e martírio, mas, se não o fizermos em espírito de amor, não terão valor algum. Quando lidamos com a justiça social, atos de misericórdia ou serviço aos outros, há a tendência de nos encantarmos pela ação propriamente dita. Servir aos outros é uma atitude rara e impressionante em nosso mundo narcisista, um mundo no qual as pessoas criam pequenos casulos e se isolam umas das outras, com frequência por causa do medo. Quando vemos as pessoas sacrificando seu tempo ou dinheiro pelos outros, isso chama nossa atenção. Não há nada de errado nisso. Não devemos — na verdade não podemos — ocultar nossa luz sob uma vasilha (cf. Mateus 5.15). No entanto, precisamos ter cuidado; nossas boas obras também podem levar à vanglória (o que é discutido no segundo livro). Em vez de nossas obras glorificarem a nosso Pai que está nos céus, fazemos coisas para glorificar a nós mesmos na terra.

O mesmo pode ser dito a respeito de nossa devoção pessoal. É fácil transformar a oração ou a leitura bíblica em maneiras de construir nosso mérito diante de Deus e das outras pessoas. Jesus criticou os fariseus não por eles tomarem parte na oração, no jejum e na caridade, mas por praticarem essas coisas apenas para serem "vistos pelos outros" (Mateus 6.5). Minha frase favorita e que uso com frequência é: "O centro da questão é a questão do coração".

Com essa advertência em mente, deixe-me dizer com clareza que, embora isso seja um problema, não é o problema principal. Nosso principal fracasso como cristãos é nossa comparativa falta de boas obras. Muitos de nós — e eu me incluo nesse grupo — temos sido levados a acreditar que somos salvos pela fé apenas, sem o concurso das obras, como se nossas obras fossem desnecessárias. Muitos gostam de citar Efésios 2.8,9 para destacar esse ponto. Embora seja verdade que nossas obras não irão — nem poderão — salvar-nos, também é verdade que fomos criados para realizar boas obras. Basta ler o versículo 10. Vamos dar uma olhada nos três versículos juntos:

> Pois vocês são salvos pela graça, por meio da fé, e isto não vem de vocês, é dom de Deus; não por obras, para que ninguém se glorie. Porque somos criação de Deus realizada em Cristo Jesus para fazermos boas obras, as quais Deus preparou antes para nós as praticarmos (Efésios 2.8-10).

Se lermos os três versículos juntos, alcançaremos o equilíbrio perfeito: a graça (a ação de Deus na nossa vida) é acessada pela fé (confiança e segurança), e nós entramos num relacionamento de amor. Sabemos que Deus nos ama e, então, nós o amamos em retribuição (1João 4.10).

Esse não é o final da história, mas o início de um novo modo de vida. Esse amor pode e deve estender-se por intermédio de nossas mãos e de nossos pés, numa expressão de nosso amor pelos outros. Fomos criados para um propósito. Não apenas para esperar até o dia em que vamos morrer e ir para o céu, mas fomos criados "em Cristo Jesus para fazermos boas obras". A fé e as obras não são opostas; a fé deve conduzir às obras, e, sem dúvida, as obras são uma consequência natural da fé. Tiago esclarece esse ponto:

> De que adianta, meus irmãos, alguém dizer que tem fé, se não tem obras? Acaso a fé pode salvá-lo? Se um irmão ou irmã estiver necessitando de roupas e do alimento de cada dia e um de vocês lhe disser: "Vá em paz, aqueça-se e alimente-se até satisfazer-se", sem porém lhe dar nada, de que adianta isso? Assim também a fé, por si só, se não for acompanhada de obras, está morta (Tiago 2.14-17).

No entanto, de que tipo de fé Tiago está falando?

DEVOÇÃO PESSOAL E AÇÃO SOCIAL

Há dois tipos de fé: a fé morta e a fé viva. A fé morta é devoção pessoal ou ortodoxia doutrinária. Existe fé, não há dúvida disso, nas práticas ou dogmas de alguém. No entanto, essa é uma fé morta. Ela não tem vida. É como o mar Morto, do qual nada emana, e, portanto, nenhuma vida existe ali. A fé viva é a fé que atua pelo amor. De acordo com Paulo, esta é a única coisa que importa: "Porque em Cristo Jesus nem circuncisão nem incircuncisão têm efeito algum, mas sim a fé que atua pelo amor" (Gálatas 5.6). Viver pela fé é confiar em Deus e expressar isso em atos de amor em nossos relacionamentos humanos e nos encontros uns com os outros.

Até aqui venho tentando evitar dois erros comuns: 1) focar o ato propriamente dito; 2) focar a fé pessoal. O primeiro erro é comum em círculos nos quais a ação social é a principal preocupação. O segundo erro é comum entre aqueles que valorizam apenas a fé ou a devoção pessoal. Tenho notado que esses dois aspectos estão, com muita frequência, completamente divorciados um do outro. As pessoas que enfatizam justiça social algumas vezes fazem isso com pouca ou nenhuma ênfase na devoção pessoal; as pessoas que valorizam a devoção pessoal geralmente falham em praticar a justiça social de forma consistente e regular. Neste livro, quero combinar esses dois aspectos essenciais de ser um aprendiz de Jesus.

A ação social sem a devoção pessoal pode facilmente se tornar hipócrita e insensível e acabar levando à exaustão. A devoção pessoal sem a ação social também pode tornar-se hipócrita e insensível e acabar levando à exaustão. Os problemas são, por ironia, idênticos. Ambos tendem a encarar suas ações (serviço ou oração) como forma de obter o favor de Deus e dos seres humanos. Ambos podem ser insensíveis aos outros (ativistas que impõem sua bondade a pessoas que não estão prontas para recebê-la; pietistas que são insensíveis às necessidades das pessoas que os rodeiam). E ambos levam à exaustão porque não estão capacitados pelo Espírito, somente pela carne.

Assim, nosso objetivo aqui é criar um casamento feliz entre a contemplação e a ação, entre a bondade e a misericórdia, entre a devoção pessoal e o serviço social. Como eu disse anteriormente, isso não é algo comum, mas tem sido evidente em todos os grandes movimentos na história cristã. São Francisco de Assis passava horas em contemplação, embora também cuidasse dos pobres, dos doentes e dos excluídos. John Wesley dizia aos metodistas que os "atos de piedade" e as "obras de misericórdia" eram dois lados essenciais da mesma moeda. Os primeiros metodistas eram conhecidos por sua santidade tanto pessoal quanto social. Wesley não permitiria que nenhum desses aspectos fosse negligenciado.

O VERDADEIRO ATIVISTA SOCIAL

Dallas Willard e eu certa vez estávamos conversando sobre justiça social e serviço comunitário. Ele me perguntou:

— Jim, você sabe quem é um verdadeiro ativista social?

Pensei em pessoas como Madre Teresa, que serviram de maneira altruísta entre os pobres de Calcutá, ou talvez Martin Luther King Jr., que lutou contra a injustiça de maneira amável.

Inseguro, eu respondi simplesmente:

— Eu não sei; quem é?

Sua resposta foi surpreendente:

— O verdadeiro ativista social é a pessoa que vive como aprendiz de Jesus em seus relacionamentos cotidianos.

Ele continuou dizendo que o ativismo social não é um ato, mas um modo de vida. — Nossa tendência — ele disse — é pôr ênfase na ação: em servir, protestar, recusar-nos a obedecer. Mas na verdade a ênfase deve estar em primeiro lugar no coração ou no caráter.

Dr. Willard explicou a seguir que cada relacionamento e cada ação são afetados por nosso aprendizado. Isso não quer dizer que praticamos uma boa obra aqui e ali, mas que nossa vida é feita de boas ações. O caráter de Cristo que é infundido em nós fará parte de cada encontro e situação. O fato de um aprendiz dizer a verdade afetará seu ambiente de trabalho. O fato de um aprendiz de Jesus não ser dirigido pelo medo ou pela ambição fará grande diferença em sua casa ou em sua comunidade. Eu gosto da maneira com que Dallas mudou o foco do ato para o coração, do exterior para o interior. Com bastante frequência as pessoas se engajam em ações sociais que não requerem dedicação integral — por exemplo, fazendo uma visita ao programa de distribuição de sopas, empreendendo uma viagem missionária de curto prazo — e sentem que fizeram mais do que compartilhar na área de serviço.

Embora essas atividades sejam boas em si mesmas, se elas não fluírem de um caráter semelhante ao de Cristo, são apenas atos temporários de bondade. Os aprendizes de Jesus não são praticantes do bem "de meio período". Eles vivem em contato permanente com o Reino de Deus e são, o tempo todo, homens e mulheres em quem Cristo habita. Não falam a verdade em apenas algumas situações, não vivem de maneira sacrificial apenas ocasionalmente, nem perdoam uma vez ou outra. Há um grande número de oportunidades em que podemos influenciar o mundo em que vivemos. É por essa razão que este livro tenta examinar as muitas formas pelas quais nos relacionamos com os outros e o que isso pode significar para aqueles que vivem com Cristo em seu Reino.

AQUELE EM QUEM CRISTO HABITA

Como nos dois primeiros livros, as narrativas essenciais para um aprendiz estão relacionadas a identidade e posição. Como seguidores de Cristo, somos as pessoas em quem Cristo habita. Essa é nossa identidade fundamental. Ela não pode ser tirada de nós; não está sujeita a mudança, não importa qual seja nosso comportamento. A ideia essencial aqui é que nossa identidade deve moldar nosso comportamento, mas vivemos num mundo no qual o inverso é que é verdadeiro: o comportamento determina a identidade neste mundo. Nós, cristãos, no entanto, não pertencemos a este mundo. Esta não é a nossa casa. Mantemos nosso coração e nossa mente em outro mundo (Colossenses 3.1,2). Recentemente fui despertado por uma linda frase que descreve nossa mais verdadeira identidade. Foi escrita por Eugene Peterson, para observar que nós somos uma "história de graça esplêndida, impossível de ser duplicada".[1]

Como uma pessoa na qual Cristo habita e se deleita, como uma esplêndida história de graça, eu sou um ser sagrado, separado para Deus, especial e capacitado pelo mesmo poder que ressuscitou Jesus da morte (Romanos 6.3,4). Sou sagrado e sou forte e posso fazer qualquer coisa por intermédio de Cristo, que me fortalece (Filipenses 4.13). Maior é Cristo, que está em mim, do que aquele que está no mundo (1João 4.4). Essa consciência é essencial para aqueles que desejam viver como aprendizes de Jesus num mundo que rejeita Cristo e seus valores. No entanto, há boas notícias também. Embora eu viva num mundo decaído, também vivo sob a força, a proteção e a provisão do Reino de Deus. Ele está disponível agora e sempre.

O que isso significa no que diz respeito a nossa forma de viver em comunidade? Como isso afeta nossa capacidade de amar, perdoar e servir aos outros? De todas as maneiras. Somente podemos amar, perdoar, servir, abençoar, doar, encorajar, unir-nos e ter paciência porque sabemos quem somos e onde vivemos. Podemos realizar

---

[1] PETERSON, Eugene. **Living the Message**: Daily Help for Living the God--Centered Life. San Francisco: HarperSanFrancisco, 1996. p. 5. Uma de minhas colegas aprendizes, Denise Steinacker, recomendou-me pela primeira vez esta referência.

essas coisas porque o Messias Jesus as realizou. Somos capacitados não apenas pelo exemplo de Cristo, mas também por sua vida e sua força. Nós fazemos o que ele fez porque estamos aprendendo a ser como ele é, a fim de nos tornamos semelhantes a ele — tudo isso por intermédio da força que ele mesmo provê. Os versículos seguintes são apenas uma pequena amostra (como você perceberá no decorrer deste livro) das muitas passagens do Novo Testamento que descrevem como o Cristo em nós transforma o mundo:

> Sejam bondosos e compassivos uns para com os outros, perdoando-se mutuamente, assim *como Deus* os perdoou *em Cristo* (Efésios 4.32).
>
> Suportem-se uns aos outros e perdoem as queixas que tiverem uns contra os outros. Perdoem *como o Senhor* lhes perdoou (Colossenses 3.13).
>
> Portanto, aceitem-se uns aos outros, *da mesma forma que Cristo* os aceitou, a fim de que vocês glorifiquem a Deus (Romanos 15.7).
>
> Maridos, ame cada um a sua mulher, assim *como Cristo* amou a igreja e entregou-se por ela (Efésios 5.25).

Jesus, então, é tanto o modelo quanto o meio da compaixão. Posso viver, amar, servir e aceitar os outros porque Jesus faz essas coisas por mim. Eu dou o que tenho, não o que me falta.

Isso é crucial para a discussão sobre a formação espiritual e o serviço comunitário. É o modo pelo qual a devoção e a ação se unem. Cristo em mim precisa ser cultivado por meio de exercícios pessoais como solitude, *lectio divina*, oração, desacelerar e assim por diante. No entanto, esse mesmo Cristo em mim incita a amar as outras pessoas, a aceitá-las e a fazer autossacrifícios por elas. Espero que isso se torne mais claro à medida que você prosseguir na leitura deste livro. Do contrário, existe o risco de que nossos atos de serviço se tornem focados em si mesmos e no final das contas autojustificados. Nós amamos, servimos, perdoamos e cuidamos dos outros porque Deus nos amou, serviu, perdoou e cuidou de nós primeiro. A vida que experimentamos agora com Deus é simplesmente derramada sobre cada pessoa que encontramos.

O autor e orador Tony Campolo compartilhou comigo a razão de sua dedicação aos pobres e cuidado com eles. Ele me disse que todos os dias reserva tempo para "manter sua mente" em Jesus, a fim de conscientizar-se de que Cristo está com ele, na verdade de que Cristo está dentro dele (Gálatas 2.20; Colossenses 1.27).

> A consciência de minha conexão com Jesus, que vive em mim e por mim, é o que me orienta para cuidar daqueles que estão passando necessidade. Eu vejo Jesus nos necessitados. Se eu não tivesse essa base, meu cuidado para com eles não teria nenhum valor. Seria apenas piedade, e ninguém quer ser objeto de piedade. Eu vejo Cristo nessas pessoas, e eu as amo. É por essa razão que faço o que faço.[2]

Campolo nos brinda com uma brilhante descrição do relacionamento entre a devoção pessoal e a ação social, o que nos mostra por que devemos oferecer compaixão e nos previne de fazer isso pelos motivos errados.

VIVENDO NO MEIO DAS OUTRAS PESSOAS

Num dia comum, eu acordo, beijo minha esposa e meu filho, ajudo minha filha a arrumar-se para a escola, peço alguma coisa

---

[2] CAMPOLO, Tony, citado numa fala de Tony à capela da Friends University em 28 de janeiro de 2010.

no *drive-thru* do McDonald's (confesso que não sou o tipo de pai perfeito que prepara o café da manhã, e minha esposa sai para o trabalho antes que o sol se levante; então, por favor, não seja duro comigo), encontro os outros no trânsito, aceno para outros pais que estão deixando seus filhos na escola, saúdo os colegas que chegam para o trabalho, ensino meus alunos na sala de aula, encontro alguns amigos no almoço, interajo em reuniões com colegas e diretores, supervisiono o excelente trabalho de meu assistente administrativo, faço exercícios com aproximadamente outras 50 pessoas na academia de ginástica, volto para casa e janto com minha família ou com os amigos, ajudo as crianças na tarefa da escola, escrevo alguma coisa, beijo minha esposa, dou um boa-noite à família toda e finalmente caio no sono. Levanto e faço tudo isso de novo no dia seguinte, com alguma mínima variação.

Num dia normal, portanto, meu reino pessoal entrará em contato com os reinos de mais de uma centena de homens e mulheres, em envolvimento mais profundo com alguns deles, e menos profundo com outros. Minha esposa, meus filhos e eu nos conhecemos no nível relacional mais profundo — chamado família. A jovem que recebe meu pagamento no McDonald's não sabe meu nome, nem eu sei o nome dela, mas ainda assim interagimos. Meu reino e o reino dela (ou seja, o que cada um de nós supostamente tem) interagem de modo breve. O mesmo é verdadeiro em relação a cada pessoa da lista — colegas, estudantes, companheiros de jornada e colegas motoristas. Posso não os conhecer tão bem, mas vivo no meio deles.

Como aprendiz de Jesus, a questão que se levanta é: Como eu — uma pessoa em quem Cristo habita e que vive no Reino de Deus — devo viver então entre eles? A família é o primeiro lugar no qual vivemos como aprendizes de Jesus. É também em geral o lugar mais difícil para fazer isso. Tal fato se deve à profundidade do relacionamento e ao peso que o acompanha. A família é a primeira arena para praticarmos a vida no Reino, e para muitas pessoas o segundo lugar é o ambiente de trabalho. Uma pessoa gasta em média sete/seis horas por dia no trabalho, que é o maior segmento isolado de nosso tempo em qualquer outro lugar. Naturalmente, teremos ampla oportunidade no ambiente de trabalho para pôr em prática nosso aprendizado.

A seguir, em termos de tempo, está nosso envolvimento em clubes ou organizações, nos quais gastamos uma quantidade enorme de tempo interagindo com os outros (como a Associação de Pais e Mestres, a igreja, as aulas de ginástica). E não podemos negligenciar a importância de nossos encontros com outras pessoas nas áreas públicas — no mercado, na quitanda, no teatro, no correio e nos órgãos públicos (locais bastante desafiadores para ser gentil e paciente!). Nessas situações ficamos próximos dos outros, e por essa razão nosso comportamento e o comportamento deles ganham importância.

COLISÃO OU CONEXÃO

Embora essas pessoas sejam diferentes entre si, todas elas têm uma coisa em comum: são pessoas cujos reinos encontram o meu. Algumas vezes esses reinos colidem (como em pequenos acidentes de trânsito), outras vezes se conectam gentilmente ("Meu nome é Rodney, e serei o seu garçom hoje. Posso oferecer-lhe um drinque, senhor?"). Algumas vezes têm o poder de destruir ("Eu não quero mais ser seu amigo"), outras de construir ("Eu amo você"). Esses encontros de reinos compõem um aspecto essencial da vida humana. Podem ferir ou ajudar; podem amaldiçoar ou abençoar.

Alcançar sucesso em nossos relacionamentos tem muito a ver com nossa condição interior. Essa é a razão pela qual este é o terceiro livro, não o primeiro, da trilogia. Se tivermos crescido em intimidade com o Deus que Jesus é e revela, nossa vida começará a mudar para o bem (*O maravilhoso e bom* Deus). Se tivermos avançado em nossa luta contra a mentira, a raiva ou a inquietação, descobriremos que nossa habilidade de nos relacionar com os outros será aperfeiçoada (*A maravilhosa e boa vida*). No entanto, o oposto também é verdadeiro: se continuarmos sendo governados pela raiva, por exemplo, será muito mais desafiador aprender a amar, perdoar e servir aos outros. Não estou dizendo que, a menos que você tenha dominado os dois primeiros livros, não deve experimentar este título. Algumas vezes aprendemos a amar amando, a perdoar perdoando e a servir servindo. Neste ponto, contudo, estou destacando a verdade que Jesus nos deixou: a árvore boa dá frutos bons, ou seja, é o interior que leva ao exterior (Mateus 7.16-20).

Nossos encontros diários com os outros são as arenas nas quais nosso relacionamento com Deus se torna encarnado. A maioria de nós precisa de alguma ajuda nessa área. Eu preciso! É por essa razão que estou escrevendo este livro — eu preciso de orientação. Você não está lendo as palavras de um especialista em relações humanas. Está lendo o diário de um novato que compartilha suas lutas e descobertas sobre nossa vida de aprendizes de Jesus nos muitos relacionamentos em que estamos envolvidos. Felizmente, tenho vários companheiros excelentes que me ensinaram muito sobre essa importante área. Este livro, como os dois anteriores, nasceu dentro da comunidade, na qual as experiências dos outros têm fornecido lições valiosas.

Eu preciso ser lembrado de que, como seguidor de Jesus, sou peculiar, no melhor sentido da palavra. Ou seja, peculiar para o mundo a minha volta que não vive de acordo com os ensinamentos de Jesus. Minha vida está enraizada no eterno e forte Reino de Deus; as raízes de minha vida estão no futuro, sólido e seguro, e isso me dá a força necessária para viver de maneira altruísta, para buscar unidade no meio da diversidade, para perdoar mesmo quando isso não é fácil, para elevar meus padrões, para viver generosamente, para permanecer adorando na casa do Senhor e para ser testemunha de uma nova vida a um mundo agonizante. Preciso ser lembrado e preciso de uma comunidade em torno de mim para me fazer lembrar quem e de quem eu sou, e o que isso representa para minha vida diária.

Este livro busca oferecer maneiras pelas quais podemos tornar-nos uma bênção para o mundo a nossa volta. Para isso, teremos de encontrar as razões pelas quais com frequência não somos essa bênção, ou por que é tão difícil manter relacionamentos saudáveis com as pessoas que encontramos todos os dias. Como nos dois primeiros livros, boa parte do fracasso nessas áreas se deve a narrativas falsas. E, como ocorreu nos dois primeiros livros, a solução aqui envolve corrigir essas narrativas falsas, substituindo-as por narrativas verdadeiras (que são encontradas na Bíblia), e participando de exercícios espirituais cujo propósito é inculcar as narrativas certas em nosso corpo e em nossa alma.

CONFISSÕES DE UM INTROVERTIDO CONTEMPLATIVO

Tenho esperança de que este livro contribua de alguma maneira para o equilíbrio extremamente necessário entre a formação espiritual individual e o envolvimento na comunidade. Como alguém introvertido e contemplativo por natureza, não sou a pessoa mais indicada para escrever um livro que trata de comunidade e serviço. Embora isso não seja algo natural para mim, tenho trabalhado durante anos, sob a direção do Espírito, para crescer nessas áreas. Meu amigo e colega de trabalho Matt Johnson, que é muito versado tanto em comunidade quanto em serviço, disse-me certa vez: "Jim, acho que você é realmente a pessoa ideal para escrever este livro. Você não é um especialista, mas um aprendiz. E você sabe como é difícil entrar numa comunidade e participar do serviço, enquanto alguns de nós esquecemos essa luta porque é algo fácil para nós. Além disso, você tem dado pequenos passos ao longo dos anos, e sua experiência fará sentido para mais pessoas, porque a maioria dos que escrevem sobre questões sociais está longe demais de onde a maioria das pessoas está".

Esse pode ser um modo polido de dizer: "Sua falta de habilidade e experiência talvez não seja uma coisa ruim!", mas vou encarar isso como aprovação. Você não encontrará nestas páginas as palavras de um santo convocando os leitores ao mais elevado nível de sacrifício. (Você pode ler livros assim, e talvez sejam exatamente o que você precisa.) Mas, em vez disso, você lerá aqui as palavras de um nômade lutador que está cambaleando em direção à luz. Meus fracassos, e sucessos ocasionais, são apresentados como encorajamento à medida que nos esforçamos em amar nosso próximo. Nosso mestre supremo é o Espírito Santo, em quem eu confio que nos conduzirá a toda a verdade, nos corrigirá quando desviarmos do caminho, e nos infundirá energia e encorajamento à medida que percorrermos a corrida que nos é proposta (Hebreus 12.1,2). Que as bênçãos de Deus Pai, Filho e Espírito Santo estejam sobre você à medida que luta para viver uma vida maravilhosa e boa em comunidades maravilhosas e boas.

Como tirar o máximo de proveito deste livro

Este livro foi projetado para ser usado no contexto de uma comunidade — um pequeno grupo, uma classe de escola dominical ou alguns amigos reunidos em casa ou numa cafeteria. Trabalhar neste livro junto com outras pessoas aumenta bastante seu impacto. No entanto, se você fizer a leitura sozinho, somente as quatro primeiras sugestões seguintes se aplicarão. Qualquer que seja a maneira usada por você, estou confiante de que Deus pode e irá realizar um bom trabalho em sua vida.

1. *Prepare-se. Providencie um diário ou bloco de anotações com páginas em branco.*

    Você usará esse diário para responder às questões propostas em cada capítulo e para registrar as reflexões sobre as experiências de treinamento para a alma sugeridas no final de cada capítulo.

2. *Leia. Leia cada capítulo a fundo.*

    Tente não ler apressadamente e evite ler o capítulo da semana no último minuto. Comece lendo no início da semana, para que você tenha tempo de digerir o material.

3. **Faça. Realize o(s) exercício(s) semanal(is).**

Engajar-se em exercícios relacionados ao conteúdo do capítulo que você acabou de ler o ajudará a aprofundar as ideias que está aprendendo e começará a moldar e curar sua alma. Alguns dos exercícios exigirão mais tempo que outros. Certifique-se de reservar tempo suficiente para completar o exercício antes de sua reunião de grupo. Você precisará de tempo não apenas para realizar o exercício propriamente dito, mas também para registrar por escrito suas reflexões.

4. **Reflita. *Reserve tempo para registrar por escrito suas reflexões.***

Em seu diário, desenvolva as questões propostas no final de cada capítulo. Isso ajudará você a tornar seus pensamentos mais claros e a cristalizar o que Deus está ensinando. Também ajudará você na etapa seguinte.

5. **Interaja. *Compareça ao grupo preparado para ouvir e compartilhar.***

É no grupo que você tem a oportunidade de ouvir e aprender com as experiências e descobertas dos outros. Se cada participante tiver tempo de fazer suas anotações com antecedência, a conversa será muito mais eficaz. As pessoas compartilharão seus pensamentos mais sinceros, e o tempo em grupo será mais valioso. É importante lembrar que devemos ouvir duas vezes mais que falar! Mas esteja preparado para compartilhar. Os outros membros do grupo aprenderão com suas ideias e experiências.

6. **Encoraje. *Interaja com os outros participantes — fora do horário do grupo.***

Uma das grandes bênçãos que a tecnologia traz é a facilidade com que podemos manter contato com as pessoas. É uma boa ideia enviar um *e-mail* encorajador a pelo menos outros dois participantes de seu grupo no intervalo entre as reuniões. Faça-os saber que você está pensando neles e pergunte de que maneira você pode orar por eles. Isso fortalecerá os relacionamentos e aprofundará sua experiência. Construir relacionamentos fortes é um fator-chave para tornar sua experiência um sucesso.

Capítulo 1
A comunidade peculiar

Durante minha infância, minha família frequentava uma igreja metodista bastante séria, fria e disciplinada. O pregador estava ali havia vinte e cinco anos, e ao longo do tempo a igreja passou a refletir sua personalidade.

Ele era um erudito com grande habilidade retórica e humor árido. Amava particularmente a elegância e a ordem. Durante anos eu quis descobrir por que havia um telefone — um telefone verde-oliva — bem ao lado da cadeira de madeira maciça em que o pastor se sentava durante o culto. Certo dia, quando uma criança abriu o berreiro durante um daqueles momentos de oração silenciosos e reflexivos, eu abri os olhos e vi o pastor tirar o telefone do gancho. Em poucos segundos um presbítero surgiu bem ao lado do banco no qual estava a criança mal comportada e escoltou a mãe e o filho para fora do santuário.

Eu captei a mensagem: crianças precisam ser vistas, não ouvidas. Isso causou uma forte impressão em mim, um menino na época. A narrativa de que a igreja era um lugar solene entranhou em meu pequeno cérebro. As pessoas não falam umas com as outras durante o culto. Eu me lembro de várias ocasiões em que fui "silenciado". Somente mais tarde, durante o período do café, é que as pessoas interagiam. Meus pais iam ao culto para cantar, apreciar os cânticos do coral e ouvir um bom sermão. No entanto, como criança, nada disso importava para mim. Eu não gostava dos hinos. Não conseguia entender a Bíblia, menos ainda o sermão. Os bancos da igreja eram desconfortáveis, e todos tinham de permanecer quietos e imóveis, o que absolutamente não é algo natural para as crianças (até possível, mas nem um pouco divertido). A única parte que me atraía era quando participávamos da *Comunhão* (quatro vezes por ano), porque havia uma espécie de aperitivo — embora bem pequeno, consistindo em um cubinho de pão e um diminuto cálice de suco de uva.

Nossa frequência à igreja foi escasseando à medida que eu ficava mais velho (pelo que eu era realmente grato), e por fim deixei definitivamente de ir ao templo, exceto no Natal e na Páscoa. Mamãe insistia para que eu fosse. Eu não tinha a menor ideia de que naquela época eu estava desenvolvendo uma teologia, uma compreensão de Deus e da vida comunitária, mas isso estava de fato acontecendo. Essas primeiras experiências moldaram minha maneira de pensar a respeito de Deus. Deus pairava sobre seus seguidores polidos e obedientes, melancólicos e tristes. Eu mal podia esperar para chegar em casa, arrancar a gravata e voltar ao campo de beisebol para jogar com meus amigos. No domingo seguinte eu oraria (ironicamente) para que alguma coisa acontecesse e nos impedisse de ir à igreja. Passar tempo com o povo de Deus reunido era, em minha jovem mente, um programa de arrepiar. Embora eu talvez fosse jovem demais para notar, não parecia haver nada de especial naquela reunião de pessoas. Os frequentadores eram apenas pessoas comuns fazendo seu dever religioso de uma hora por semana.

Então, quando completei 18 anos, as coisas começaram a mudar. Minha alma se tornou inquieta e iniciei uma busca por significado que, por fim, me levou a dar uma oportunidade para Jesus. Ele respondeu à altura e começou a mudar minha vida. Em alguns meses, eu estava lendo a Bíblia diariamente, orando muito e desenvolvendo uma amizade com dois outros garotos cristãos. Quando entrei na faculdade, eu sabia que seria difícil prosseguir em minha fé sozinho, de modo que orei por algum apoio, e ele veio já na primeira semana em que eu estava no *campus*. Um garoto com quem eu praticava esportes na faculdade notou meu colar em forma de peixe, perguntou se eu era cristão e me convidou para ir a um grupo de estudo bíblico.

> Como suas primeiras experiências com a igreja ou com os cristãos moldaram sua visão de comunidade?

Aquela foi uma noite de quarta-feira que jamais esquecerei. Caminhei para uma sala em um dos dormitórios e me vi diante de várias coisas estranhas. Em primeiro lugar, o quarto estava lotado de estudantes. Em minha igreja, o grupo de jovens era realmente pequeno. Em segundo lugar, todos pareciam muito animados de estar ali. Eu nunca tinha visto ninguém animado com a igreja. (Você chamaria isso de igreja?) Em terceiro lugar, era uma reunião de pessoas diferentes. Havia alguns atletas e também uns tipos acadêmicos; havia homens e mulheres, negros e brancos; havia algumas garotas lindas e alguns rapazes realmente bonitos, e outros não tão belos ou atraentes. A igreja na qual eu cresci era formada predominantemente por brancos de classe média, entre seus 40 e 60 anos de idade. Finalmente, o que mais me chamou a atenção na composição daquele grupo era a quantidade de portadores de deficiência, a maioria em cadeiras de rodas, e alguns com deficiências mentais.

"O que está acontecendo?", pensei.

Alguns minutos depois, o líder se levantou e saudou cada um dos presentes, e a sala toda parecia muito calorosa e convidativa. Era como se eu pudesse sentir uma dose de bondade no ar. Então, um jovem e uma jovem nos conduziram em um período de louvor e música de adoração, com apenas uma guitarra e suas vozes. Foi algo que eu nunca tinha visto: 50 pessoas espremidas numa sala cantando alto e alegremente, algumas com as mãos erguidas para o alto, como se estivessem experimentando um momento de êxtase. Algumas pulavam, outras batiam palmas, e todos na sala (exceto eu, naquele momento) pareciam em transe — no bom sentido da palavra. Depois de vinte minutos de cânticos de louvor, o líder, um senhor, começou a ensinar usando para isso a Bíblia. Ele era muito transparente enquanto falava sobre sua própria vida e suas lutas e também se revelou um professor muito talentoso. Fez a Bíblia ganhar significado e me ajudou a relacioná-la a minha vida, a coisas que tinham importância para mim, questões que eu estava lutando para compreender.

Mais tarde agradeci ao jovem que me havia convidado para o grupo. Ele perguntou se eu voltaria, ao que respondi positivamente, sem hesitar. Naquela ocasião, eu não sabia por que faria isso, porém mais tarde descobri que tinha acabado de testemunhar algo para o qual minha alma havia sido preparada: uma boa e maravilhosa comunidade. Eles não eram perfeitos (o canto não era profissional, mas era razoavelmente bom), nem eu quis de repente me tornar um amigo íntimo de cada pessoa presente na sala (o rapaz perto de mim realmente precisava de um banho!). Perfeição, elegância, talento e desempenho não eram o que me atraía, mas a comunhão, a sensação de estar juntos, a unidade na diversidade, tudo isso me intrigava. Aquelas pessoas eram bastante peculiares. E eu gostei disso.

NARRATIVA FALSA: OS CRISTÃOS NÃO SÃO DIFERENTES

Como ocorre na maioria das narrativas falsas que analisamos, essa é parcialmente verdadeira. Segundo a maioria das pesquisas e enquetes que tenho visto, os cristãos se comportam em grande medida da mesma maneira que os não cristãos, pelo menos nos Estados Unidos. A taxa de divórcio de casais cristãos e não cristãos é quase a mesma, por exemplo. A porcentagem de adolescentes envolvidos em sexo pré-marital é praticamente a única pesquisa que conheço em que há alguma diferença entre cristãos e não cristãos, mas até mesmo nesse caso a discrepância é de apenas 5%. Então, é verdade que em vários sentidos o comportamento daqueles que alegam seguir Cristo não é muito diferente dos que não o seguem. E, quando você considera alguns fracassos bem conhecidos entre os líderes cristãos, começa a perceber como os cristãos não apenas não são pessoas melhores, mas também podem ser bem piores.

Quero examinar isso por um instante. Se um executivo ou um contador são pegos num caso de adultério, é pouco provável que virem notícia. No entanto, quando um pastor é apanhado em caso extraconjugal ou apropriando-se indevidamente de recursos financeiros, recebe enorme atenção. Isso nos leva a várias perguntas do tipo por quê. Por que uma figura religiosa que comete um erro moral atrai tanto interesse? Porque ela não deveria agir assim. Em outras palavras, nós *esperamos* que os religiosos sejam diferentes. Por quê? Porque *alegam* ser diferentes, e na maior parte dos casos tentam mesmo ser diferentes.

Na verdade, com frequência são diferentes. Na cidade em que vivo, há três hospitais. Todos foram fundados por grupos cristãos e permanecem sob a propriedade deles. Independentemente de sua formação religiosa, se você precisar de um transplante de rim, ele será feito pelas pessoas do Hospital São Francisco, do Hospital São José ou do Hospital Wesley. Há muitos restaurantes públicos com refeições subsidiadas, abrigos para indigentes, missões de resgate e lares para mulheres espancadas. Praticamente todos são administrados por cristãos. Ao longo dos séculos, os cristãos têm liderado as ações de cuidado e apoio aos necessitados.

A narrativa verdadeira é a seguinte: nem sempre os cristãos são diferentes, mas deveriam ser e com frequência são. Neste capítulo, você conhecerá alguns cristãos — tanto indivíduos quanto grupos — verdadeiramente diferentes. No capítulo 2, examinaremos a fonte dessa diferença e como podemos mudar nossa mente e nosso coração para nos tornarmos pessoas que se destacam do resto do mundo — no bom sentido. Você pode até mesmo nos chamar de "peculiares".

NARRATIVA VERDADEIRA: OS CRISTÃOS SÃO PECULIARES

A primeira vez que deparei com a ideia da peculiaridade do povo de Deus reunido foi numa passagem bíblica da *Versão King James*: "Mas vocês são geração escolhida, sacerdócio real, nação santa, *povo peculiar*; para anunciar os louvores daquele que os chamou das trevas para a sua maravilhosa luz" (tradução livre de 1Pedro 2.9).

> O que você pensa quando ouve a palavra "peculiar"?

Aprecio muito a palavra "peculiar". Os dicionários a definem como algo "distintivo", "esquisito", "estranho" e "sobrenatural". Em uma palavra, *peculiar* significa "diferente". Diferente do ordinário, do comum, de todo o resto. Os cristãos são peculiares na medida em que diferem de todo o resto.

Os aprendizes de Jesus, porém, são assim tão diferentes? Acredito que sim, ou pelo menos deveríamos ser. Por exemplo, se eu (pelo poder do Espírito) começar a falar a verdade no dia a dia, causarei estranheza. Se eu aprender a desacelerar, a viver sem ser governado pela ira e a realmente orar pelas pessoas que tentam destruir-me, serei considerado estranho, porque este mundo não funciona dessa forma. Somente os que adentram o Reino de Deus são capazes de viver dessa forma. Há muito poucas pessoas assim.

Sem dúvida, há não aprendizes que dizem a verdade, vivem sem ira e são generosos com as pessoas que não os tratam bem. Os seguidores de Cristo não têm direitos exclusivos às virtudes. A diferença está em como e por que nós vivemos dessa forma. Fazemos isso porque estamos seguindo o exemplo de Jesus, nosso Mestre, e porque somos conduzidos pelo Espírito Santo, nossa força e nosso Consolador. E estamos vivendo no forte e perene Reino de Deus. Temos isso desde o princípio.

COMO OS CRISTÃOS SÃO DIFERENTES

Num antigo documento cristão conhecido como a *Epístola a Diogneto* (c. 120-200 d.C.), o autor respondeu a uma propaganda que circulava no Império Romano. As pessoas haviam espalhado falsos rumores sobre os cristãos, acusando-os de fazer parte de uma perigosa sociedade secreta, caracterizada por um comportamento bizarro. As pessoas estavam dizendo calúnias sobre os cristãos, como a de que eles praticavam canibalismo (porque durante a Comunhão comiam "o corpo e o sangue de Jesus"). Acredita-se que a epístola foi escrita por um homem chamado Atenágoras. Numa importante seção, o autor descreve como os cristãos são parecidos — e diferentes — em comparação com as outras pessoas.

> A diferença entre os cristãos e o restante da humanidade não é uma questão de nacionalidade, ou de linguagem, ou de costumes. Os cristãos não vivem em cidades separadas, não falam um dialeto especial, nem praticam um modo de vida excêntrico. [...] Eles passam a vida em qualquer vila — grega ou estrangeira — que cada destino humano tenha determinado; e eles se conformam aos costumes locais no que diz respeito a roupas, dieta e outros hábitos. Apesar disso, a organização de sua comunidade exibe algumas características que são extraordinárias e até mesmo surpreendentes. Por exemplo, embora habitem casas em seus países, seu comportamento é mais semelhante ao de transeuntes. [...] Embora o destino os tenha colocado na carne, não vivem pela carne; seus dias são passados na terra, mas sua cidadania está acima nos céus. Obedecem às leis estabelecidas, mas em sua vida privada transcendem as leis. Mostram amor por todos os homens — e todos os homens os perseguem. São mal compreendidos e condenados; mesmo sofrendo a morte, eles são ressuscitados em vida. São pobres, embora se façam muito ricos; carecem de todas as coisas, embora tenham todas as coisas em abundância. [...] Retribuem [as maldições] com bênçãos e os abusos, com cortesia. Por mais bem que pratiquem, sofrem castigos como se fossem malfeitores.[1]

---

[1] Atribuído a ATENÁGORAS. Epistle to Diognetus, **Early Christian Writings**. London: Penguin, 1968. p. 244-245.

Acho essa citação fascinante. Atenágoras detalha de que maneira os cristãos são iguais a todas as pessoas, ao mesmo tempo que são peculiares. Exteriormente, não eram diferentes de ninguém no Império Romano. Viviam nas mesmas casas, usavam as mesmas roupas e comiam os mesmos alimentos que os cidadãos romanos médios. Obedeciam às leis — ninguém os acusava de ser ladrões, de não pagar seus impostos ou de ferir os outros. Atenágoras está dizendo: "Nós somos exatamente como vocês".

> A igreja de hoje se parece com a igreja que Atenágoras descreve? Por que sim ou por que não?

Apesar disso tudo, eram diferentes. Eles obedeciam às leis terrenas, mas viviam por leis mais elevadas ("Vocês ouviram o que foi dito aos seus antepassados: 'Não matarás' [...]. Mas eu lhes digo" [Mateus 5.21,22]). Eram membros do Império Romano, mas este mundo não era sua casa; sua cidadania estava no céu (Colossenses 3.1,2; Filipenses 3.20). Suportavam bem o sofrimento e até abençoavam aqueles que o haviam amaldiçoado, como seu Mestre os ensinara a fazer — e como ele próprio o fizera. Minha parte favorita da citação é quando Atenágoras escreve: "Por mais bem que pratiquem [...]". Este é um ponto facilmente negligenciado: o bem que eles fazem. Não é pouca coisa praticar o bem, especialmente num mundo no qual existe tanta injustiça. Suponho que você possa dizer que era exatamente o bem que eles faziam que lhes trazia tantos problemas. Era, e é, peculiar fazer coisas boas por nenhuma razão justificável. As pessoas suspeitam desse tipo de comportamento.

A despeito das acusações falsas e das perseguições, o cristianismo não apenas sobreviveu; na verdade, ele floresceu. De acordo com o historiador secular Rodney Stark, o cristianismo cresceu exponencialmente desde seu início à assombrosa taxa de 40% por década.

A Figura 1.1 apresenta uma ilustração clara do rápido crescimento:

Ano	Número de cristãos	Porcentagem da população
40 d.C.	1.000	0,0017
100 d.C.	7.530	0,0126
200 d.C.	217.195	0,36
250 d.C.	1.171.356	1,9
300 d.C.	6.299.832	10,5
350 d.C.	33.882.008	56,5

Figura 1.1 Porcentagem de cristãos na população mundial[2]

O que pode justificar tal taxa de crescimento, especialmente se considerarmos o risco envolvido em ser um seguidor de Cristo? Tenho ouvido muitas explicações, mas a que considero mais atraente é que a vida que os cristãos estavam vivendo era tão cativante que as outras pessoas simplesmente queriam ter o que eles tinham.

O mesmo é verdade hoje. Vários anos atrás recrutei uma jovem para jogar tênis em nossa equipe na Friends University.

---

[2] STARK, Rodney. The Rise of Christianity. San Francisco: HarperOne, 1996. p. 7. [**Crescimento do cristianismo.** São Paulo: Paulinas, 2006.] Eu me refiro ao dr. Stark como um historiador "secular" porque, na época em que eu escrevia este livro, ele não era um cristão praticante. Recentemente fui informado de que essa realidade mudou. Digo "secular" porque as estatísticas apresentadas por cristãos são com frequência suspeitas. Observar que ele não estava relacionado a uma posição de fé ajuda a mostrar que não estava manipulando os números.

Seu pai me falou ao telefone: "A sua faculdade é um daqueles lugares que batem na cabeça das pessoas com a Bíblia? Porque nós não a educamos para ser uma pessoa religiosa, e estamos preocupados com isso". Eu lhe disse que nunca batemos nas pessoas com nenhum objeto — nem mesmo os quacres. No entanto, contei-lhe que havia um maravilhoso povo cristão que ela precisava conhecer. Ele achou isso bom. Apenas queria que a filha tivesse liberdade de escolha, o que eu garanti que ela encontraria em nossa universidade.

Alguns meses depois, a garota notou a vida vibrante de muitos dos estudantes que seguiam Jesus em nosso *campus*, mas nunca a pressionaram a respeito de nada. Eu nunca me engajei numa conversa com ela sobre Deus ou Jesus ou a Bíblia, mas ela frequentava nossos encontros bíblicos no *campus*. Ela foi para casa para o feriado de Natal e, quando retornou, disse:

— Eu queria contar a você que entreguei minha vida a Jesus durante o feriado.

Depois de muito me alegrar, perguntei-lhe: — O que levou você a fazer isso?

Ela explicou: — Depois de ver todas essas pessoas que têm paz e alegria e amor, eu quis ter o mesmo que elas têm.

Após dois mil anos, pouca coisa mudou.

UM DEUS PECULIAR

Por que os cristãos são peculiares (ou pelo menos deveriam ser)? É porque nosso Deus é peculiar. O Deus a quem amamos e servimos é extraordinariamente diferente dos deuses que os seres humanos criaram. Quando os gregos e os romanos criaram seu panteão de deuses e deusas, esses seres divinos pareciam bastante com os seres humanos — com frequência em suas piores características. Seus deuses mentiam, trapaceavam e assassinavam. Cometiam adultério e puniam uns aos outros por causa de sentimentos como raiva e ciúmes. É fascinante ler as histórias dos deuses. Há toneladas de intriga.

O Deus que Jesus revela é peculiar. Esse Deus ama tanto os seres humanos que se tornou um deles e morreu no lugar deles. Esse Deus perdoa quando o perdão não é merecido. Esse Deus é generoso, jamais vingativo. Se o Deus de Jesus demonstra ira, é somente porque esse Deus é bom, amoroso e justificadamente contrário ao pecado, uma vez que o pecado fere seus filhos amados. Ninguém poderia ter inventado essa história. Não há nada semelhante em toda a literatura religiosa. É por esse motivo que em todas as outras religiões não existe um Deus como o Jesus revelado.

Os caminhos de Deus não são os nossos caminhos, e os pensamentos de Deus não são os nossos pensamentos (Isaías 55.8). Os valores de Deus são diferentes. Ele é como um pai que, maltratado por um filho voluntarioso, sofre de saudades, aguardando que o filho volte para casa (Lucas 15.11-32). Essa era uma ideia peculiar para os ouvintes de Jesus. Deus é como um empregador que paga um dia inteiro de salário a trabalhadores que labutaram somente uma hora (Mateus 20.1-16). Jesus chocou a multidão com essa narrativa. "Que tipo de Deus é esse?", as pessoas devem ter murmurado. Jesus revelou um Deus que não era como nenhum outro deus do qual o mundo tenha ouvido falar. Esse Deus era realmente peculiar.

Portanto, não é surpresa alguma que o povo de Deus também seja peculiar. Uma de minhas passagens bíblicas favoritas aparece em 1João. Ela revela a origem da estranheza dos cristãos:

Amados, amemos uns aos outros, pois o amor procede de Deus. Aquele que ama é nascido de Deus e conhece a Deus. Quem não ama não conhece a Deus, porque Deus é amor. Foi assim que Deus manifestou o seu amor entre nós: enviou o seu Filho Unigênito ao mundo, para que pudéssemos viver por meio dele. Nisto consiste o amor: não em que nós tenhamos amado a Deus, mas em que ele nos amou e enviou seu Filho como propiciação pelos nossos pecados. Amados, visto que Deus assim nos amou, nós também devemos amar uns aos outros. Ninguém jamais viu a Deus; se amarmos uns aos outros, Deus permanece em nós, e o seu amor está aperfeiçoado em nós (4.7-12).

A ética é simples: como Deus é, assim deve ser seu povo. Se não amamos, não conhecemos Deus. Porque "o amor de Deus foi revelado entre nós" na pessoa de Jesus "para que pudéssemos viver por meio dele".

Nós fazemos o que fazemos porque Jesus vive e se manifesta em nós (Gálatas 2.20). E observe como João ressaltou que Deus nos amou antes que o amássemos, e que Deus amou mesmo as pessoas que não o amaram nem serviram a ele. Esse, João afirma, é o tipo de amor que devemos oferecer uns aos outros. E o final da passagem vai direto ao ponto uma última vez: quando nós amamos, Deus vive em nós, e seu amor nos completa. Dessa forma, nosso Deus peculiar nos transforma em pessoas peculiares, pessoas que amam os outros, mesmo que eles não nos amem em retribuição.

Assim, nossa história está repleta de pessoas esquisitas. Os mártires entoavam hinos enquanto eram executados. Sem precedentes. São Francisco de Assis abandonou sua vida de riqueza e caminhou nu pela cidade, coberto apenas por uma manta de mendigo, e além de tudo beijava leprosos. Totalmente estranho.

Catarina de Gênova (1447-1510) e seu marido rico abandonaram um estilo de vida que os fazia sentir-se vazios, mudaram-se para uma casa modesta e decidiram dedicar-se a cuidar dos doentes e miseráveis. Ela passava várias horas por dia em oração, durante as quais dizia sentir a chama flamejante da presença de Deus em seu coração, e gastava o dobro de tempo cuidando dos necessitados, vivendo num ritmo brilhante de contemplação e ação. Bizarro.

Em dias mais contemporâneos, William Graham deixou sua faculdade bíblica para servir numa pequena igreja em Chicago, abrindo mão do seminário porque queria muito pregar. Mais tarde, ele se juntou à equipe da Mocidade para Cristo a fim de ministrar aos jovens. Posteriormente, começou a pregar sobre moralidade, paz e justiça, mas principalmente levava pessoas a Cristo — centenas de milhares de pessoas. A maioria o conhece como "Billy", mas para o mundo ele é um estranho fenômeno.

Uma irmã de minha igreja preparou o funeral de um jovem que tinha vivido um estilo de vida abertamente homossexual, e ao fazer isso, durante a cerimônia, eles foram cercados por membros de outra igreja que seguravam cartazes com os dizeres "Deus odeia os *gays*". Era uma manhã chuvosa e fria. Os membros da igreja de minha irmã ficaram chocados com a raiva daquelas pessoas que alegavam ser seguidoras de Jesus. Embora estivessem sendo amaldiçoados, decidiram abençoar os participantes do protesto. Trouxeram jarras cheias de chocolate quente e ofereceram a seus opositores. Definitivamente ímpar.

Os quacres que viveram nos Estados Unidos no século XVIII execravam a injustiça da escravidão. Organizaram um encontro em New Jersey, sob a liderança do Espírito Santo e de um homem chamado John Woolman. Na ocasião, oraram durante horas em silêncio.

A seguir, decidiram libertar todos os seus escravos. E não pararam por aí. Também resolveram indenizar os antigos escravos com todo o dinheiro que mereciam receber por seus anos de trabalho. Foi uma ideia radical que, segundo alguns, os levaria à falência. Surpreendentemente isso não aconteceu. No entanto, a coisa toda era tão contrária ao restante da cultura vigente que quase ninguém acreditou nisso. Loucura.

> Quem você vê como exemplos "peculiares" em sua vida ou na história da Igreja?

Shane Claiborne vive — intencionalmente — entre os pobres no interior da Filadélfia e gasta tempo tentando ajudar as pessoas a melhorar suas condições de vida. Na maioria das vezes, ele simplesmente ama as pessoas, o tipo de pessoas que o restante do mundo preferiria ignorar. A jovem que mencionei anteriormente e entregou sua vida a Cristo depois de ser inspirada pela vida dos outros em seu *campus* escolheu viver comunitariamente numa vizinhança pobre com seu marido e dois outros casais; eles usam seu tempo e seus recursos para ajudar a transformar as pessoas. Aqueles que vivem em sua vizinhança os consideram realmente estranhos e os amam por isso. Suas festas de rua levam esperança e alegria a pessoas que têm dificuldade em encontrar esses sentimentos.

Não soa peculiar?

Você poderia até chamar essas pessoas de desajustadas. E isso seria um elogio. Porque elas são *desajustadas* aos caminhos deste mundo. É claro que nem todo cristão é desajustado nesse sentido, mas creio que deveríamos ser. O professor Cornel West descreve bem isso ao declarar: "Sempre houve cristãos bem ajustados à ambição, bem ajustados ao medo, bem ajustados ao preconceito.

E sempre houve cristãos desajustados à ambição, desajustados ao medo e desajustados ao preconceito".³

Nem todos os cristãos são, mas todos os cristãos deveriam ser desajustados a coisas como injustiça, ambição, materialismo e racismo. Com frequência exagerada nos ajustamos muito facilmente a essas coisas. Eu me ajusto! É fácil ajustar-nos à cultura em que vivemos, uma cultura que usa o ódio e a violência para obter o controle, que trata as pessoas como objetos para vantagem pessoal e que flerta com a imoralidade.

> Reflita sobre a ideia de que, como A. W. Tozer disse, estamos "à vontade demais no mundo".⁴ O que você pensa a respeito?

O dr. West diz em algum lugar: "É preciso coragem para perguntar — Como eu me tornei tão bem ajustado à justiça? É preciso coragem para nadar contra a corrente e não se conformar. É preciso coragem para levantar e permanecer atento em vez de engajar-se em repouso complacente. É preciso coragem para romper com o conformismo e a covardia". Eu concordo. É preciso coragem para viver como nosso Deus peculiar, amar e perdoar o antipático e o indesculpável. O único meio de encontrarmos essa coragem é quando descobrimos que somos uma comunidade de pessoas que estão enraizadas em outro mundo. Esse é o assunto do capítulo 2.

CONFIANÇA NA DIREÇÃO DO ESPÍRITO

Uma de minhas histórias favoritas ilustra um importante princípio cuja aplicação nos perseguirá várias vezes — especialmente

---

³ WEST, Cornel, **Bill Moyers Journal**, July 3, 2009. O dr. West aparece ao lado de dois outros professores e discute as implicações teológicas da crise financeira de 2008-2009.

⁴ WEST, Cornel. **Hope on a Tightrope.** New York: Smiley, 2008. p. 9-10.

neste livro. Ela envolve duas das figuras mais proeminentes da história quacre: George Fox e William Penn.

George Fox (1624-1691) foi o fundador dos quacres, movimento cristão do século XVII na Inglaterra. Duas das principais contribuições quacres são seus ensinamentos sobre o pacifismo (recusa em usar a violência) e o igualitarismo (abolição da distinção entre classes).

William Penn (1644-1718) cresceu na classe alta e teve a melhor educação possível. Aos 23 anos de idade, Penn se tornou um quacre, e logo depois tudo começou a mudar. Era comum na época usar uma espada, que não tinha a intenção de machucar ninguém, mas era um sinal de que o portador pertencia à classe alta. Depois de se tornar quacre, Penn se debateu com a ideia de usar a espada. Afinal de contas, era um símbolo de guerra tanto quanto de distinção de classe — duas coisas contra as quais os quacres se opunham frontalmente.

Então, Penn procurou Fox, seu mentor, em busca de orientação.

— Posso continuar a usar a espada? — perguntou a Fox.

Eu esperaria de Fox uma resposta como: — Não, você precisa livrar-se dela. Transforme-a numa ferramenta para o arado e nunca mais a use.

Em vez disso, George Fox deu uma resposta que é uma pedra de toque para mim na área da vida cristã. Ele disse: "Use-a por quanto tempo conseguir, William, use-a por quanto tempo conseguir".

Fox estava projetando um importante princípio na vida cristã. Quando se trata de nossas práticas e de nosso comportamento, *precisamos evitar criar regras e leis e devemos confiar na direção do Espírito.* Fox não disse: "Não use a espada", nem: "Tudo bem em usar a espada". Ele confiava que Penn tomaria a decisão certa no tempo certo. Se Fox tivesse dado uma ordem a Penn, teria roubado do pupilo a oportunidade de ouvir o Espírito Santo, bem como estabelecido um padrão rígido, o que quase sempre leva a problemas mais tarde.

NEM LEGALISMO NEM REBELDIA

Num livro sobre como devemos viver, sempre existe o perigo de traçar uma série de regras. Neste livro, examinaremos as escolhas e as práticas de estilo de vida que alguns homens e mulheres adotaram, o que você pode achar impressionante ou encorajador. Analisaremos pessoas e igrejas cuja generosidade é impressionante, cujo perdão é maravilhoso e cujo testemunho é inspirador para os não cristãos. Seus exemplos podem representar um estímulo para nós, mas devemos ser cuidadosos para não considerar essas práticas como o único modo, o modo certo ou até mesmo o melhor modo de viver como aprendizes de Jesus. Por exemplo, eu mencionei meus amigos Matt e Catherine, que vivem com outros dois casais numa casa comunitária. Sua moderação e amor pela vizinhança são realmente impressionantes. No entanto, se com base nesse exemplo eu concluísse que os verdadeiros cristãos precisam viver comunitariamente, estaria equivocado. Há uma tendência a transformar práticas individuais guiadas pelo Espírito em leis coletivas.

Então, aplicarei o "princípio de Fox" em larga medida neste livro. Quando depararmos com questões sobre como devemos usar nossos bens, como devemos gastar nosso tempo, quais práticas podem melhorar nossa vida com Deus e quais podem impedir esse relacionamento, deveremos evocar a sabedoria de George Fox. Por exemplo, no decorrer deste livro alguns de vocês que têm boas condições financeiras podem ser levados a questionar: "É certo eu dirigir este carrão e viver nesta bela casa?". A última coisa que você deve fazer é responder com uma regra inflexível (por exemplo: "Nenhum cristão deve possuir uma casa de mais de 100 mil dólares ou dirigir um carro que custe mais de 20 mil dólares"). Em vez disso, devemos dizer: "Viva nessa casa e dirija esse carro por quanto tempo você conseguir, por quanto tempo você não sentir nenhum desconforto em seu espírito".

Alguns podem encarar isso como fuga. Sem dúvida, há algumas leis que não podem ser quebradas sem prejuízo à nossa vida (como os Dez Mandamentos). Eu nunca diria a um homem que está tendo um *affair* com uma mulher que não a sua esposa: "Continue o *affair* por quanto tempo você puder". No entanto, quando se trata das muitas questões de estilo de vida que enfrentamos, em termos do que comemos, bebemos, vestimos ou dirigimos, precisamos pensar com sensibilidade e com atenção ao sussurro do Espírito. O Reino de Deus não é feito de regras, mas da bondade, confiança e alegria que descobrimos quando permitimos que o Espírito Santo nos conduza.

Pretendo assumir a mesma posição de George Fox e do apóstolo Paulo. Encorajo você a tirar suas conclusões pessoais sobre esses assuntos, sob a direção do Espírito, e evitar transformá-las em leis às quais todos os outros precisam obedecer, ou julgar aqueles que não agem da mesma maneira que você. Os cristãos devem usar joias? Ou assistir à televisão? Ou frequentar o cinema? Ou praticar esportes aos domingos? Há excelentes cristãos, homens e mulheres, que responderiam não a cada uma dessas questões, e há igualmente excelentes cristãos que responderiam sim. Apenas porque não existe uma resposta certa ou errada para tudo, não significa que não vale a pena perguntar. Na verdade, creio que o processo de refletir sobre essas questões e prestar atenção no que o Espírito está fazendo em nós individualmente é tanto necessário quanto inspirador. Queremos respostas do tipo "preto no branco", com frequência porque somos apenas preguiçosos e não estamos dispostos a enfrentar o desafiador trabalho do discernimento.

Você talvez tenha adivinhado que William Penn desistiu de usar a espada, mas essa decisão não ocorreu imediatamente. Isso também é instrutivo. À medida que nossas narrativas e práticas mudam, outras coisas também mudam em nós, mas não do dia para a noite. Gosto de pensar que o jovem Penn aprendeu uma lição valiosa com Fox, a qual ele aplicaria várias vezes ao longo de sua vida. E foi uma vida maravilhosa. Penn se dirigiu depois para a América e fundou comunidades quacres, eventualmente levando à luta contra a escravidão. William Penn foi uma pessoa maravilhosa em muitos aspectos — como cristão (seu livro *No Cross, No Crown* [Sem cruz, não há coroa] é inspirador) e como estadista.

Um exemplo de como evitamos o legalismo e a rebeldia é encontrado nas experiências de prática de treinamento para a alma. Esses exercícios não são leis que nos amarram, nem práticas que podemos negligenciar, se queremos crescer na vida com Deus e uns com os outros. Eles nos desenvolvem e nos despertam para a direção do Espírito sem se tornarem uma receita de bolo com um resultado previsível.

Treinamento para a alma
Dois por quatro

Há dois pontos críticos neste capítulo. O primeiro é que os cristãos são seres peculiares. O segundo é que sua peculiaridade vem de seguir um Deus peculiar. Descrito de outra forma, à medida que passamos tempo com esse Deus peculiar, nós mesmos nos tornamos cada vez mais peculiares. No entanto, isso não acontece sem nossa cooperação. Por essa razão peço que você realize duas práticas nesta semana: 1) passe tempo com Deus; 2) faça algumas coisas peculiares. Lembre-se de que peculiar não é algo ruim, mas apenas algo diferente do que nossa cultura está acostumada a ver. Nesta semana, eu gostaria que você combinasse contemplação com ação, devoção pessoal com justiça social. Precisamos manter um equilíbrio entre passar tempo com Deus e cuidar dos outros. Ignorar um ou outro é um erro comum, porém fatal. Como forma de manter o equilíbrio, eu gostaria que você fizesse duas coisas: passasse duas horas concentrado em Deus e realizasse quatro atos intencionais de peculiaridade. Eu chamo isso de "dois por quatro": duas horas com Deus e quatro atos de bondade. Ofereço alguma orientação sobre como gastar as duas horas e sugiro algumas coisas que você pode fazer a fim de ajudar os outros.

DUAS HORAS COM DEUS

Alguns de vocês provavelmente ficarão intimidados em passar duas horas com Deus, e os outros talvez pensem: "Isso é tudo — apenas duas horas?". Depois de muita interação com as pessoas e cuidadosa reflexão, concluí que esse é um período gerenciável de tempo. Não é muito nem pouco. Evidentemente, as duas horas são apenas uma sugestão, não uma lei. É algo que você deve buscar, mas não que o faça sentir-se orgulhoso por alcançá-lo ou culpado por não o fazer. Deixe-me explicar por que eu penso que é uma meta atingível e também oferecer alguma orientação sobre como passar esse tempo com Deus.

COMO GERENCIAR AS DUAS HORAS COM DEUS?

Em primeiro lugar, as duas horas não precisam ser gastas todas de uma só vez. Eu recomendaria trinta minutos em quatro ocasiões distintas. (Alguns podem dividir o tempo em oito vezes de quinze minutos. Outros podem querer passar duas sessões de uma hora com Deus.)

Em segundo lugar, a adoração coletiva (ir à igreja) também pode contar como uma das 2 horas, mas somente se você for à igreja com a sensação de que está encontrando-se com Deus, de que seu foco está em Deus. Com frequência, gastamos boa parte de nosso tempo na igreja pensando em várias outras coisas, mas não em Deus. Aqui estão algumas dicas de como tirar um ótimo proveito da ida à igreja:

- Chegue mais cedo.
- Reserve tempo para concentrar-se em Deus antes que o culto comece.
- Lembre-se continuamente de que Deus é o foco.

- Quando você se surpreender distraído, volte a pensar em Deus. Assim, você pode querer ir à igreja e então agendar um ou mais períodos de tempo em que dedicará toda a sua atenção a Deus.

SUGESTÕES DE COMO PASSAR TEMPO COM DEUS

O exercício final no segundo livro da trilogia, *A maravilhosa e boa vida*, trata de como passar um dia inteiro de forma devocional, com a orientação de Madame Guyon. Além daquelas ideias, ofereço as seguintes sugestões para passar tempo com Deus. Os passos a seguir são apresentados não como regras rígidas, mas como sugestões.

1. *Encontre um local silencioso e sossegado para ficar sozinho.* Deve ser um lugar no qual você se sinta à vontade e esteja relativamente livre de interrupções.
2. *Respire.* Leva algum tempo até nos tornarmos "presentes onde estamos". Uma das coisas que eu gosto de fazer é simplesmente respirar e prestar atenção a minha respiração. Isso me acalma e me ajuda na concentração. Algumas vezes chego a contar minhas respirações e faço isso umas 40 vezes até entrar num estado relaxado, mas concentrado.
3. *Faça uma oração.* Eu gosto de fazer a Oração do Senhor ou recitar uma doxologia. A principal coisa a lembrar é que você está na presença de Deus.
4. *Louve.* Gosto muito da afirmação de que Deus habita entre os louvores de seu povo. Reserve tempo para escrever uma lista de bênçãos (você talvez já tenha realizado um exercício como esse no primeiro livro da trilogia, *O maravilhoso e bom Deus*). A seguir agradeça a Deus por elas. Prepare-se para sentir seu espírito elevado.
5. *Leia de forma reflexiva.* Você pode querer abrir sua Bíblia e ler uma breve passagem. Sugiro que se limite a quatro ou cinco versículos. Os Salmos ou os Evangelhos são ótimos

pontos de partida. Outras pessoas consideram útil utilizar um material devocional diário. Eu gosto de ler uma pequena passagem do livro A *Imitação de Cristo*.

6. *Pondere*. Passe algum tempo pensando no que você acabou de ler. Existe alguma mensagem para você na leitura? O que Deus pode estar dizendo a você nessa passagem ou seleção de versículos?
7. *Pergunte e preste atenção*. Não tenha receio de falar com Deus diretamente. Indague a Deus sobre quaisquer questões que você tiver em mente. No entanto, não espere uma resposta audível. Aprender a discernir a voz de Deus é uma habilidade adquirida que requer tempo e prática. Algumas vezes Deus fala usando uma silenciosa voz interior, e outras vezes se comunica comigo com uma série de pensamentos que me vêm à mente. A chave é permitir que seu coração seja exposto a Deus. Deixe Deus saber como você está se sentindo. Os salmos são maravilhosos exatamente por isso; o salmista não tem medo de tornar conhecidas a Deus sua raiva e sua angústia, assim como seus louvores e suas ações de graças.
8. *Escreva um diário*. É bom registrar por escrito seus pensamentos e sentimentos durante esses períodos silenciosos com Deus. Anote seus pensamentos ou questões num diário. Isso ajuda a cristalizar o que você está aprendendo e oferece um registro escrito que você considerará valioso nos anos por vir.

Espero que isso ofereça a você algumas ideias básicas sobre como usar seu tempo. Esses oito passos podem ser realizados em vinte a trinta minutos ou, em ritmo agradável, podem levar de quarenta e cinco minutos a uma hora inteira.

QUATRO ATOS DE PECULIARIDADE

Vários anos atrás participei de um exercício no qual fui desafiado a praticar um ato altruísta e inesperado de bondade ou generosidade a cada dia, durante trinta dias seguidos. Eu realmente apreciei o exercício. Ele me forçou a pensar melhor sobre o que eu poderia fazer pelas outras pessoas e me deu o encorajamento necessário para pôr isso em prática. Eu me descobri fazendo um monte de pequenas coisas pelas pessoas (carregar a bandeja de alguém na cafeteria) e ocasionalmente algumas coisas maiores (ajudar os amigos numa mudança). Isso também me obrigou a ser criativo porque, acredite ou não, realizar um ato inesperado e altruísta de bondade *todos os dias* é mais difícil do que você poderia imaginar. Felizmente, as pessoas que criaram o exercício nos avisaram com antecedência que não seria uma tarefa fácil; então, pelo menos isso não foi uma surpresa para nós.

A única coisa de que não gostei foi exatamente isso. Eu me vi realizando atos de bondade em lugares nos quais não eram bem-vindos ou necessários. E algumas vezes senti como se estivesse fingindo. (Acenar para um estranho é um ato inesperado de bondade?) Depois de anos, decidi encontrar uma abordagem mais acessível, porém ainda assim transformadora. Em vez de praticar o bem uma vez por dia, propus a mim mesmo o desafio de praticar quatro atos altruístas e inesperados de bondade ou generosidade por semana. Isso realmente me ajudou, porque algumas vezes não há nada a fazer, mas em outros dias três ou quatro oportunidades podem surgir.

Minha descoberta seguinte foi que eu também poderia expandir o exercício para incluir coisas que indicassem que sou desajustado a este mundo. Por exemplo, se decido não comprar algo de que não necessito, estou mostrando que sou desajustado à ambição, ao materialismo e aos excessos deste mundo. Se resisto à tentação de tratar as pessoas de acordo com sua classe social (que em geral é indicada por seu modo de vestir) e trato todas as pessoas como seres iguais a mim e umas às outras, estou mostrando que este mundo não é minha casa; eu pertenço ao Reino de Deus. Se eu decido desacelerar e evitar a correria, estou demonstrando que sou desajustado à cultura apressada na qual estou inserido.

Ao abrir meu exercício para incluir esse tipo de coisas, ele se tornou realmente interessante. Eu estava intencionalmente fazendo coisas que de outra forma não faria e realizei isso com uma sensação de que sou um cidadão de outro mundo. Bondade e generosidade, não há dúvida, são atividades peculiares do mais elevado tipo. Assim, eu gostaria que você se concentrasse, especialmente nesta semana, em *planejar quatro atos altruístas de bondade, atos de peculiaridade ou atos de desajuste.*

Aqui estão alguns exemplos de coisas que apreciei fazer:

1. Peça as chaves do carro de alguém e leve o carro a um lava-rápido, ou faça o serviço você mesmo.
2. Recolha o lixo ou varra a calçada de seu vizinho.
3. Adote uma atitude intencional nas conversas, convidando as pessoas a falar sobre a vida delas. (Ouvir é um grande dom.)
4. Limpe sua casa ou apartamento sem ser solicitado (pressupondo que você compartilha o espaço com outras pessoas; do contrário, você está realizando algo bom para você mesmo!).
5. Pague a conta para as pessoas atrás de você no *drive-thru*.
6. Planeje fazer compras numa região da cidade que está enfrentando dificuldades econômicas.
7. Deixe os outros passarem a sua frente no trânsito.
8. Envolva-se com as pessoas dizendo algo como: "Olá, tudo bem com você hoje?" e espere por uma resposta — sem sair correndo.

Capítulo 2
A comunidade da esperança

Minha esposa é uma pessoa bastante sociável. Ela adora estar com as pessoas, participar de jantares, celebrar ocasiões especiais ou simplesmente sair com os amigos. Ela era professora de uma escola do ensino fundamental, o que significa que socializar e conhecer gente nova representava boa parte de seu trabalho. Quando as pessoas ficam sabendo que ela é esposa de um professor de religião que é também pastor, com frequência fazem a ela perguntas sobre Deus e a fé. Ocasionalmente a discussão se volta para questões profundas, como, por exemplo: "Como um Deus bom pode permitir o mal?" ou "Por que existem tantas religiões, e você acha que a sua é a única certa?". Algumas vezes as pessoas estão genuinamente em busca de respostas e talvez até mesmo em busca de Deus. Ela volta para casa depois dessas conversas e invariavelmente repete a mesma coisa: — Eu gostaria que você estivesse lá comigo.

Minha esposa diz isso porque pensa que eu seria capaz de responder àquelas questões. Cada vez que ela fala isso, eu respondo:

— Não teria feito a menor diferença se eu estivesse lá. Na maioria, as perguntas que eles estão levantando não são a verdadeira questão. Em geral estão lançando fumaça para ocultar alguma outra coisa. O que realmente querem saber é: "Isso é verdade?", e a resposta para essa pergunta não está num conceito intelectual, mas numa vida transformada. E isso é algo que você pode dar a eles. Sua vida é seu testemunho. Você tem algo real, algo que você sabe ser verdade do fundo do seu coração, e isso moldou quem você é. Você não precisa fazer nada para dar testemunho dessa vida e também não poderia ocultá-la se tentasse. *Eles querem saber a razão da esperança que há em sua vida.*

Ainda assim, minha esposa diz que gostaria de articular melhor sua fé quando solicitada a fazê-lo. Ela conclui: — Eu acredito que o evangelismo não é o meu dom.

De fato, é um entre os muitos dons dela.

Embora seja verdade que algumas pessoas têm mais talento que outras para testemunhar, evangelizar ou compartilhar a fé, todos os aprendizes de Jesus podem compartilhar sua fé e, na verdade, o fazem o tempo todo, estejam ou não conscientes disso. Há duas maneiras de compartilhar nossa fé: com nossa vida e com nossa boca. Nossa vida é o mais profundo testemunho de nossa conexão com Deus. Na maior parte do tempo, testemunhamos aos outros com nossas ações. No entanto, há também ocasiões em que as pessoas nos permitem explicar aquilo em que cremos e por que cremos. Neste capítulo quero abordar os dois modos pelos quais compartilhamos nossa fé, analisando

> Como um de seus dons espirituais capacita você a compartilhar a razão da esperança que há em sua vida?

primeiro como podemos testemunhar com nossa vida e, segundo, como podemos aprender a "responder a qualquer pessoa que [nos] pedir a razão da esperança que há em [nós]" (1Pedro 3.15).

NARRATIVA FALSA: APENAS ALGUMAS PESSOAS SÃO CAPAZES DE COMPARTILHAR SUA FÉ

É verdade que há pessoas particularmente talentosas em testemunhar a não cristãos. Elas tipicamente têm confiança inabalável e coragem destemida de falar a verdade a interlocutores que talvez as rejeitem. Essas pessoas são também tipicamente talentosas com as palavras. No entanto, a narrativa de que somente algumas pessoas têm o dom de evangelismo pode tornar-se uma desculpa para aqueles que não têm o dom deixarem de evangelizar. Para ser honesto, compartilhar nossa fé pode ser algo intimidador. A seguir apresento uma lista de alegações que tenho ouvido de cristãos ao longo dos anos:

- Não sou bom nisso. Tenho tentado e acabo apenas gaguejando algumas palavras.
- Tenho visto algumas pessoas testemunhando e sinto vergonha de fazer isso.
- Temo ofender alguém se eu compartilhar minha fé.
- Eu me sentiria um hipócrita se tivesse de compartilhar minha fé — eu não sou um cristão perfeito.
- Se eu revelar minha fé, temo que as pessoas me rejeitem.
- Não posso compartilhar minha fé com os outros porque não sou instruído o suficiente.

Essas são preocupações reais. Compartilhar nossa fé pode ser embaraçoso e às vezes passar a impressão de algo ofensivo.

Nenhum de nós é perfeito, portanto todos nós poderíamos ser acusados de hipocrisia. E há sempre a possibilidade de rejeição.

Apesar disso, nenhuma dessas objeções é completamente verdadeira. Mesmo se nós não formos bons em evangelizar, podemos melhorar. Embora isso possa ser embaraçoso, não precisa ser necessariamente assim. Há a possibilidade de ofendermos ou desrespeitarmos alguém, mas apenas se não fizermos as coisas direito. Nós não somos perfeitos, mas também não alegamos ser; não apontamos para nós mesmos, mas para aquele que é perfeito. Corremos risco de rejeição, mas o valor sagrado das pessoas com quem estamos compartilhando e o potencial ganho em termos de melhoria de vida fazem o risco valer a pena. Embora isso possa parecer intimidador, na verdade nós já compartilhamos nossa fé dia após dia, e é algo que podemos aperfeiçoar. O segredo não está em aprender novas técnicas ou artes especiais de persuasão ou em nos tornarmos tão perfeitos a ponto de maravilhar os outros e fazê-los perguntar: "De que maneira eu posso ser como você?". A resposta, no final das contas, é encontrada em nossa história. A história molda nossas ações, e, quando nós a conhecemos bem, podemos traduzi-la bem em palavras.

> Pense numa pessoa cuja vida foi testemunho para você. Que aspecto agradável você descobriu na vida dessa pessoa?

NARRATIVA VERDADEIRA: TODOS OS CRISTÃOS COMPARTILHAM SUA FÉ

Quando eu era um cristão recém-convertido, lembro-me de ter ouvido o clichê: "Você é a única Bíblia que algumas pessoas lerão". Eu achava isso profundo, mas devo admitir que também acho bastante intimidador. Eu não me sentia responsável por essa tarefa. "Jim, você é a única esperança para esse e aquele outro. Eles não vão ler a Bíblia; nem mesmo possuem uma Bíblia. Então, nós estamos contando com você". A implicação era que minha vida era o único testemunho de Jesus que essa pessoa teria, e eu sabia que minha vida não estava à altura. Apesar disso, o clichê é verdadeiro. Há um grande número de pessoas que não está seguindo Jesus, e nós as vemos todos os dias; elas não têm aberto a Bíblia recentemente, se o fizeram alguma vez, portanto a única conexão delas com a fé somos nós. Isso é realmente desafiador, mas não precisa ser intimidante. Há uma solução.

Em cada aspecto da nossa vida, sabemos que há maneiras de melhorar, de conseguir o melhor de alguma coisa, desde aprender um idioma até tocar um instrumento ou realizar alguma tarefa. Ao longo dos últimos anos, minha esposa, Meghan, tem feito uma série de coisas para aperfeiçoar sua capacidade de ensinar. Por meio de cursos, livros, seminários e experimentação de novas técnicas, ela se tornou uma professora melhor. Meu filho Jacob pratica beisebol. Ele treina seu físico com muito exercício e prática; em decorrência disso e contando com a ajuda de um excelente técnico, ele tem melhorado a cada ano como lançador de beisebol. Um técnico lhe ensinou uma nova jogada, o que representou uma significativa melhora em seu desempenho. Minha filha, Hope, é uma artista bastante talentosa para sua idade, mas foi apenas quando a matriculamos num programa de arte extraescolar que começamos a ver todo o seu potencial desabrochar. Com excelente instrução e orientação, sua técnica melhorou rapidamente. Depois do curso, seus desenhos são marcadamente melhores.

Essas histórias ilustram um fato fundamental da vida: há maneiras de aperfeiçoar o que fazemos. No entanto, quando se trata de nossa fé, parece que pensamos nela como um "mistério envolvido num enigma". Ouço as pessoas dizerem: "Não sou alguém que sabe orar tão bem quanto fulano e beltrano", como se a oração fosse uma habilidade sagrada concedida apenas a determinadas pessoas. A oração é uma atividade que pode ser aperfeiçoada. O mesmo é verdade com respeito a compartilhar nossa fé. Nós fazemos isso o tempo todo, embora nem sempre o façamos bem. Da mesma forma, aqui também podemos encontrar maneiras de melhorar nossa prática. No entanto, antes de examinar as duas formas pelas quais compartilhamos nossa fé — palavras e ações —, quero voltar nossa atenção para seu fundamento: *a história*. Quanto mais você compreende essa história, mais ela se torna a sua história; e, quanto mais ela se torna a sua história, mais naturalmente ela se reflete em suas palavras e ações.

A HISTÓRIA QUE INSPIRA ESPERANÇA

Algumas vezes quando lemos a Bíblia, passamos apressadamente por algumas palavras, especialmente aquelas que já ouvimos muitas vezes, como "fé", "amor" e "esperança". Isso aconteceu comigo enquanto memorizava Colossenses 1.5. "A fé que vocês têm em Cristo Jesus e o amor que têm por todos os santos, por causa da esperança que lhes está reservada nos céus". Para que eu pudesse entender plenamente o versículo, tive de conectá-lo aos versículos que o precedem e que o seguem. Paulo escreve:

> Sempre agradecemos a Deus, o Pai de nosso Senhor Jesus Cristo, quando oramos por vocês, pois temos ouvido falar da fé que vocês têm em Cristo Jesus e do amor que têm por todos os santos, *por causa da esperança* que lhes está reservada nos céus, a respeito da qual vocês ouviram por meio da palavra da verdade, o evangelho que chegou até vocês. Por todo o mundo este

evangelho vai frutificando e crescendo, como também ocorre entre vocês, desde o dia em que o ouviram e entenderam a graça de Deus em toda a sua verdade (Colossenses 1.3-6).

Aqui está o ponto principal: *a fé e o amor derivam da esperança*. A esperança raramente é vista como a fonte da fé e do amor, mas isso é o que Paulo está dizendo aqui. O estudioso da Bíblia N. T. Wright explica isso da seguinte maneira: "Os fatos sólidos sobre a esperança futura dos cristãos são uma poderosa motivação para a fé constante e o valioso amor no presente".[1] Observe as palavras "fatos sólidos". Elas são a chave.

Por definição, a esperança é a "confiança num futuro bom". A fé não vive num vácuo; ela precisa estar ligada a alguma outra coisa. Nós precisamos acreditar em alguma coisa. É por isso que Paulo diz: "Nós temos ouvido de sua fé em Cristo Jesus [...] por causa da esperança". Nossa esperança está enraizada nos céus (v. 5), onde Cristo está assentado à mão direita de Deus.

Cada vez que Paulo se refere ao interlocutor na passagem citada da epístola aos Colossenses, remete à segunda pessoa do plural: "a esperança que *lhes* está reservada" é a esperança que nós compartilhamos como comunidade. A esperança não é apenas minha. Todos os aprendizes de Jesus compartilham a mesma esperança. Ela nos une e aumenta nosso amor uns pelos outros. Não é apenas a esperança de um indivíduo, mas de toda uma comunidade.

A comunidade cristã "tem suas raízes no futuro e seus ramos no presente", escreve John D. Zizioulas.[2] A *ekklesia* (igreja, comu-

---

[1] WRIGHT, N. T. Colossians and Philemon, **Tyndale New Testament Commentary.** Downers Grove, Ill.: InterVarsity Press, 1986. p. 56.

[2] ZIZIOULAS, John D. **Being as Communion.** Crestwood, N.Y.: St. Vladimir's Seminary Press, 1977. p. 59.

nidade) de Jesus encontra suas origens no futuro. E esse futuro é brilhante, seguro e inabalável por causa de Jesus e de sua obra acabada. A esperança é a ponte que liga o futuro ao presente, e os ramos dessa esperança são a fé e o amor.

N. T. Wright diz que "uma igreja voltada para a missão precisa ter sua missão moldada pela esperança; a esperança cristã genuína, enraizada na ressurreição de Jesus, é a esperança para a renovação de todas as coisas por Deus, porque ele derrotou a corrupção, a decadência e a morte e preencheu o cosmo inteiro com seu amor e sua graça, com seu poder e sua glória".[3] Raízes no futuro, raízes na ressurreição, raízes na vitória eterna de Jesus, raízes que estão firmemente plantadas na vida eterna, raízes que alimentam tanto o tronco quanto os ramos e, no final das contas, produzem o fruto que atrai os outros para a história. Wright conclui: "Para alguém ser realmente eficaz nesse tipo de missão, é preciso estar genuína e alegremente enraizado na renovação de Deus". Nós temos um motivo real para vibrar. Quanto mais conhecemos a história, mais nos alegramos.

> Pelo que você espera?

AS QUATRO PARTES DA HISTÓRIA DA ESPERANÇA

Paulo declarou aos colossenses que a esperança deles estava na "palavra da verdade, o evangelho que chegou até vocês" (Colossenses 1.5,6). Qual foi exatamente o evangelho que eles ouviram? Se analisarmos cuidadosamente o restante da epístola aos Colossenses, descobriremos que o evangelho é mais bem contado na forma de história. O evangelho é uma metanarrativa, ou seja,

---

[3] WRIGHT, N. T. Surprised by Hope. San Francisco: HarperOne, 2008. p. 269-270. [**Surpreendido pela esperança.** Viçosa: Ultimato, 2009.]

uma história dominante que tem o poder de transformar. A metanarrativa cristã tem quatro partes básicas: morte, ressurreição, ascensão e volta. É a história de Jesus e também a nossa história.

Nós somos enxertados na história de Jesus. E estamos unidos por essa história. Quero destrinchar os quatro elementos da história e mostrar como cada parte nos enxerta na narrativa maior. Observe de que maneira cada um desses quatro versículos em Colossenses fala sobre Jesus e sobre o que ele fez, ao mesmo tempo que também nos inclui em sua história.

1. Morte. "Pois vocês morreram, e agora a sua vida está escondida com Cristo em Deus" (Colossenses 3.3).

Jesus morreu na cruz. Disso todos nós sabemos. No entanto, o fato de que nós, pela fé, participamos dessa morte não é ensinado com tanta frequência, embora seja mencionado explicitamente em muitas das cartas de Paulo. Paulo está lembrando aos colossenses que eles morreram e que a vida deles está oculta com Cristo. Embora eles não estivessem na cruz junto com Cristo, participaram vicariamente de sua morte. Em certo sentido, eles *morreram*. Seu antigo modo de viver acabou. Morreram para as narrativas que antes os controlavam, aquelas contadas nos reinos deste mundo, aquelas que nos dizem que "o poder faz o direito" e "o dinheiro traz alegria" e "o sexo é o caminho para a satisfação". Esses velhos ídolos foram esmagados pela narrativa de Cristo, e nós fazemos parte dessa história.

Antes de entrar num relacionamento de amor e confiança com a Trindade, eu vivia por minha própria conta e era guiado pelos principados e poderes deste mundo. Quando entreguei minha vida a Jesus, o "velho Jim" morreu. No entanto, um novo Jim emergiu, e essa nova vida é invisível para mim porque está "escondida com Cristo em Deus". Agora eu vivo pela fé e estou envolvido na história de Jesus. Cristo nos convida a morrer, não numa cruz, mas para nós mesmos (Lucas 9.23). O antigo modo de vida, baseado na competição e na vaidade, morre com Jesus. O que emerge é uma nova vida, escondida de nós, mas sem dúvida real, sólida e segura. Esse é o nosso verdadeiro eu.

2. Ressurreição. "Quando vocês foram sepultados com ele no batismo, e com ele foram ressuscitados mediante a fé no poder de Deus que o ressuscitou dentre os mortos" (Colossenses 2.12).

Muitos cristãos não têm consciência de que também participam da ressurreição de Jesus. O mesmo poder que levantou Jesus da morte também vive em nós. O velho você e o velho eu estão mortos, mas o novo você e o novo eu ressuscitaram. Em outra parte Paulo escreveu: "Portanto, se alguém está em Cristo, é nova criação. As coisas antigas já passaram; eis que surgiram coisas novas!" (2Coríntios 5.17). Nós somos novas criaturas, em quem Cristo habita. Essa consciência não somente me dá força como indivíduo, mas me liga a outros seguidores de Cristo. No Brasil eu me senti um estrangeiro por causa do idioma e das barreiras culturais. No entanto, quando fui a uma igreja e lá começamos a cantar, eu sabia que estava em casa. Eu estava com irmãs e irmãos que tinham morrido e ressuscitado com Cristo, exatamente como havia acontecido comigo.

Aí emerge um novo eu, estabelecido por Cristo. Fomos revestidos por um novo eu (Colossenses 3.10), que está sendo renovado constantemente. Tenho uma nova identidade: alguém em quem Cristo habita e se deleita. Isso não é obra minha; é fruto do poder de Deus, o mesmo poder que levantou Jesus do túmulo. Eu me movo nesse poder a cada dia, como alguém que morreu, mas renasceu. A ressurreição de Jesus é também a minha ressurreição. Essa é minha nova história.

3. Ascensão. "Procurem as coisas que são do alto, onde Cristo está assentado à direita de Deus" (Colossenses 3.1).

Jesus morreu e se levantou novamente e então ascendeu aos céus. Algumas pessoas pensam na ascensão de Jesus como o dia em que Jesus subiu aos céus, para nunca mais ser visto. Na verdade, a ascensão de Jesus é uma parte importante da história. Jesus está agora entronizado como o Senhor supremo de tudo e de todos. Jesus agora reina, e um dia todo joelho se dobrará e toda língua confessará que ele é o Senhor. Paulo disse aos colossenses que pusessem seu coração nas coisas que são do alto, onde, segundo o apóstolo, "Cristo está assentado à direita de Deus". Observe que Jesus está assentado. É por isso que sua obra está acabada. Pôr nossa mente e nosso coração nas "coisas que são do alto" significa focar a obra acabada de Jesus, a fonte de nossa esperança e força. Nós encontramos nossa unidade nessa visão comum.

Somos chamados a pôr nosso coração na vitória estabelecida por Jesus. Walter Brueggemann observa que essa vitória, assim como nossa nova vida, com frequência está escondida de nós, e é por isso que precisamos trabalhar duro para vê-la em nosso meio.

> A vitória de Deus em nosso tempo sobre essa idolatria mortífera está oculta de nós, da mesma forma que a vitória decisiva de Deus está sempre escondida de nós. Não sabemos exatamente quando e onde a vitória foi forjada. Ela está oculta na fraqueza de amor ao próximo, na loucura da misericórdia, na vulnerabilidade da compaixão, nas incríveis alternativas do perdão e da generosidade que permitem a nova vida emergir em situações de desespero e brutalidade.[4]

---

[4] BRUEGGEMANN, Walter. **Biblical Perspectives on Evangelism.** Nashville: Abingdon, 1993. p. 41.

Jesus derrotou as coisas que nos oprimem, e essa é a razão para nossa esperança. Isso não brilha em placas de neon, mas ainda está por toda a nossa volta. Nós o vemos quando alguém ajuda o próximo e quando as pessoas perdoam ou oferecem sua hospitalidade ou generosidade. Quando fazemos isso, estamos participando da vitória de Jesus.

4. A volta. "Quando Cristo, que é a sua vida, for manifestado, então vocês também serão manifestados com ele em glória" (Colossenses 3.4).

A parte final da história ainda não ocorreu. A igreja proclama: "Cristo morreu. Cristo ressuscitou. Cristo voltará". A volta de Jesus é a promessa de cura e justiça definitiva. Todos os erros serão corrigidos, toda dor terminará, e nossa alegria será completa quando Jesus retornar em vitória final. Essa esperança une a comunidade cristã à medida que aguardamos a consumação dessa conspiração divina.

A HISTÓRIA SE TORNA NOSSA HISTÓRIA

Somos membros de Cristo e do Reino de Deus porque participamos da história maior de Jesus. Isso não apenas nos faz sentir especiais ou seguros (embora certamente o faça); também nos deve levar a uma mudança de comportamento. A história cria uma nova identidade, o que por sua vez leva a novas práticas. A história de Jesus se torna a minha história; eu estou então em Cristo, e como alguém habitado por Cristo meu comportamento começa a mudar.

Eu não sou perfeito e lutarei contra o "velho Jim",

> "A identidade vem antes do comportamento." Registre em seu diário como você percebe a relação entre identidade e comportamento.

que era e continua a ser influenciado pelas narrativas e pelos valores da cultura secular. No entanto, a chave é que a identidade vem antes do comportamento. Nós quase sempre fazemos o inverso: definimos a identidade com base no comportamento; dizemos às pessoas o que elas precisam fazer (imperativo) para descobrir quem elas são (indicativo). Paulo faz o oposto: o apóstolo diz aos colossenses quem eles são e então discorre sobre como eles devem viver. Quanto mais crescemos na história, mais a história cresce em nós. Stanley Hauerwas, que é um pacifista cristão, confessa em seu excelente livro *The Peaceable Kingdom* [O Reino de paz]:

> Minha inteireza, minha integridade, é possibilitada pela veracidade da história. [...] Somente cultivar essa história é que me fará reconhecer quanta violência tenho armazenada em minha alma, a violência que não desaparecerá do dia para a noite, mas que preciso trabalhar continuamente para reconhecer e aplacar.[5]

Aprecio sua honestidade e me identifico com ela. Conforme cultivamos a história, como Hauerwas considera, é que a integridade da história é confrontada com nossa falta de integridade. Quando William Penn começou a crescer na história de Cristo, o elitismo armazenado em sua alma se tornou perturbado. Ele usou a espada enquanto pôde ou enquanto a alma moldada pela história foi capaz de suportar.

Para Hauerwas, a história e a nova identidade desencavaram a violência armazenada em sua alma; para Penn, a questão era sua vaidade. Isso será diferente para cada um de nós, mas a questão é que a integridade da história permanece real. O ponto principal

---

[5] HAUERWAS, Stanley. **The Peaceable Kingdom.** Notre Dame, Ind.: University de Notre Dame Press, 1983. p. 94.

é que a história, e a identidade que ela cria, precisa assumir o comando na mudança de nosso comportamento, não o inverso, o que é tão comum. Neste mundo definimos a identidade com base no comportamento, o que leva à frustração e ao legalismo. Mais uma vez, Hauerwas explica isso muito bem: "A questão 'O que devo ser?' precede a questão 'O que devo fazer?' ".[6] A ordem é crucial aqui. O indicativo (quem somos) deve preceder o imperativo (como devemos viver). Para entender quem somos, temos de perceber que somos um povo cujas raízes estão em outro mundo. É precisamente por isso que somos tão peculiares.

ESPERANÇA EM AÇÃO

O conhecido ditado atribuído a São Francisco é certamente verdadeiro: "Pregue o evangelho onde quer que você esteja. Quando necessário, use palavras".

Nossa vida é uma pregação contínua. Essa pode ser uma ideia intimidadora, especialmente naqueles dias ruins

> Que mudanças você tem visto em suas narrativas e em sua história?

em que lamentamos da vida e nos queixamos de tudo. Embora não sejamos chamados a ser perfeitos, somos chamados a ser testemunhas da história maior que produz esperança em nós. A fé e o amor derivam da esperança. Deixe-me explicar como isso funciona e a seguir darei alguns exemplos de como podemos melhorar nosso testemunho com nossas ações. A chave, no entanto, é lembrar quem somos (pessoas em quem Cristo habita), onde vivemos (no inabalável Reino de Deus) e para o que somos destinados (para a glória eterna com Jesus).

[6] HAUERWAS, Stanley. **The Peaceable Kingdom** cit., p. 116.

Quando eu levantar da cama amanhã de manhã, acordarei com a sensação de que estou bem. Mais do que bem, na verdade. O mundo a minha volta, aquele pelo qual passo quando deixo minha casa, me dirá que meu valor e minha importância estão fundamentados em minhas habilidades ou em meu desempenho. No entanto, agora eu conheço algo melhor. Morri para o velho caminho e ressuscitei com Jesus, que vive em mim e me ama (Gálatas 2.20). Em outras palavras, estou seguro e protegido. O velho eu, que precisa competir, impressionar, dominar e controlar, está morto. Fui revestido do novo eu, que está sendo renovado em conhecimento de acordo com a imagem de Jesus (Colossenses 3.10). Portanto, não preciso preocupar-me com o hoje, por exemplo. Estou em paz, porque minha vida está seguramente oculta em Cristo (Colossenses 3.3). Assim, fixarei minha mente e meu coração na vitória de Jesus, meu Senhor e Rei e Mestre, que me criou para algo maravilhoso.

Certa vez perguntei ao legendário técnico de basquete — e sábia testemunha de Jesus — John Wooden sobre o que ele pensava ao iniciar cada dia. Ele respondeu: "Eu tenho um único pensamento: Faça do dia de hoje uma obra-prima". Essa é a oportunidade que cada de nós tem dia após dia. Podemos fazer deste dia uma obra-prima, algo belo, extraordinário, magnificente e certamente peculiar. Exatamente igual a quê? Na epístola de Paulo aos Romanos, o apóstolo lista uma série de maneiras pelas quais podemos demonstrar nossa esperança em nossos relacionamentos uns com os outros:

> Dediquem-se uns aos outros com amor fraternal. Prefiram dar honra aos outros mais do que a si próprios. Nunca lhes falte o zelo, sejam fervorosos no espírito, sirvam ao Senhor.

Alegrem-se na esperança, sejam pacientes na tribulação, perseverem na oração. Compartilhem o que vocês têm com os santos em suas necessidades. Pratiquem a hospitalidade. Abençoem aqueles que os perseguem; abençoem, e não os amaldiçoem. Alegrem-se com os que se alegram; chorem com os que choram. Tenham uma mesma atitude uns para com os outros. Não sejam orgulhosos, mas estejam dispostos a associar-se a pessoas de posição inferior. Não sejam sábios aos seus próprios olhos. Não retribuam a ninguém mal por mal. Procurem fazer o que é correto aos olhos de todos. Façam todo o possível para viver em paz com todos (Romanos 12.10-18).

Essa é uma das minhas seções favoritas da Bíblia. Ela retrata como pregamos o evangelho sem palavras. Como isso poderia acontecer no dia a dia? E o que isso tem a ver com esperança?

Hoje um amigo meu compartilhou comigo algumas dificuldades. Eu o ouvi cuidadosamente e assegurei-lhe que estou a seu lado durante essa provação. Ele faz o mesmo por mim, porque "nos dedicamos uns aos outros", conforme Paulo exortou. Não precisamos proclamar isso; você poderia ver esse comportamento quando cada um de nós abaixa a cabeça e ora. Seríamos capazes de rir juntos, até mesmo na dor, porque "nos alegramos na esperança".

Certo domingo nossa igreja convidou as pessoas a permanecerem depois do culto e preparar caixas de comida e roupa para os haitianos, que haviam sido devastados por um terremoto recente. Eles estavam "[compartilhando] o que tinham com o povo de Deus em suas necessidades". Dois de meus amigos começaram a fazer amizade com pessoas em abrigos para sem-teto. Meus amigos têm um bom emprego, uma boa renda e uma boa escolaridade, mas, ao estabelecer essas amizades, eles estão "dispostos a associar-se a pessoas de posição inferior". Não por piedade, mas por amor.

Lembre-se da sabedoria de Dallas Willard: "O verdadeiro ativista social é a pessoa que vive como aprendiz de Jesus em seus relacionamentos cotidianos". Isso significa viver com a mente e o coração no Reino, em nosso casamento, no relacionamento com pais e filhos, com nossos colegas de trabalho e vizinhos e também com o rapaz da loja de computadores que está bloqueando o corredor.

> "Alegrem-se na esperança, sejam pacientes na tribulação, perseverem na oração. Compartilhem o que vocês têm com os santos em suas necessidades. Pratiquem a hospitalidade" (Romanos 12.12,13). Como você tem visto esses sinais de comunidade em ação na sua igreja ou em seu grupo de comunhão?

O novo eu vive de novas maneiras, e isso é visto — e sentido — por aqueles que estão a nossa volta. Paulo disse aos coríntios: "Porque para Deus somos o *aroma de Cristo* entre os que estão sendo salvos e os que estão perecendo" (2Coríntios 2.15). No entanto, o aroma de Cristo não é uma colônia ou um perfume que você consegue comprar no supermercado. Não existe um "*eau de Jesus*" nem uma "colônia pós-barba de Cristo". No entanto, quando dizemos a verdade em situações nas quais é difícil fazê-lo, quando nos sentamos na sala de espera com um amigo ferido e assustado mesmo tendo coisas urgentes a fazer, quando nos esforçamos para permanecer em harmonia com pessoas que discordam de nós, quando procuramos uma maneira de gastar menos para poder doar mais, quando oferecemos uma bênção a alguém que nos amaldiçoa, nessas situações a essência de Jesus, que vive e se manifesta em nós, emerge.

Uma vez comi, sem perceber, oito dentes de alho. Pensei que eram aquele tipo de batatas fritas pequenas e saborosas, assadas na manteiga. Quando voltei para casa aquela noite e deitei na cama, o odor que eu exalava era tão forte que minha esposa não aguentou e disparou: — Querido, o que foi que você comeu?

— Um pouco de carne assada e batatinhas fritas em manteiga — respondi.

— Não, de jeito nenhum; você comeu alho. Aquelas batatinhas eram dentes de alho.

Acabei dormindo no sofá. No dia seguinte escovei os dentes duas vezes, enxaguei com líquido para higiene bucal e masquei um monte de chiclete. Durante o culto, minha esposa se virou para mim e disse: — Você ainda está cheirando a alho.

O problema era que aquilo estava impregnado em meu sistema digestivo, em meu sangue e em meus pulmões e exalava de meus poros. Lembro-me dessa história quando penso sobre ser o aroma de Cristo. Quando conhecemos, vivemos e respiramos a verdade de que somos pessoas habitadas por Cristo, a realidade de Jesus se impregna em nossos pulmões, em nossos lábios e em nossos poros. Não podemos fazer nada a respeito. Felizmente, ao contrário do alho, quando as pessoas percebem o aroma de Jesus em nós — por meio das nossas ações —, elas não nos pedem para nos afastarmos. Em geral querem saber a razão da nossa esperança.

ESPERANÇA EM PALAVRAS

Embora nossas ações falem mais alto, também somos chamados a compartilhar o evangelho de esperança na forma de palavras. Pedro escreveu aos primeiros cristãos: "Estejam sempre preparados para responder a qualquer pessoa que lhes pedir a razão da esperança que há em vocês. Contudo, façam isso com mansidão e respeito" (1Pedro 3.15,16).

Há muita sabedoria nesse versículo. Em primeiro lugar, Pedro nos encoraja a estarmos sempre preparados. Isso pressupõe que teremos de passar algum tempo pensando nas quatro partes da história e refletindo sobre como compartilhá-las se e quando necessário. Eu gosto demais da frase "pedir a razão da esperança que está em vocês". É isso o que todas as pessoas realmente precisam ouvir. Elas não querem uma explicação enfadonha a respeito da autoridade da Bíblia ou sobre por que os mulçumanos estão errados. Elas apenas querem saber o que aconteceu com você, como você se envolveu em uma nova história e um conjunto totalmente novo de práticas.

A última frase também é uma preciosidade: "façam isso com mansidão e respeito". Com demasiada frequência, as pessoas compartilham sua fé com certa crueldade e arrogância. Alguns cristãos agem como valentões prepotentes enquanto evangelizam, e isso é sempre contraprodutivo. Como podemos explicar a razão da nossa esperança, com "mansidão e respeito"? Contando nossa história. É difícil argumentar com sua história, e ninguém além de você pode contá-la. É a história de sua vida, de como você se conscientizou da história mais ampla de Jesus e de como sua vida foi escrita nessa história, de modo que a história de Jesus é agora a sua história também. Essa é a forma gentil. A maneira respeitosa se revela ao fazermos isso apenas quando as pessoas estão interessadas. Também é importante administrar o tempo. Além de sermos gentis, também precisamos ser pacientes. Jesus disse a seus discípulos: "Eu os estou enviando como ovelhas entre lobos. Portanto, sejam astutos como as serpentes e sem malícia como as pombas" (Mateus 10.16).

Dallas Willard certa vez citou esse versículo e então me perguntou: — O que significa ser "astuto como uma serpente"?

Eu de fato nunca havia pensado sobre isso, embora conhecesse o versículo, em diferentes versões bíblicas, inclusive a que Dallas tinha praticamente memorizado.

— Bem, você já alguma vez observou uma cobra preparando-se para dar o bote em alguém?

Respondi que não. Ele prosseguiu: — É isso... A astúcia da serpente está em esperar até que alguém vá até ela.

Logicamente, não estamos tentando matar nem dar o bote em ninguém, e é por isso que Jesus acrescenta a recomendação para sermos "sem malícia" (ou "símplices", tal qual diz a *Almeida Revista e Atualizada*) como as pombas. As pombas são tão inocentes que você consegue pegá-las. Elas são verdadeiros símbolos da paz. Quando combinamos a astúcia da serpente com a simplicidade da pomba, descobrimos a abordagem certa para o evangelismo. Frank Laubach esperou quase um ano antes de falar às pessoas que ele tinha ido evangelizar nas Filipinas. Simplesmente realizava seu trabalho com fé e conservava sua mente nas coisas do alto. Em algum tempo, os líderes mulçumanos passaram a dizer às pessoas: "Passe um tempo com aquele homem. Ele conhece Deus". Laubach esperou e foi gentil. Também respeitava as pessoas e cuidava delas ensinando-as a ler.

Laubach era um homem de esperança, e dessa esperança derivaram a fé e o amor.

> Que respostas vêm a sua mente à medida que você lê a história de Frank Laubach?

ALCANÇANDO ESPERANÇA

Minha esposa e eu somos professores, mas trabalhamos em regiões diferentes da cidade. Todas as tardes às 16h10 em ponto, eu pego minha filha, Hope [em inglês, "Esperança"], na escola. Eu deixo a universidade alguns minutos antes das 16 horas e no meu caminho de saída geralmente encontro três ou quatro pessoas que me conhecem. Elas dizem: "Já vai encerrar o dia?", e eu respondo: "Sim, tenho de buscar Hope". Cada vez que eu digo isso, sorrio. Eu tenho de buscar Hope. Em certo sentido, isso é verdade. Estou indo buscar uma pequena garota que atende por esse nome. Em outro sentido, isso também é verdade. Ela é a encarnação da esperança para minha esposa e para mim, uma lembrança viva de que vale a pena confiar em Deus, e essa é a razão pela qual nós a batizamos com o nome Hope. Em outro nível, também é verdade que estou indo buscar esperança porque vivo por meio da esperança. É nela que minhas raízes estão fincadas. No entanto, em outro sentido isso não é inteiramente verdade. Eu não busco esperança; a esperança é que me alcança. Todos os dias tenho oportunidade de fazer uma obra-prima, cada pincelada de fé e amor testemunhando do Deus que superou a morte e em sua grande misericórdia oferece essa vida eterna a você e a mim. Essa esperança está viva e nunca morrerá.

> Bendito seja o Deus e Pai de nosso Senhor Jesus Cristo! Conforme a sua grande misericórdia, ele nos regenerou para uma esperança viva, por meio da ressurreição de Jesus Cristo dentre os mortos. (1Pedro 1.3)

TREINAMENTO PARA A ALMA

Compartilhando sua fé (sem embaraço ou coerção)

A quem você deve testemunhar? Quais são os critérios para decidir com quem e quando você compartilhará sua fé? E, finalmente, como fazer isso? Conforme observado neste capítulo, estamos o tempo todo testemunhando, tenhamos ou não consciência disso. As pessoas nos observam o tempo todo, e nossas ações sempre comunicam algo, para o bem ou para o mal. Dito isso, quero propor um exercício que nos ajudará a agir quando nos tornarmos mais intencionais sobre alcançar os outros e levá-los à vida de fé. Há sete atividades que considero úteis para o processo, algumas das quais dependerão de nosso atual relacionamento com as pessoas a quem estamos testemunhando. Se conhecemos bem a pessoa, e ela já confia em nós, podemos avançar mais rapidamente pelo processo, até mesmo pulando algumas etapas do caminho até o ato final. Apesar disso, todas as partes anteriores são necessárias porque nos lembram de que não estamos fazendo isso sozinhos, mas confiamos em Deus em cada intersecção.

1. **Ore.** A primeira coisa que podemos fazer é orar para que Deus nos envie alguém. Essa é uma oração poderosa que quase sempre é respondida e rapidamente. O Espírito Santo é de longe

muito mais sábio e mais inteligente que nós. Ele conhece as necessidades das pessoas a nossa volta. Ore não somente para que Deus coloque essas pessoas em seu caminho; ore também para que você tenha olhos e ouvidos bem abertos para identificar quando elas chegam. Talvez já exista uma pessoa em seu coração. Ore por essa pessoa e para que Deus crie uma oportunidade de você dar um passo adiante a fim de compartilhar sua fé.

2. Observe. Uma vez que você tenha orado, mantenha-se atento. Peça a Deus com regularidade: "Ajuda-me a ver o que o Senhor me está trazendo. Dá-me olhos compassivos. Deixa-me saber de quem se trata e quando eu posso dar o próximo passo". Lembre-se da astúcia da serpente.

3. Estenda a mão. Uma vez que você tenha uma noção de quem é essa pessoa e tenha sentido Deus preparar o relacionamento, encontre maneiras de estender-lhe a mão de maneiras não ameaçadoras. Convide a pessoa para tomar um café ou para um almoço. Caso se trate de alguém com quem você já passou algum tempo, faça perguntas não ameaçadoras, mas penetrantes, como, por exemplo, "Como está sua vida agora? O que está funcionando? O que está faltando?". Se você não conhece bem a pessoa, essas perguntas poderão ser pessoais demais ou até invasivas. Mantenha a conversa num nível mais básico, porém continue prestando atenção aos sinais em seu coração.

4. Ouça. Ouça com atenção. Isso é tão raro em nossa cultura apressada e atormentada que parece ser quase uma habilidade perdida. Simplesmente ouvir já significa uma grande demonstração de amor. Atente para as dicas à condição do coração das pessoas. O que ela está procurando? Contra o que está lutando? A melhor coisa a perguntar a você mesmo é: "Em quais áreas penso que Deus está agindo na vida dessa pessoa?". Pode ser a cura de um divórcio, a alegria de um novo trabalho ou o luto de perder um ente querido. Seja lá o que for, tente descobrir o que preocupa a pessoa.

5. **Estabeleça conexões.** É neste estágio que sua compreensão do evangelho (nosso Deus reina e nosso Deus está conosco) entra em jogo. Se você tiver discernido o que está pressionando o coração da pessoa, tente conectar essa situação com a mensagem do evangelho. Digamos que você perceba que um amigo está enfrentando o luto pela morte de um ente querido. Pergunte-se: "Como o evangelho se aplica a essa situação?". Há muitas formas, mas três me vêm imediatamente à mente: em primeiro lugar, Jesus derrotou a morte; em segundo lugar, Deus permanece a nosso lado em nossos momentos de escuridão; e, em terceiro lugar, Deus pode fazer coisas maravilhosas por meio da nossa dor.

Se o relacionamento é forte o bastante para tolerar isso, você talvez queira fazer essas conexões verbalmente propondo perguntas como: "O que dá esperança a você agora? O que mantém você seguindo em frente?". Se a pessoa estiver aberta, você provavelmente terá uma longa resposta. Tente continuar estabelecendo conexões entre a condição da pessoa e as boas-novas que você conhece, mas faça isso sem pregar. Você está num diálogo nesse estágio. Em algum ponto você pode ser capaz de direcionar mais explicitamente a conexão entre o que está acontecendo na vida de seu interlocutor e o que Deus tem feito e ainda fará.

6. **Compartilhe.** Em algum ponto você pode ser solicitado a contar sua história ou a compartilhar suas ideias. Se isso acontecer, não fique temeroso. Há algumas narrativas falsas que impedem as pessoas de compartilhar sua fé.

Embora valha a pena examinar cada uma delas, deixe-me destacar um ponto crítico: Deus não pede para sermos perfeitos ou termos todas as respostas. Pede-nos para chamar as pessoas a uma vida interativa com a Trindade. O Reino não é um reino de problemas, como eu gosto de dizer. Não requer um especialista em relações públicas O Reino está apenas esperando que as pessoas abram uma porta. Por favor, perdoe meu tom não pastoral, mas preciso dizer simplesmente: "Supere isso. Livre-se de suas inibições".

Lembre-se do conselho de Pedro: "Estejam sempre preparados para responder a qualquer pessoa que lhes pedir a razão da esperança que há em vocês. Contudo, façam isso com mansidão e respeito" (1Pedro 3.15,16).

O que eu aprecio nesses versículos é que eles não dizem: "Você precisa ir ao seminário e estudar teologia sistemática, história da Igreja, apologética e filosofia. Somente então poderá ser uma testemunha de Cristo". Simplesmente diz: "Esteja preparado para dizer às pessoas a razão da esperança que há em você — e faça isso com mansidão e respeito".

Isso significa explicar como a mensagem do evangelho se entrecruza com sua vida. Este não é um tempo de explicações. Apenas conte sua história, como você veio a conhecer Deus, como Deus tem atuado em sua vida. Seja honesto. Faça a pessoa saber que você não é perfeito, que você enfrenta lutas, mas apesar de tudo põe sua confiança em Deus. Uma maneira de ajudar você a fazer isso é memorizar os versículos de Colossenses na seção deste capítulo intitulada "As quatro partes da história da esperança". Quanto mais você se familiarizar com a história de quatro partes e mais certo estiver de que ela é a sua história, mais será capaz de articular sua mensagem de esperança.

7. Convide. Em certo ponto em seu relacionamento, convide as pessoas a juntar-se a você e a outros seguidores de Cristo em alguma ocasião. Pode ser na igreja. Em geral isso não é algo muito ameaçador, embora possa assim parecer a alguns. Você pode querer convidar essa pessoa para passar tempo com você e com alguns de seus amigos cristãos num ambiente social (por exemplo, participando de um jantar ou assistindo a um filme) e talvez até mesmo num pequeno grupo de estudo bíblico. Algumas pessoas acharão menos ameaçador estar com um grupo de cinco ou seis conhecidos numa casa em vez de numa igreja com 500 estranhos. Outra ideia é convidar seu amigo a juntar-se a você e a outros aprendizes num projeto de serviço. Esse pode ser um testemunho poderoso.

Acima de tudo, permaneça em oração a favor dessa pessoa. E esteja preparado porque isso pode levar tempo. O tempo médio que se passa desde que alguém começa a buscar até quando de fato firma um compromisso de fé é de vinte e oito meses.[7] Em certo ponto você deve convidar a pessoa a ir até a igreja ou ajudá-la a encontrar uma igreja. Embora possamos vivenciar um momento-chave ao qual chamamos de conversão, na verdade passamos por muitas conversões e desenvolvemos novas facetas da nossa vida com Deus, e a igreja é o único lugar que pode fazer isso. Finalmente, confie em Deus. A jornada dessa pessoa apresentará algumas reviravoltas que você e eu jamais poderíamos imaginar, exatamente como aconteceu comigo. Deus levantará as pessoas certas no tempo certo. Por ora, você tem o privilégio de ser a única pessoa nessa jornada, contando sua história e mostrando a seu amigo o Deus que reina.

---

[7] Isso vem de um estudo realizado por Tom Albin com respeito aos primeiros metodistas. Albin estudou o período de tempo que as pessoas levavam para ir pela primeira vez a uma reunião metodista (despertadas para a necessidade de viver de uma forma mais profunda com Deus) e a data em que elas experimentaram uma "conversão". A duração média de tempo entre o primeiro questionamento e a conversão era de vinte e oito meses. V. Jones, Scott J. **The Evangelistic Love of God and Neighbor.** Nashville: Abingdon, 2003. p. 90. A fonte original é Albin, Tom. An Empirical Study of Early Methodist Spirituality, in: Runyan Theodore (ed.). **Wesleyan Theology Today:** A Bicentennial Theological Consultation. Nashville: Kingswood Books, 1985. p. 278.

Capítulo 3
A comunidade do serviço

Certa vez perguntei a um pastor:
— Se a vida de discipulado a Jesus realmente tem suas raízes em uma comunidade de pessoas, particularmente numa igreja local, como saber se isso está começando a fazer alguma diferença?

Sem hesitar, ele respondeu:
— Nas reuniões de comissões da igreja.

Minha resposta imediata foi rir entre os dentes, porque sei, pelos meus muitos anos participando de comissões de igreja, quão desestimulantes elas podem ser e como as pessoas podem comportar-se nesses ambientes. Fiquei bastante surpreso com a resposta do pastor, embora tivesse pensado que ele diria algo como: "Eles estariam mais envolvidos em adoração", ou "Carregariam a Bíblia por toda parte", ou até mesmo "Recrutariam mais gente para serviços da comunidade". O pastor prosseguiu dizendo que o problema em muitas reuniões de comissões é que as pessoas chegam com duas formas diferentes de pensar. Alguns dos membros acham que o trabalho está sendo feito para Deus, para o bem das pessoas, para tornar o mundo melhor, para fazer avançar o Reino de Deus. No entanto, outros são mais influenciados pelos valores e objetivos que governam o reino deste mundo. Pedi que ele me desse um exemplo.

— Certa noite, estávamos numa reunião com os financiadores, e a primeira questão dizia respeito ao novo prédio que estávamos planejando construir anexo ao *campus*. Era um assunto sobre o qual as pessoas da comissão tinham posições bem estabelecidas, em razão de duas preocupações principais. Uma preocupação era que nós tínhamos chegado a um ponto em que não havíamos crescido numericamente, e isso poderia ter sido causado pelo fato de que simplesmente não tínhamos espaço para crescer. Ficávamos apertados em todos os cultos e realmente precisávamos de mais espaço. A segunda razão pela qual não estávamos crescendo, alguns suspeitaram, era que a igreja do outro lado da rua havia experimentado um grande crescimento recentemente — incluindo alguns membros de nossa igreja que haviam mudado para sua congregação — e alguns na comissão achavam que isso se justificava pelo fato de eles terem melhores instalações que as nossas.

O pastor prosseguiu: — A discussão se voltou para um dos membros da comissão, um arquiteto, que trabalhara na planta da nova construção. Eles levantaram questões sobre como seria o prédio, quanto custaria e quantas pessoas acomodaria. Em certo ponto uma pessoa, que provavelmente não tinha uma intenção ruim, mas construiu mal uma frase, perguntou: "O que eu quero saber é o seguinte: podemos construir um prédio que nos ajude a concorrer com a igreja do outro lado da rua?".

O arquiteto fez uma pausa e disse: — Dê-me um segundo — e respirou bem fundo para então dizer: — Preciso pensar por um instante se vou responder a essa pergunta de uma perspectiva de dentro ou de fora do Reino de Deus.

O fato de ele ter de fazer uma pausa para pensar na resposta revelou que dois modos de pensar, duas narrativas diferentes, estavam presentes naquela sala. Uma narrativa estava construída sobre os valores do mundo, como competição, sucesso numérico e autopreservação. A outra narrativa estava fundamentada no Reino de Deus, um lugar de cooperação, sucesso em termos de serviço e autossacrifício.

> Você alguma vez teve de fazer uma pausa e refletir se estava participando do Reino de Deus em suas respostas ou ações?

— Essas duas narrativas com frequência entram em conflito nas reuniões de comissões na igreja — observou o pastor —, porque os membros são moldados por duas histórias diferentes. Quando alguém começa a sintonizar narrativas do Reino de Deus em sua vida e trabalha para pô-las em prática, você verá isso mais claramente na forma em que elas se comportam nas reuniões de comissões da igreja.

Eu disse ao pastor: — Sendo assim, o melhor argumento para ajudar as pessoas a crescer no discipulado a Jesus não é apenas garantir a segurança de sua alma, mas melhorar as reuniões de comissões.

Nós dois rimos, mas na verdade tínhamos acabado de tocar numa verdade profunda.

NARRATIVA FALSA: NOSSAS NECESSIDADES SÃO O QUE MAIS IMPORTA

O arquiteto da história estava numa posição na qual todos os aprendizes de Jesus se encontram regularmente. Todos os dias tomamos milhares de decisões, e, embora muitas delas tenham pouco efeito sobre nossa alma ("Devo vestir a saia marrom ou a calça preta hoje?"), muitas expõem o estado de nossa alma. A questão proposta pelo arquiteto era desse tipo. Por trás de qualquer resposta, estamos amarrados a uma narrativa. Fomos moldados em grande parte pelas narrativas deste mundo, e é difícil despojar-nos delas. Uma das narrativas mais dominantes é construída sobre a autopreservação, a felicidade pessoal e a certeza de ter nossas necessidades satisfeitas. Esta narrativa não vale apenas para indivíduos. Também pode ser o fundamento para uma comunidade.

A reunião da comissão da igreja era composta por pessoas que tinham uma coisa em comum: eram membros de uma comunidade específica. A comunidade lhes provê muitas coisas: uma casa, uma visão comum e, ao longo do tempo, uma história de grandes lembranças. As pessoas amam sua comunidade. Nós passamos a protegê-la e queremos que ela seja bem-sucedida. A comissão da igreja na história anteriormente relatada era formada por pessoas que estavam investindo seu tempo e sua energia para ajudar a igreja a se sair bem. Não há nada de errado em amar a comunidade de seguidores de Cristo que tem alimentado você e talvez sua família por muitos anos. E não há nada de errado em querer que as coisas corram bem em sua igreja e em seu ministério. Não há nada de errado, por exemplo, em estar preocupado em assegurar que o pastor seja remunerado a cada mês ou em constatar que as vagas no estacionamento não são suficientes.

O problema vem à tona quando a consideração mais importante, o desejo dominante e o foco principal da comunidade são seu próprio sucesso. Assim como um indivíduo que concentra toda a vida em satisfazer suas próprias necessidades se torna narcisista, autocentrado, pouco útil e, no final das contas, infeliz, também as comunidades podem tornar-se tão focadas em si mesmas a ponto de perder sua alma. Quando isso acontece, a visão mais ampla, aquela que levou a comunidade à existência, é eclipsada, e a comunidade não existe mais para cumprir sua missão original, mas busca simplesmente sobreviver. Esse é com frequência o primeiro passo em direção à morte espiritual e, em última instância, ao fim da comunidade.

> Dê um exemplo de uma época em que você viu uma comunidade perder seu foco. Qual foi a consequência?

Em meus primeiros dias como capelão da Friends University, tive o privilégio de trabalhar com cerca de uma centena de estudantes universitários que participavam dos vários ministérios no *campus*, desde uma reunião semanal de comunhão até retiros, pequenos grupos e trabalho com missões. Eu era o líder espiritual daqueles jovens; eles confiavam em mim e com frequência seguiam minha liderança. Certo dia, recebi uma chamada telefônica de um pastor local que queria agendar um almoço. Ele me contou que sua igreja havia realizado um encontro e queria doar uma boa quantia a nosso programa ministerial no *campus*. Eu fiquei eufórico imaginando o que aquele dinheiro poderia fazer por nossos estudantes. Então, o pastor disse: "Tudo o que pedimos em troca é que você ensine numa classe de escola dominical para jovens". Eu concordei, e bem pouco tempo depois havia cerca de 25 estudantes da faculdade frequentando a classe. Tudo parecia correr muito bem.

Então, recebi um telefonema do pastor um mês depois. "Jim", ele disse. "Nós temos um problema. Seus colegas da universidade não estão frequentando nosso culto de adoração. Eles participam de sua classe e depois vão embora, ou para participar do culto em outras igrejas ou simplesmente voltam para casa." Eu fiquei surpreso em ouvir isso. Não estava ciente desse problema, já que eu mesmo deixava para fazer a adoração em nossa igreja local com minha família. O pastor continuou: "Se você não conseguir levar seus jovens à adoração, nós não financiaremos mais seu ministério". Eu perguntei a alguns dos estudantes na classe de escola dominical por que eles não queriam adorar na igreja em que nos encontrávamos para a escola dominical — especialmente aqueles que não estavam filiados a outras igrejas. Todos disseram a mesma coisa: "Lá é entediante. Não há ninguém com menos de 50 anos. Ninguém vem falar conosco. Então, paramos de ir". Eu não podia obrigá-los a frequentar aquela igreja, de modo que parei de ensinar na classe dos universitários, e o dinheiro também deixou de ser doado. Infelizmente, aquela igreja estava focando em suas próprias necessidades, não nas necessidades dos estudantes.

NARRATIVA VERDADEIRA: AS NECESSIDADES DOS OUTROS É QUE IMPORTAM

Em contraste, no ano seguinte recebi o telefonema de um líder leigo de outra igreja local que disse: "Jim, nossa igreja tem orado muito, e sentimos que podemos oferecer muito aos jovens. Somos uma congregação mais antiga, não muito grande, mas temos bastante sabedoria acumulada e nos preocupamos com as próximas gerações. Sabemos que você trabalha com estudantes universitários e queremos pedir que nos ajude a descobrir como ministrar a eles". Nos meses que se seguiram, encontrei-me com várias pessoas daquela igreja. Elas não tinham nenhum dinheiro a oferecer. Simplesmente queriam saber o que os estudantes universitários precisavam de uma igreja local.

Eu lhes disse que, em primeiro lugar, os universitários apreciariam comer alguma ciosa. Em geral eles não tinham dinheiro, e a cafeteria naquela época não abria aos domingos. As pessoas da igreja disseram: — Somos ótimos em preparar refeições aqui.

Em segundo lugar, os estudantes que são de fora do estado com frequência sentem muita falta da família. Apreciariam muito um abraço apertado e a sensação de ser bem-vindos. O pessoal da igreja disse: — Somos ótimos em oferecer abraços aqui.

Eu arrematei: — Isso é tudo.

Então, uma senhora idosa perguntou: — Será que vão gostar de nosso estilo de adoração, Jim? Não temos nenhuma guitarra, apenas um órgão, e costumamos cantar hinos tradicionais.

Eu respondi: — Se vocês os amarem e alimentarem, não acho que eles se importarão. Eles não estão tão interessados em entretenimento como as pessoas acham que estão.

Convidei cerca de meia dúzia de estudantes para ir à igreja comigo. Houve muitos abraços assim que pusemos o pé na igreja. O culto de adoração era do tipo tradicional, com hinos e leitura das Escrituras, alguma liturgia, um sermão e a Comunhão. O pastor tinha um grande coração e ofereceu uma mensagem consistente. Eu poderia dizer que os estudantes se sentiram em casa. Não houve nenhum grito de *"u-hu"* e nenhuma manifestação "maneira" naquele dia, mas os universitários demonstraram muita animação durante toda a semana. Depois do culto, dirigimo-nos ao *hall* de confraternização. As senhoras da igreja haviam preparado um café da manhã completo, incluindo uma caçarola de feijão verde e gelatina com frutas, pratos típicos do Dia de Ação de Graças. Os estudantes amaram isso. Eu também. Na verdade, nunca deixei de ir àquela igreja. Era uma congregação tão voltada para os outros que, alguns anos depois, decidiram encerrar o ministério que tinham naquela parte da cidade para formar uma nova congregação, que se tornou posteriormente a Igreja Metodista Unida de Chapel Hill, que frequento até hoje.

Qual a diferença entre as duas igrejas retratadas aqui? A primeira igreja perguntava: O que podemos fazer para melhorar nossa igreja? A segunda queria saber: Como podemos servir aos outros?

A primeira igreja operava com base numa narrativa *focada em si mesma*. A segunda atuava com base numa narrativa *focada nos outros*. A primeira igreja cuidava apenas de sua própria imagem e preservação; ter estudantes universitários frequentando a igreja era um sinal de sucesso. A segunda igreja se preocupava apenas com o bem-estar dos estudantes; ter estudantes universitários no meio deles era uma oportunidade de servir. Quando estamos impregnados da realidade do Reino, nosso foco muda de nossas próprias necessidades para as necessidades dos outros. Isso só é possível quando somos alcançados pelo Reino de Deus. Somente então, quando estamos confiantes e seguros, podemos mudar nosso foco de nós mesmos para os outros.

> Em sua comunidade, como vocês têm lidado com as questões de como melhorar sua igreja e/ou como servir aos outros?

A COMUNIDADE CENTRADA NOS OUTROS

A maravilhosa e boa comunidade de Jesus encontra sua vida e seu poder em Jesus, que é não apenas nosso Mestre, mas também a fonte de toda a nossa força. Assim como Jesus é, assim são seus seguidores. Jesus foi um servo. Viveu para fazer o bem aos outros. No reino deste mundo, a grandeza é definida pelo poder. Aquele que é servido é maior do que aquele que serve. Jesus inverteu essa noção de grandeza: "Pois quem é maior: o que está à mesa, ou o que serve? Não é o que está à mesa? Mas eu estou entre vocês como quem serve" (Lucas 22.27).

O exemplo de Jesus se torna o nosso exemplo. Não apenas porque queremos imitá-lo e talvez obter seu favor. Servir às outras pessoas é a maneira mais sublime de viver. Querer e precisar ser servido pelos outros não é um fator gerador de vida, mas um fator destruidor de alma. Jesus nos mostrou isso por seu exemplo. Jesus, o Criador do Universo, o Rei de todas as coisas, veio para servir. Lavou os pés dos discípulos. Viveu para servir. Isso porque ele foi e continua sendo movido por uma única coisa: o amor. Ele disse aos discípulos que a maior expressão de amor é entregar a si mesmo pelo bem dos outros. Decerto, o maior ato de amor seria oferecer sua vida em troca do bem-estar de outra pessoa. Jesus disse: "Ninguém tem maior amor do que aquele que dá a sua vida pelos seus amigos" (João 15.13). Jesus não apenas ensinou esse conceito; ele o viveu. Deu sua vida pelo bem dos outros, incluindo você e eu. Nós, que o seguimos como nosso Mestre, somos chamados a fazer a mesma coisa, a mudar o foco de nós mesmos para os outros.

Como fazer isso? Como a segunda igreja foi capaz de fazê-lo, enquanto a primeira igreja não conseguiu? A solução está no Reino de Deus. Como observamos no capítulo 2, a fé e o amor derivam da esperança que encontramos na proclamação do evangelho. É nas boas-novas que descobrimos, como observou Juliana de Norwich, que tudo isso se realiza e que todas as coisas devem correr bem. Confiamos num grande futuro; sabemos que nada acontece conosco sem que Deus, em sua sabedoria, não tenha permitido e não possa usar para o bem. Estamos seguros e protegidos. Nessa condição, podemos mover-nos de uma posição autofocada para uma condição focada nos outros.

Quando vivemos com Jesus em seu Reino, nossas necessidades básicas são satisfeitas — mesmo se isso significar que outros cristãos atendam a elas. No Reino recebemos a provisão material de que precisamos (ainda que não tenhamos abrigo, alimento e roupas, há organizações que podem prover isso — em geral organizações que atuam como "postos avançados" do Reino e são gerenciadas predominantemente por aprendizes de Jesus). No Reino de Deus estamos protegidos e seguros. Nem mesmo a morte pode separar-nos do amor de Deus. No Reino de Deus descobrimos que somos amados para sempre e incondicionalmente. No Reino de Deus também aprendemos que somos valiosos e preciosos, pessoas por quem vale a pena morrer. Como diz Eugene Peterson, somos "histórias de graça esplêndidas e jamais duplicáveis".[1]

Quando nos apropriamos dessas verdades, somos capazes de voltar nossa atenção para os outros e suas necessidades. A primeira igreja, descobri mais tarde, estava vivendo com base no medo. Embora tivesse muito dinheiro, seus membros estavam envelhecendo rapidamente, e, sem conseguir atrair ninguém novo para a sua membresia, enfrentava a possibilidade de fechar as portas. Confundiu sua própria vida e existência com o Reino de Deus. As igrejas vão e vêm, mas o Reino é eterno. Sua vida, seu poder e sua razão de existir estão no Reino de Deus, que nunca vacila. A segunda igreja sabia disso instintivamente. Embora seus membros amassem sua pequena igreja e pudessem conservar certa nostalgia em

> Você concorda com o fato de que a igreja pode fechar suas portas, mas o Reino é eterno? Por que sim ou por que não?

---

[1] PETERSON, Eugene. **Living the Message**: Daily Help for Living the God-Centered Life. San Francisco: HarperSanFrancisco, 2007. p. 5.

relação a sua história, também estavam prontos para avançar se necessário, o que na verdade acabaram realmente fazendo. Como resultado da morte daquela igreja, surgiu uma vida nova.

As comunidades se tornam centradas nos outros quando se engajam na narrativa do Reino de Deus. Sabem que a comunidade é um posto avançado do Reino de Deus, um lugar no qual a graça é expressa e vivida sempre que necessário. O valor da igreja não está em sua longevidade, mas em seu amor. O sucesso da igreja não está em seu tamanho, mas em seu serviço às pessoas e à comunidade. Somos um povo edificado por uma pessoa que nunca fundou uma igreja ou construiu um prédio ou liderou a campanha financeira para construir instalações impressionantes. Nosso líder apenas veio à terra, serviu e então morreu em favor dos outros. Suponho que esta seria uma ótima declaração de missão para a igreja, mas com pouca probabilidade de ser vista por aí: "Nós existimos para servir aos outros e então morrer, exatamente como fez nosso Fundador".

VALORIZANDO NOSSOS TESOUROS

Paulo disse à comunidade em Filipos como viver uns com os outros na vida cotidiana: "Nada façam por ambição egoísta ou por vaidade, mas humildemente considerem os outros superiores a si mesmos. Cada um cuide, não somente dos seus interesses, mas também dos interesses dos outros" (Filipenses 2.3,4). Certa vez dei uma aula usando essa passagem como texto principal, e uma mulher na sala levantou a mão e disse: "Eu não acho que essa é uma boa psicologia da parte de Paulo: 'considerar os outros superiores a nós mesmos'. É baixa autoestima pura". O que ela falhou em compreender, creio eu, é que é possível ter alta consideração pelos outros e ao mesmo tempo manter uma autoimagem apropriada. Aquela mulher presumiu que pensar nos outros como superiores significava pensar mal a respeito de si mesma.

O problema cresce porque não estamos acostumados a pensar nos outros como "superiores" a nós mesmos. Observe também que no segundo versículo Paulo encoraja os filipenses a cuidar "não somente dos seus interesses, mas também dos interesses dos outros" (v. 4). O apóstolo sabe que estamos naturalmente voltados para nossos interesses e não diz que isso é ruim. Apenas nos pede que consideremos os interesses dos outros também. Para mim, a melhor compreensão do que Paulo está dizendo, que persiste até hoje, surgiu alguns anos atrás, enquanto eu preparava um sermão para pregar num casamento. Comecei a considerar as coisas que vinham sendo úteis em meu casamento. Pensei em quão surpreendente e maravilhosa é minha esposa, Meghan, e registrei por escrito a palavra "tesouro". Para mim, ela é um tesouro precioso. Então um pensamento me veio à mente: "Valorize seu tesouro".

Minha esposa é uma grande dádiva para mim, uma pessoa de importância sagrada. Quando ponho minha mente e meu coração nessa realidade, é fácil valorizá-la, amá-la, zelar por seu bem-estar e sacrificar meus desejos para cuidar das necessidades dela. Meus filhos também são tesouros sagrados e maravilhosos. Algumas vezes me esqueço disso e considero um fardo cuidar deles. Então, lembro-me do seu valor, e na mesma hora cuidar deles deixa de ser uma obrigação para se tornar um privilégio. É uma questão de enxergar, enxergar a beleza e o valor de uma pessoa, o que faz aumentar nosso desejo de servir. "Ó Deus, ajuda-me a crer na verdade sobre

> Quando você pensa na expressão "valorizar seu tesouro", que pessoas vêm à sua mente?

mim mesmo — não importa quão bonita ou feia eu seja", escreveu Macrina Wiederkehr.[2] Embora certamente exista verdade em sua oração, eu gostaria de mudar a frase: "Ó Deus, ajuda-me a ver a verdade sobre aqueles que eu encontrar hoje — não importa quão bonitos ou feios sejam".

FOCADO NOS OUTROS MESMO QUANDO ISSO NOS FERE

A narrativa essencial pela qual escolhemos viver determinará nosso comportamento — primeiro as minhas necessidades ou primeiro as necessidades dos outros. Uma amiga me contou sobre algo que aconteceu com ela recentemente. Ela frequenta círculos sociais com uma jovem não cristã com quem tem tentado construir uma amizade. Ela convidou a jovem para almoçar em várias ocasiões, mas esta sempre tinha uma desculpa para não ir. Minha amiga tentou várias vezes convidá-la ligando para a secretária da jovem. A secretária, sentindo-se mal, finalmente disse: "Talvez eu esteja sendo inoportuna, mas na última vez em que escrevi um recado para ela com o convite para o almoço, ela pegou o papel, amassou e disse: 'Isso nunca vai acontecer', enquanto o jogou direto no lixo. Você é uma pessoa legal, não quero que continue sendo tratada dessa forma".

Minha amiga disse que ela se sentiu magoada com essa história, como todos nós nos sentiríamos. No entanto, ela vivia profundamente no Reino e levou a questão a Deus em oração. Cerca de uma semana depois, minha amiga por acaso estava num

---

[2] WIEDERKEHR, Macrina. **Seasons of Your Heart.** San Francisco: HarperOne, 1991. p. 71. Macrina é uma irmã beneditina e autora de inúmeros livros sobre fé, autoconhecimento e autoestima, que vive num monastério em Arkansas, nos Estados Unidos. [N. do T.]

restaurante, e a jovem entrou no recinto com um acompanhante. Minha amiga disse ao garçom: — Eu gostaria de pagar a conta quando eles terminarem o almoço.

Pouco tempo depois, minha amiga estava ocupada terminando um trabalho que havia trazido para o restaurante, mas levantou os olhos para ver a jovem em pé a sua frente.

— Eu apenas queria dizer obrigada por você ter pagado nosso almoço. Isso foi muito gentil — a jovem disse. — Eu sei que você tem sido persistente em tentar encontrar-se comigo. Peço desculpas. Quero que saiba que estou muito chateada com isso.

Minha amiga me explicou por que agiu assim: — Você sabe, não espero mesmo que passemos algum tempo juntas em breve, mas não foi por isso que decidi fazer aquilo. Paguei o almoço daquela jovem porque tenho orado por ela e tive a oportunidade de fazer algo em seu benefício. Acredito que Deus me deu essa oportunidade. Não sei se nos tornaremos amigas ou não e também não sei se Deus me usará para alcançá-la. Tudo o que sei é que tive a chance de fazer algo bom por outra pessoa e me senti bem em poder fazer isso.

Ela está vivendo por uma narrativa nova, forte e verdadeira: — As necessidades daquela jovem são o que mais importa.

Minha amiga é uma pessoa verdadeiramente peculiar.

Agora, há uma advertência em relação a tudo isso: Apesar de muitos de nós, e eu me incluo entre elas, não corrermos o risco de servir ou preocupar-nos tanto com as necessidades dos outros a ponto de negligenciar as nossas, há muitas pessoas que podem fazer isso — e esse tipo de pessoa provavelmente também lerá um livro como este. Precisamos ter equilíbrio quando se trata de servir aos outros e cuidar de nós. Tenho muitos amigos cristãos que estão tão focados em servir aos outros que negligenciam as próprias necessidades e algumas vezes as necessidades de sua família. Uma mulher confessou que ela se cansou de tudo isso e deixou a igreja quando era mais nova porque tinha ouvido que servir aos outros era nossa obrigação constante como seguidores de Cristo. Então, ela agiu dessa forma e terminou esgotada e sem esperança. Outro homem compartilhou que durante muitos anos sua própria família "só recebeu o que sobrava", porque "eu gastava toda a minha energia cuidando dos necessitados e acabava negligenciando-a".

Recomendo equilíbrio quando se trata de servir aos outros. Precisamos ter consciência da condição de nossa alma e de nosso corpo e cuidar de nós primeiro, sem sentir culpa com relação a isso. Só somos capazes de dar quando estamos bem e descansados. Também precisamos estar atentos ao fato de que algumas das pessoas que mais precisam de nós —— com frequência nossa família e nossos amigos —— raramente podem dispor de nosso tempo. Elas talvez não estejam vivendo numa condição de extrema necessidade, mas precisam de nosso tempo, de nossa energia e de nosso amor. Novamente, temos de encontrar o equilíbrio. É possível gastar tempo demais cuidando de nossas necessidades, e é comum ver as pessoas exagerando no cuidado das necessidades dos outros. Acredito que podemos encontrar o equilíbrio necessário se estivermos atentos à direção do Espírito e abertos para o discernimento de outras pessoas, que podem ver coisas que não somos capazes de enxergar.

A OBRA MAIS IMPORTANTE

Certa vez estive com Dallas Willard, falando numa conferência na Califórnia. Abri a sessão da noite com uma fala sobre a graça de Deus na transformação humana. Após o intervalo, Dallas se levantou para falar. Começou com as seguintes palavras de provocação: "Vou contar a vocês qual é a tarefa mais importante de um cristão, especialmente para aqueles que estão na liderança da igreja". Houve um momento de silêncio enquanto esperávamos ouvir o que ele acreditava ser a tarefa mais importante do cristão. Minha mente girou por um momento — o que poderia ser? Tenho ouvido Dallas ensinar por centenas de horas. Eu pensava que ele poderia dizer algo como "memorizar as Escrituras", porque sei que ele acredita que essa prática é extremamente transformadora. Ele se inclinou para o microfone e declarou: "A tarefa mais importante que temos, especialmente para aqueles que ocupam a liderança na igreja, é orar pelo sucesso de nossas igrejas vizinhas".

Fiquei estupefato. Essa era a tarefa mais importante? Eu poderia citar facilmente uma dúzia de coisas que consideraria mais importantes para os cristãos, especialmente para os pastores. O que dizer de cuidar dos pobres? E quanto a gastar tempo de qualidade com Deus em solitude e oração? E sobre compartilhar nossa fé com não cristãos? Não, de acordo com Dallas, a coisa mais importante que podemos fazer é orar pelo sucesso e bem-estar das outras igrejas em nossa área. Pressionei Dallas mais tarde para explicar o que ele quis dizer com essa afirmação. Ele disse que, quando nós oramos, quando oramos com sinceridade, pelo sucesso das igrejas que estão na vizinhança, quebramos a narrativa de egoísmo e adotamos a perspectiva de Deus, que também deseja o sucesso dessas igrejas. Essa prática, assegurou, nos põe em sintonia com o Reino de Deus.

Dallas encorajou não apenas pastores, mas igrejas inteiras a fazer isso. Recentemente preguei na Igreja de Highland Park em Casper,

Wyoming, e o pastor fez exatamente a mesma coisa. Listou algumas igrejas na área e pediu a Deus que abençoasse a obra de suas mãos. Citou igrejas e até mencionou alguns dos ministros a elas pertencentes. Foi algo lindo. Isso muda a atmosfera de adoração; conecta-nos a algo maior que nós mesmos; ajuda-nos a ver a beleza e o poder do Reino de Deus. Perguntei a um dos pastores sobre essa prática, e ele me contou que a igreja faz isso todos os domingos. Contei-lhe sobre o que Dallas havia dito. E comentei: "Todos vocês estão fazendo isso! Continuem assim". Ele se ruborizou levemente, mas eu queria elogiar o que eles estavam fazendo e o que isso estava comunicando às pessoas.

> O que você pensa a respeito da afirmação de Dallas Willard de orar por outras igrejas como a tarefa mais importante de um cristão? Como isso nos põe "em sintonia com o Reino de Deus"?

O ESPAÇO DA GRAÇA

Quando o arquiteto fez uma pausa para pensar em sua resposta durante a reunião da comissão, estava escolhendo adotar a narrativa verdadeira fundamentada no ensino de Jesus e das epístolas. A narrativa que ensina que no Reino de Deus não estamos competindo com ninguém. A narrativa que diz que estamos competindo com os outros — especialmente as outras igrejas — é uma narrativa falsa, ilusória e frágil que nos afasta de Deus e de nós mesmos. O arquiteto sabiamente procurou um espaço de graça, como eu costumo chamar isso, no qual pudesse distanciar-se da narrativa falsa e discernir a verdade presente na narrativa de Jesus.

Ele tinha um espaço de graça, uma pausa na qual poderia falar de uma posição centrada em Cristo. A chave aqui é aprender a encontrar esses espaços de graça nos quais examinamos a narrativa que vamos adotar. É um processo lento. No entanto, se continuarmos a rebobinar nossa mente e permanecer com a narrativa substantiva de Jesus, estaremos mais próximos de Deus e uns dos outros, e o fruto do Espírito começará a fluir de dentro de nós. Assim, qual foi a resposta do arquiteto à pergunta: "Podemos construir um prédio que nos ajudará a concorrer com a igreja do outro lado da rua?". Ele disse algo como:

> Em primeiro lugar, quero deixar claro um ponto. Não estamos competindo com a igreja do outro lado da rua. Estamos todos no mesmo barco. O crescimento dela é o nosso crescimento, porque estamos todos juntos no Reino de Deus. Em segundo lugar, nosso trabalho é simples: precisamos fazer o melhor possível com o dinheiro que Deus nos deu. Isso significa trabalhar duro para construir um lindo espaço que honrará a Deus e será uma bênção para as pessoas que o frequentarem. E isso é o que estou tentando fazer com as habilidades que me foram dadas e o treinamento que recebi.

Perguntei ao ministro que estava presidindo a reunião: — E, então, como os outros no grupo reagiram a essa resposta?

— Essa foi a parte surpreendente — ele explicou.

> Sua resposta mudou o teor de toda a reunião. Estávamos focados nas coisas erradas, usando os padrões errados. A narrativa falsa e dominante para o sucesso da igreja tinha ocupado a mente das pessoas, e ela consistia em avaliar as igrejas por três itens: frequência, instalações e finanças. Quando esse é nosso foco, as coisas não dão certo, porque esses não são os valores do Reino. Tento o tempo todo dizer o tipo de coisas que o arquiteto disse, mas eles com frequência pensam: "Oh, é apenas

o pastor com aquela conversa de pregador", mas, quando o arquiteto falou, isso realmente os tocou. O restante da reunião tomou um novo rumo. Começamos a questionar como poderíamos fazer o melhor trabalho possível com o que Deus nos havia concedido. No final da reunião, estávamos todos entusiasmados para tomar parte no que Deus está fazendo em nosso meio.

O pastor concluiu: — Mudar o espírito da reunião da igreja de um foco secular para um foco no Reino de Deus não é pouca coisa. Foi praticamente um milagre.

Como veterano em reuniões eclesiásticas, eu sabia exatamente o que ele queria dizer.

TREINAMENTO PARA A ALMA
Valorizando nossos tesouros

A maravilhosa e boa comunidade de aprendizes é composta por pessoas que estão aprendendo a pôr as necessidades dos outros à frente de suas próprias necessidades. Esse é um comportamento peculiar para o mundo. Mostra quanto estamos desajustados às narrativas deste mundo, que nos diz coisas como "Coloque-se em primeiro lugar" e "Vencer não é tudo — na verdade, é a única coisa que importa". Mostra quanto estamos desajustados à busca por tirar vantagem, às atitudes racistas e às práticas de agressão. Como nos livramos disso? Começa, creio eu, pela mudança em nossa maneira de ver as outras pessoas. Se vemos os outros — sejam nossos familiares ou os motoristas que trafegam na pista ao lado — como meros seres humanos, torna-se fácil vê-los como obstáculos ou oportunidades para nossa felicidade.

A chave é revestir-nos da mente de Cristo e ver os outros como ele os vê: como tesouros. Assim, passaremos naturalmente a valorizá-los, o que torna pôr suas necessidades à frente das nossas não apenas possível, mas também bastante provável. Vivemos e frequentamos círculos diferentes, e temos relacionamentos diferentes com as pessoas: família e amigos, colegas de trabalho, amigos cristãos, estranhos e conhecidos. É mais fácil, por exemplo, valorizar minha família, mas isso não significa que eu o faça da forma correta. É mais difícil valorizar a pessoa que é rude na loja de *hardware*, mas isso não significa que seja algo totalmente impossível. Nesta semana eu gostaria que você se envolvesse em várias formas de valorizar todos os tesouros que nos cercam.

VIVENDO DE FORMA ALTRUÍSTA EM CASA

1. Quando você estiver decidindo onde ou o que comer, pergunte a seus familiares aonde eles gostariam de ir. A menos que a comida que eles escolham provoque em você uma reação alérgica, vá aonde eles quiserem ir ou coma o que eles quiserem comer.
2. Se você é casado ou tem um colega de quarto, pergunte como a outra pessoa está passando e realmente ouça o que ela tem a dizer. Mesmo que você tenha outras coisas a fazer, desenvolva o hábito de pôr as necessidades dos outros — mesmo se for uma necessidade emocional — acima das suas.
3. Se você tem crianças em casa, dê a elas a honra de escolher como passar uma noite esta semana — do jeito que elas quiserem. Pode ser assistindo a um filme ou jogando um jogo de tabuleiro, mas a chave é que elas tenham a chance de decidir.

VIVENDO DE FORMA ALTRUÍSTA NO TRABALHO

1. Reserve tempo para visitar um colega de trabalho e pergunte: "Posso ajudar você em algo ou dividir parte de seu trabalho?". Isso em geral leva a alguns pedidos interessantes!

2. Prepare um café ou chá para seus colegas, ou leve para eles algumas guloseimas, ou ponha em ordem a área na qual as pessoas tomam café e lancham.

VIVENDO DE FORMA ALTRUÍSTA NA IGREJA

1. Estacione mais distante do templo, em vez de mais perto, com o propósito claro de deixar as melhores vagas para outros membros da igreja.
2. Sente-se nas primeiras fileiras do santuário ou nos lugares em que as pessoas raramente sentam, liberando espaço nos assentos mais disputados.
3. Ofereça-se para fazer algumas tarefas, como entregar os boletins ou varrer o estacionamento.

VIVENDO DE FORMA ALTRUÍSTA NO DIA A DIA

1. Quando estiver no trânsito, fique atento a oportunidades de dar passagem a outros motoristas.
2. Quando fizer compras, seja prestimoso com os outros consumidores nos corredores e prateleiras e permita que os outros passem à frente na fila do caixa.

Capítulo 4

A comunidade centrada em Cristo

Certo dia, recebi um telefonema de um homem que dizia ser um dos líderes de uma denominação sobre a qual eu já tinha ouvido falar, mas francamente conhecia muito pouco. Ele telefonava em nome de sua liderança para checar se eu poderia falar sobre formação espiritual cristã a um grupo de líderes. Fiquei imediatamente interessado. Perguntei como tinham escolhido meu nome, e ele contou que a sede da denominação havia feito uma pesquisa com várias centenas de leigos em suas igrejas para saber quais tópicos ou temas gostariam de conhecer melhor. A resposta número um foi "formação espiritual". O homem me contou que sua denominação não tinha nenhum especialista nessa área, de modo que fizeram uma busca por "formação espiritual" na Internet, e meu nome veio à tona. (Eu havia lançado recentemente o livro intitulado *A jornada da formação espiritual*.[1]) Segundo aquele homem, a igreja precisava saber mais sobre esse assunto, e meu tempo com os líderes acabaria influenciando suas igrejas. Aceitei o convite. Durante os seis meses seguintes, trabalhei duro e orei muito, pedindo a Deus que

---

[1] São Paulo: Vida, 2009.

me ajudasse a despertar naqueles líderes uma paixão pela formação espiritual cristã e a oferecer-lhes orientação sobre como disseminar isso em suas igrejas.

Durante meu voo em direção ao encontro com os líderes, meu entusiasmo aumentava. Encontrei na esteira de bagagens um querido irmão que me levou até o hotel no qual nosso *workshop* ocorreria. Entrei no *hall* com minha pasta de trabalho em mãos, ávido por começar a ensinar. A sala estava lotada com mais de 60 renomados líderes de todos os Estados Unidos. "Se esses homens abraçarem a ideia, igrejas inteiras aqui representadas poderão incendiar-se com um novo fogo", pensei. Um dos líderes me apresentou, e caminhei com energia até o púlpito. Compartilhei uma história engraçada, e a sala toda pareceu relaxar. Então, lancei minha discussão principal, que se resumia basicamente na seguinte declaração: "Deus nos tem dado diferentes meios de graça — oração, solitude, silêncio, a Bíblia, jejum e muitos outros — a fim de aprofundar nosso relacionamento com ele e desenvolver o caráter de Cristo para que possamos viver de maneira vibrante com Deus e fazer diferença no mundo".

Essa foi minha abertura primorosa. Foi também o fim de qualquer possibilidade de entendimento com aquela audiência. Mais tarde descobri que eles acreditavam ardente e fervorosamente que Deus havia concedido à igreja apenas dois meios de graça — o batismo e a Comunhão. Todas as atividades que eu havia mencionado (oração, leitura bíblica, solitude) não eram consideradas meios de graça. Minha tradição (o metodismo) e todos os outros a quem eu havia falado usavam livremente a expressão "meios de graça" para descrever essas atividades. No entanto, eu nunca tinha sido informado sobre a posição daquela denominação a respeito desse tópico. Tudo o que eu sabia era que a atitude geral da audiência estava rapidamente mudando do interesse para a hostilidade.

Não tive quase nenhum contato visual durante o minuto seguinte a essa declaração de abertura. Dentro de quinze minutos, vi cabeças balançando em desacordo. Trinta minutos de fala, e um homem se levantou, girou sua cadeira e se sentou de costas para mim. Ele poderia ter saído da sala (três homens fizeram isso nos quarenta minutos que se seguiram), mas fez questão de demonstrar publicamente seu desagrado. Eu tinha violado um princípio sagrado; involuntariamente, eu havia assumido uma posição teológica contrária à deles. Aos olhos daquela audiência, eu estava errado quanto ao uso de uma expressão, e eles precisavam envergonhar-me publicamente. Aos cinquenta e cinco minutos de minha fala, fiz uma pausa e declarei: "Este parece ser um bom momento para fazermos um intervalo".

Durante o intervalo, o homem que me levara do aeroporto ao hotel comentou com uma fisionomia muito triste: — O presidente lamenta muito, mas acha que as coisas não estão correndo bem, e precisamos encerrar sua fala.

Eu deveria falar nas próximas quatro horas, mas honestamente voltar àquela sala era o mesmo que cutucar uma casa de maribondos. Eu sabia que me lembraria dessa dor pelos anos por vir. Então, disse ao homem: — Estou de acordo. Você pode me levar até o aeroporto? Talvez eu possa pegar um voo mais cedo para casa.

Ele concordou.

Eu estava caminhando solitário pelo corredor quando ouvi uma voz.

> Você já esteve numa posição na qual ruídos de comunicação sobre teologia criaram um abismo aparentemente intransponível?

— Perdão — um homem sussurrou. — Posso fazer uma pergunta?

Eu respondi: — Com certeza.

O homem disse: — Lamento muito a maneira com que você foi tratado. Sou novo nesta denominação, ordenado recentemente, e não compartilho as mesmas opiniões de meus colegas pastores. Tudo o que eu sei é que não consigo ajudar meu povo a crescer em discipulado, e parece que você pode ajudar.

Ele pareceu tão sincero que interrompi minha caminhada.

— Olhe — eu disse —, faça uma única coisa. Leia *Celebração da disciplina*, de Richard Foster. Você terá o que estudar por muitos anos. Leia o livro pensando primeiro em sua vida pessoal. Ponha as ideias em prática e, em algum tempo, você estará diferente e acabará passando naturalmente isso para seu povo.

Ele me agradeceu, e eu deixei o ambiente, caminhando completamente derrotado para o estacionamento. Enquanto voava de volta para casa, inclinei a cabeça contra a janela do avião e comecei a chorar.

NARRATIVA FALSA: SE NÓS DISCORDAMOS, ENTÃO PRECISAMOS OBRIGATORIAMENTE NOS SEPARAR

Imagino que muitos leitores estejam agora perguntando: "Mas qual foi a denominação que agiu dessa maneira?". Isso não importa. Suspeito que isso poderia ter ocorrido em qualquer denominação, uma vez que histórias similares acontecem o tempo todo nas igrejas. O que aprendi com essa experiência foi que algo tão simples — três palavras apenas ("meios de graça") — causou tamanha divisão. Assumo a responsabilidade por não me haver preparado melhor, o que poderia ter evitado a situação toda. No entanto, acredito que eles foram igualmente culpáveis por não terem estendido graça por minha falta de conhecimento. Alguém deveria ter me interrompido e dito algo como: "Perdoe-me, Jim, mas você acabou de usar uma frase que é desafiadora para nós. Aqui está nossa posição a respeito [...]". Eu teria então uma oportunidade de responder.

Permita-me declarar a verdade óbvia e desagradável: a Igreja de Jesus Cristo tem se dividido em muitas e diferentes facções que se recusam a ter comunhão umas com as outras. Para um povo que reivindica ter só um Senhor, uma só fé e um só batismo, não somos uma só Igreja, mas existimos em isolamento, julgamento, suspeita e condenação. Essa é uma situação terrível que, sem dúvida alguma, entristece o Pai, o Filho e o Espírito Santo. Raça, classe, denominação e doutrina separam o povo de Deus. A manhã de domingo é o período mais segregador da semana. Há mais de 30 mil denominações protestantes reconhecidas, e muitas delas rejeitam todas as outras denominações, menos elas próprias!

Por quê? Porque adotamos a falsa narrativa que nos dá permissão para nos separarmos daqueles que são diferentes de nós em aparência, *status* ou crença. Ela se resume a alguma coisa semelhante a: "Se você não se parece conosco, não age como nós agimos, não adora como nós adoramos ou não pensa como nós pensamos, não somos obrigados a ter comunhão com você".

Os norte-americanos adoram com outros norte-americanos; os hispânicos adoram com outros hispânicos. As pessoas ricas frequentam uma igreja com outras pessoas ricas; as pessoas pobres frequentam a igreja com outras pessoas pobres. As pessoas que acreditam que a Bíblia é infalível comungam apenas com aqueles que têm as mesmas crenças; as pessoas que acreditam que a homossexualidade é um estilo de vida aceitável comungam apenas com aqueles que aprovam relacionamentos homossexuais.

> Você concorda que o domingo é o dia mais segregador da semana? Por que sim ou por que não?

Certa vez participei de uma palestra na qual o orador espalhou sal e pimenta sobre uma superfície metálica. A seguir ele sacudiu a superfície, e a pimenta e o sal começaram a separar-se um do outro. Ele então continuou dizendo que as raças, como o sal e a pimenta, sempre se separam naturalmente, que os negros querem estar com os negros, e os brancos querem estar com os brancos, e sua ilustração provava que isso era natural e ordenado por Deus. Acredite, esse discurso foi feito dentro de uma igreja. Foi um exemplo claro de uma narrativa falsa e de um argumento lógico para apoiá-la. É evidente que isso não tem nada a ver com segregação. Sal e pimenta se separam por causa do peso, não da cor. Apesar disso, eu olhei a minha volta e vi várias pessoas balançando a cabeça em concordância, como se estivessem dizendo: "Sim, as pessoas da mesma raça não devem adorar juntas". Foi de apavorar.

> O que você pensa sobre a ideia de que, "se nós discordamos, então precisamos obrigatoriamente nos separar"? Você considera falsa essa narrativa?

Você fala em línguas? Você canta hinos ou cânticos de louvor? Você acredita que as mulheres podem ser pastoras? Você permite o uso de instrumentos musicais em seu santuário? Essas são as questões que usamos para descobrir no que as pessoas creem e quais são suas práticas, e as respostas dadas determinam se podemos adorar juntos. Alguns chegam até mesmo a questionar a salvação dos que respondem de forma diferente. O fato realmente triste é o seguinte: nossas divisões simplesmente não podem ser aprovadas por Jesus. A narrativa falsa deste capítulo — se nós discordamos, então precisamos obrigatoriamente nos separar — permite que isso aconteça e continue acontecendo. Lembre-se de que precisamos de um argumento lógico que embase nosso comportamento. Nossas ações são decorrência de nossas ideias e narrativas. Então, a fim de superar esse problema, precisamos substituir uma narrativa falsa por uma narrativa verdadeira, a única encontrada no Novo Testamento.

O MEDO POR TRÁS DA NARRATIVA FALSA

Não acredito que os líderes da igreja que me rejeitaram fizeram aquilo por maldade; para mim, agiram com base no medo. Temiam que, se aceitassem minha posição, estariam permitindo que algo perigoso entrasse em cena. Sua posição sobre *apenas dois meios de graça* tinha uma longa história, e muito tempo atrás haviam concluído que considerar outros meios de graça diminuía a santidade do batismo e da Comunhão e valorizava exageradamente a oração e a leitura bíblica. Estavam sendo protetores a fim de preservar a verdade, e provavelmente essa era a razão pela qual ocupavam cargos de liderança. Nós queremos pastores para proteger o rebanho.

Mesmo quando a motivação é boa, não podemos deixar que nossos medos ditem nosso comportamento. O perfeito amor lança fora o medo (1João 4.18, *Almeida Revista e Atualizada*), porque o Reino nunca está em problemas. As portas do inferno não serão abaladas por doutrina correta, mas pelo coração apaixonado de homens e mulheres que deixaram seus medos para trás e seguiram adiante, na confiança de que Cristo é Senhor e de que todo joelho se dobrará e toda língua confessará essa verdade. No âmago de nosso medo está o desejo de controle. A exclusão nos dá a sensação de que estamos seguros; mantemos os falsos mestres afastados; expulsamos da comunhão os lobos vestidos em pele de cordeiro, e isso é bom. A insistência na correção doutrinária é com frequência uma nuvem de fumaça que oculta um problema mais profundo: nossa insegurança de que a coisa toda desmoronará se não fizermos tudo certo. O mesmo é verdade com relação às diferenças raciais e de gênero. Se pessoas parecerem ou agirem de maneira diferente da nossa, ficamos desconfortáveis porque não conseguimos entendê-las completamente nem controlar seu comportamento.

Assim, como superamos isso no Corpo de Cristo? Stanley Hauerwas explica:

> Esse amor que é uma característica do Reino de Deus somente é possível para um povo perdoado — um povo formado por pessoas que aprenderam a não temer umas às outras. [...] Somente quando meu eu — meu caráter — é sustentado pelo amor de Deus, sei realmente que não há razão para temer os outros".[2]

Hauerwas encontra exatamente o âmago do problema: nós tememos uns aos outros. Grande parte desse medo pode ser superada quando aumentamos nossa compreensão das diferentes raças e culturas. No entanto, no final das contas, superamos esses medos ao nos tornarmos pessoas que sabem que são perdoadas e estão sendo sustentadas pelo amor de Deus.

A verdade é que nós nunca faremos tudo absolutamente certo. Quem sou eu para dizer aos outros: "Minhas doutrinas, meus dogmas e minhas definições são perfeitos"? (Logicamente, eu me refiro a relacionamentos dentro da igreja, não a nossos relacionamentos com os de fora.) Vejo através de óculos escuros quando se trata dessas questões menos importantes. Nós simplesmente não nos podemos dividir por causa de questões que não

---

[2] HAUERWAS, Stanley. **The Peaceable Kingdom.** Notre Dame, Ind.: University of Notre Dame Press, 1983. p. 91.

conseguimos entender por completo. Especialmente à luz do fato daquilo que podemos entender, daquilo que não é um mistério nebuloso, mas, ao contrário, é uma ofuscante verdade, existe algo com que todos nós podemos concordar: *Jesus é o Senhor!*

Se o seu coração vibra de amor por Jesus, então segure em minha mão e vamos caminhar juntos em comunhão.

NARRATIVA VERDADEIRA: OS SEGUIDORES DE CRISTO PRECISAM PERMANECER UNIDOS

É um equívoco pensar que nós, cristãos, vamos concordar sempre em todas as questões. O fato é que nossas práticas culturais e de adoração diferem. É imperativo aceitar nossas diferenças, mas elas não são fundamento para nenhuma divisão. A narrativa verdadeira, creio eu, gira em torno de algo como: "Se você não se veste, não age, não adora, nem acredita da mesma forma que eu, mas seu coração vibra de amor por Jesus, então, independentemente de nossas diferenças, podemos e devemos ter comunhão um com o outro".

Muitos cristãos descobriram um modo de suportar o cisma que prevalece de modo alarmante em nossos dias por causa da narrativa falsa de que a discordância autoriza a divisão entre os cristãos. A narrativa verdadeira, creio eu, autoriza a discordância, mas não a divisão. Não precisamos concordar no que diz respeito a estilos de adoração ou a certos pontos secundários de doutrina, mas podemos e devemos ter comunhão se suportamos a crença central sobre Jesus. E é por isso que posso proclamar em alto e bom som: *Jesus é o Senhor!*

Se o seu coração vibra de amor por Jesus, então segure minha mão e vamos caminhar juntos em comunhão. Ele é o Senhor daqueles que insistem em que as mulheres não podem servir no ministério e é o Senhor daqueles que insistem em que elas podem fazê-lo.

Ele é o Senhor dos batistas e dos episcopais, o Senhor dos que falam em línguas e daqueles que não falam.

Estilos de adoração, códigos de vestimenta, métodos de batismo e diferenças de opinião sobre o regime eclesiástico simplesmente não podem dividir em partes o que Deus uniu. A Igreja é um corpo unificado, mantido junto por Jesus. Podemos achar que estamos divididos, mas não estamos. Acredito que todas as denominações que afirmam as doutrinas básicas encontradas nos credos (isto é, o *Credo dos apóstolos* e o *Credo niceno*)³ compõem a Igreja em suas muitas formas, quer gostem disso quer não! Não acredito nisso porque sou favorável à unidade e contrário à diversidade; assumo essa posição porque acredito ser esse o ensino de Jesus e de Paulo.

A NARRATIVA DE JESUS: ORO PARA QUE ELES POSSAM SER UM

Jesus sabia que seus discípulos viriam de todas as nações e raças. Na verdade, ele até mesmo comissionou seus discípulos a alcançar aqueles que estavam fora do judaísmo. Na Grande Comissão, Jesus ordenou: "Portanto, vão e façam discípulos de todas as nações, batizando-os em nome do Pai e do Filho e do Espírito Santo" (Mateus 28.19).

O termo grego para "nações" é *ethnos*, do qual deriva a palavra "étnico". Jesus ordenou que seus discípulos saíssem pelo mundo e fizessem discípulos de todas as origens étnicas. Jesus une todas as pessoas, independentemente de raça, cultura ou credo, em comunhão única. Sua unidade é estabelecida no batismo

---

³ Os dois credos mais comumente usados na Igreja são o *Credo dos apóstolos* e o *Credo niceno*. Foram elaborados por líderes da Igreja nos primeiros séculos numa tentativa de definir as crenças básicas dos cristãos.

em nome do Pai, do Filho e do Espírito. Os muitos se tornam um em nome da Trindade.

Jesus sabia que o convite seria feito não somente aos judeus, mas também àqueles que não faziam parte de Israel. Ele disso isso claramente: "Tenho outras ovelhas que não são deste aprisco. É necessário que eu as conduza também. Elas ouvirão a minha voz, e haverá um só rebanho e um só pastor" (João 10.16). Os gentios ouviriam sua voz e se juntariam em um único rebanho sob a liderança de um único Pastor. A palavra-chave aqui é "um". O plano divino sempre foi unir pessoas de todas as nações numa comunidade inclusiva de amor àqueles que vivem sob a generosa provisão divina.

Esse é o plano de Deus, que não inclui absolutamente nenhuma divisão. Assim como a Trindade é unificada, também o Corpo de Cristo é um. A famosa oração de Jesus em João 17 ilustra esse desejo:

> "Minha oração não é apenas por eles. Rogo também por aqueles que crerão em mim, por meio da mensagem deles, para que todos sejam um, Pai, como tu estás em mim e eu em ti. Que eles também estejam em nós, para que o mundo creia que tu me enviaste" (João 17.20,21).

Jesus antecipa aqui o futuro no qual as pessoas se tornariam seus aprendizes por intermédio do testemunho de seus discípulos. Ele está orando por unidade na *ekklesia*, o mesmo tipo de unidade experimentada na habitação mútua do Pai e do Filho: "Você está em mim e eu estou em você". Jesus não acreditava que nossas diferenças deveriam nos dividir. A unidade na comunhão vem de uma única fonte: Jesus.

A NARRATIVA DE PAULO: SOMOS UM EM CRISTO

Nas primeiras duas décadas depois da ressurreição e ascensão de Jesus, os primeiros cristãos eram judeus que aceitaram

Jesus como o Messias. No entanto, graças ao ministério de Paulo, que foi comissionado para atuar como "apóstolo para os gentios" (Romanos 11.13), o evangelho se espalhou para fora das fronteiras do judaísmo. Por volta da metade da primeira década d.C., as igrejas, de Jerusalém a Roma, eram constituídas por cristãos das mais diferentes raças e antecedentes. A despeito de suas diferenças, eles eram um. Paulo explicou o fundamento de sua unidade:

> Nessa nova vida já não há diferença entre grego e judeu, circunciso e incircunciso, bárbaro e cita, escravo e livre, mas Cristo é tudo e está em todos (Colossenses 3.11).
>
> Não há judeu nem grego, escravo nem livre, homem nem mulher; pois todos são um em Cristo Jesus (Gálatas 3.28).

Paulo está explicando a diversidade e a unidade da *ekklesia* de Jesus. Judeus e gregos, homens e mulheres, escravos e senhores, todos eram um em Cristo. Até mesmo os bárbaros e os citas eram bem-vindos à comunhão. Os bárbaros não falavam grego, e eram vistos como um povo não civilizado. Os citas eram considerados implacáveis, cruéis e violentos. Apesar disso, Paulo os incluiu em sua lista, mostrando que até mesmo aqueles que parecem não ter nenhum pendor para a comunhão encontram sua unidade em Cristo. Observe a frase em Colossenses 3.11: "Cristo é tudo e está em todos". Essa é a razão central para nossa unidade. Cristo está tanto nas mulheres quanto nos homens, tanto nos judeus quanto nos gregos, e até mesmo tanto nos bárbaros quanto nos citas! Cristo em nós é o elo de nossa unidade. Embora sejamos diferentes dos de fora, somos pessoas habitadas por Cristo e, dessa forma, nós, que diferimos no exterior, tornamo-nos um por causa do que somos internamente.

O que isso nos diz sobre os membros da igreja em Colossos? Imagine que você fosse um judeu, tendo sido ensinado desde o nascimento que é um escolhido de Deus e que os gentios são impuros, e agora tivesse de dar a mão a um grego em oração. Ou imagine que você fosse um senhor de escravos, um membro da elite, e tivesse de estender o braço para receber de um escravo um pedaço do pão da Comunhão. Imagine ainda que você fosse um homem do século I, criado com a noção de que as mulheres são inferiores, e avistasse na sala uma mulher que, por sua generosidade, tivesse financiado o local no qual vocês se reúnem. A comunidade centrada na cruz descobriu um tipo de igualdade que era totalmente desconhecida no século I.

> Se você tivesse de refazer essa lista para refletir as igrejas contemporâneas, que tipo de pessoas listaria?

UM CÁLICE, UM PÃO, UM CORPO

O ato da Comunhão, também chamado de Eucaristia ou Ceia do Senhor, tem sido motivo de divisão ao longo dos séculos. Até mesmo reformadores como Lutero, Calvino e Zwinglio discutiram muito sobre o significado da Comunhão. Hoje existem tantas, se não mais, divisões sobre a natureza e a prática da Comunhão. Isso é irônico, já que uma das metáforas favoritas de Paulo para descrever a unidade da comunhão cristã era a Ceia do Senhor:

> Não é verdade que o cálice da bênção que abençoamos é uma participação no sangue de Cristo, e que o pão que partimos é uma participação no corpo de Cristo? Como há somente um pão, nós, que *somos muitos, somos um só corpo*, pois todos participamos de um único pão (1Coríntios 10.16,17).

A Comunhão é uma demonstração visível de como nós, que somos muitos, tornamo-nos um, pela união no corpo e no sangue de Jesus. Na igreja em que minha família adora, sou, com frequência, chamado para ajudar a ministrar a Comunhão. Certo domingo, vários anos atrás, fui surpreendido por algo que eu nunca havia notado: as mãos das pessoas.

Usualmente eu distribuo o pão (ou um pedaço de pão) oferecendo-o diretamente às pessoas, que por sua vez estendem suas mãos para pegá-lo. Naquele domingo fiquei surpreso em como as mãos de cada pessoa eram diferentes: algumas eram pequenas, outras grandes; algumas eram calejadas, outras macias; algumas eram enrugadas, outras suaves; algumas tinham deformidades, outras eram fortes e saudáveis. Todas aquelas diferentes mãos eram estendidas para receber o mesmo pão. Sua singularidade e diversidade encontravam identidade e unidade no Corpo de Cristo. De fato, elas não estavam apenas partilhando o Corpo de Cristo; elas *eram* o Corpo de Cristo.

Nós pertencemos uns aos outros. Nossas diferenças não são um obstáculo, mas uma agradável parte da história. O apóstolo escreveu: "Assim também em Cristo nós, que somos muitos, formamos um corpo, e cada membro está ligado a todos os outros" (Romanos 12.5).

Naquele dia lembro-me de ter me sentido conectado às pessoas de uma maneira que eu nunca havia experimentado. Aquelas mãos, aquelas mãos suplicantes, ansiosas pelo pão do céu, tornaram-se um só corpo em Cristo. Em várias ocasiões Paulo usa a metáfora do corpo para descrever como muitos se tornam um. Mãos e pés, olhos e ouvidos, joelhos e cotovelos são todos diferentes, embora encontrem sua unidade em fazer parte do mesmo corpo.

E UM SÓ PENSAMENTO

Os aprendizes de Jesus estão unidos porque compartilham um único cálice, um único pão e são um único corpo, mas Paulo leva isso um passo adiante, estimulando os seguidores de Cristo a ter "um só pensamento":

> Sem mais, irmãos, despeço-me de vocês! Procurem aperfeiçoar-se, exortem-se mutuamente, tenham um só pensamento, vivam em paz. E o Deus de amor e paz estará com vocês (2Coríntios 13.11).
>
> Irmãos, em nome de nosso Senhor Jesus Cristo suplico a todos vocês que concordem uns com os outros no que falam, para que não haja divisões entre vocês; antes, que todos estejam unidos num só pensamento e num só parecer (1Coríntios 1.10).

Em ambos os versículos Paulo apela para que as pessoas tenham um só pensamento. Suspeito que ele soubesse quão facilmente as pessoas se dividem com base em raça e classe social, bem como com base em formação, ideologia ou doutrina.

Ele suplica que os coríntios "concordem uns com os outros [...] para que não haja divisões". No entanto, isso leva à seguinte questão: Como podemos concordar com as pessoas que se recusam a concordar conosco? Como podemos estar "unidos num só pensamento e num só parecer" quando claramente não concordamos em todos os pontos? Devemos simplesmente abrir mão de nossas ideias, opiniões ou doutrinas? Nunca concordaremos em todas as coisas, mas podemos e devemos concordar em um ponto: *Jesus é o Senhor*. O único meio de "concordarmos uns com os outros", como Paulo admoestou os coríntios, é fazer a distinção crucial entre o que é e o que não é essencial e encontrar maneiras de amar uns aos outros quando divergirmos em pontos que não são essenciais. Para um exemplo disso, podemos voltar a um homem do século XVIII chamado John Wesley, que sugeriu uma maneira proveitosa de permanecermos unidos mesmo quando discordamos uns dos outros.

NO QUE É ESSENCIAL, UNIDADE; NO QUE NÃO É ESSENCIAL, CARIDADE

A Agostinho se credita a citação: "Naquilo que é essencial, unidade; naquilo que é duvidoso, a liberdade; e, em todas as coisas, caridade".[4] Se essa frase vem realmente de Agostinho, foi sua forma de lidar com a difícil questão do desacordo na igreja. É um princípio bastante útil, que nos oferece um modo de pensar sobre como podemos permanecer unidos mesmo quando discordamos uns dos outros. John Wesley gostou desse aforismo e o alterou ligeiramente em sua pregação aos primeiros metodistas.

As primeiras sociedades metodistas eram constituídas por pessoas de diferentes classes e origens. Wesley rapidamente percebeu o problema da divisão com base em classes sociais e resolveu (de certa forma) isso pedindo que aqueles que eram abonados não se vestissem de uma maneira que pudesse diferenciá-los dos mais pobres. Na questão da divisão com base em doutrina, Wesley encontrou a solução, como explicou em seu famoso sermão "O espírito católico" (o termo "católico" aqui não se refere à Igreja católica romana, mas, pelo contrário, significa "universal").

Wesley acreditava que a única forma pelo qual a Igreja poderia encontrar a unidade era aprender a distinguir entre o que é e o que não é essencial, descobrir como aceitar nossas diferenças naquilo que não é essencial, e então decidir não deixar que as diferenças ofusquem nossa fé comum. Ele acreditava que o amor e o compromisso com Jesus são essenciais. Todo o resto é simplesmente não essencial. Ele não dizia que essas coisas não tinham importância, mas que não deveriam dividir-nos.

---

[4] Os estudiosos discordam quanto à origem dessa frase e de seu autor. A frase foi cunhada originariamente em latim como: "*In necessariis unitas, in non-necessariis [or, dubiis] libertas, in utrisque (or, omnibus) caritas*".

Wesley admitia diferenças de opinião, mas ele, como Paulo, apelava aos metodistas para que não deixassem que as diferenças os impedissem de amar uns aos outros. Em duas seções de "O espírito católico", Wesley aborda a questão claramente:

> Mas, embora a diferença de opiniões ou de formas de culto possa obstar a completa união orgânica, deve tal diferença impedir nossa unidade de sentimentos? Embora não possamos pensar do mesmo modo, não podemos amar de maneira igual? Não podemos ter um só coração, ainda que não tenhamos uma opinião só? Sem dúvida alguma que podemos.

Depois, no mesmo sermão, Wesley se torna ainda mais específico:

> Não pergunto, pois, àquele com quem eu quisera unir-me em amor: És de minha igreja? De minha congregação? [...] Não pergunto: Recebes a Ceia do Senhor na mesma posição em que a recebo e de maneira igual? [...] Nem pergunto [...] se recebes mesmo, de qualquer modo, o batismo e a Ceia do Senhor. Fiquem de lado todas essas coisas; falaremos delas, se necessário, em ocasião mais oportuna; minha pergunta única, no presente, é esta: "Porventura tens tu o coração reto, como o meu o é com teu coração"? (39.1.11).[5]

Nós podemos ter, e de fato teremos, maneiras diferentes de pensar, estilos de adoração preferenciais, métodos de batismo aprovados, mas esses pontos não são essenciais. A única coisa que realmente importa é que nosso coração vibre de amor por Jesus.

---

[5] Versão em português de Nicodemos Nunes, Impressa Metodista (1981 e 1985). A tradução dos 52 Sermões de John Wesley, considerada padrão, está disponível em: <http://www.metodistavilaisabel.org.br/metodismo/sermoes_john.asp>. Acesso em: 10 dez. 2010. [N. do T.]

Se tivermos isso, estaremos unidos. Então, poderemos dizer mais uma vez: *Jesus é o Senhor!*

Se seu coração vibra de amor por Jesus, então segure minha mão e vamos caminhar juntos em comunhão.

NÃO SEM IMPORTÂNCIA, APENAS NÃO IMPORTANTE O BASTANTE

Preguei numa igreja vibrante no nordeste dos Estados Unidos e acabei impressionado com a vida que seus membros exibiam em comunidade. Eles amavam uns aos outros e adoravam a Deus com grande entusiasmo. Crianças, adolescentes, jovens, adultos e os mais velhos estavam todos reunidos juntos como um só corpo. Senti-me inspirado enquanto estive com eles. Depois do evento, fui ao escritório do pastor para pegar minhas coisas e esperar que alguém me levasse ao aeroporto. Logo percebi que estava ocorrendo uma importante reunião, de modo que sentei do lado de fora na área de espera. Embora eu não tivesse intenção de bisbilhotar, a porta estava aberta, e pude ouvir o que se passava. O tom de voz deles era alto, portanto concluí que se tratava de alguma questão séria.

— Nós sabemos que precisamos deixar a denominação — o pastor disse —, porque discordamos numa questão fundamental. E sabemos que a igreja apoia a separação — a votação foi de 92% a favor de sairmos e nos unirmos a uma nova denominação. A única questão que resta é decidir: Quem fica com o prédio?

— Certo. Esse é exatamente o problema. Tecnicamente, a denominação atual é dona da propriedade. Se nos separarmos, teremos de nos mudar — um homem disse. — Nossos advogados acharam que podemos brigar na justiça, mas poderíamos perder muito dinheiro com isso. O consenso geral, porém, é que precisamos lutar. As pessoas sentem que esta é sua igreja. Elas pagaram por este prédio, o construíram, foram batizadas aqui, aqui se casaram e velaram seus entes queridos neste lugar.

A reunião durou cerca de quinze minutos, e eles então resolveram continuar a discussão em outro dia. O pastor deixou o escritório e disse: — Desculpe-me, Jim. Era uma reunião urgente. Você está pronto para ir para o aeroporto? — e respondi que estava.

Enquanto seguíamos pela autoestrada, notei que ele continuava imerso em pensamentos sobre a reunião que acabara de ter. Ele perguntou: — Por acaso você ouviu nossa discussão na sala?

— Sim — respondi. — Mas eu não estava tentando bisb...

— Não, estou realmente contente por você ter ouvido. Eu estava aqui tentando imaginar o que você pensa a respeito. Você acha que não devemos lutar para manter nosso prédio? — ele questionou.

— Você realmente quer saber o que eu acho? Talvez não goste do que eu vou falar — retruquei.

— Por favor, diga-me. Não ficarei ofendido.

— Bem, eu não acho que vocês devam brigar — comentei. — Na verdade, não acho nem mesmo que vocês devam separar-se da denominação.

— Jim, você está falando sério? Como podemos ficar? A igreja se tornou liberal demais. Não podemos permanecer atados a um grupo que acredita no que eles acreditam — ele desabafou, com um lastro de raiva em sua voz.

Então, lancei uma pergunta crítica: — A denominação negou a deidade de Jesus, a realidade da ressurreição ou o Deus trino?

— Não. No entanto, está defendendo princípios que não são endossados pela Bíblia. Na verdade, está negando a autoridade da Bíblia.

Voltei a perguntar com bastante ênfase: — Ela chegou a afirmar claramente: "Nós rejeitamos a autoridade da Bíblia"?

— Não. Mas assumir certas posições, que são contrárias ao ensino da Bíblia, é o mesmo que a rejeitar.

— É o mesmo que rejeitar a Bíblia ou rejeitar a compreensão de vocês sobre o que a Bíblia ensina? — indaguei novamente.

— Jim, pensei que você fosse um cristão conservador. Você prega sobre Jesus e prega com base na Bíblia.

— Não sou liberal nem conservador. Sou um aprendiz de Jesus. Estou simplesmente tentando discernir o que é essencial e o que não é. Para mim, o ensino básico contido nos credos é essencial. Todo o resto não é essencial. Não que não tenha importância, mas não é importante o bastante para me afastar daqueles que compartilham a mesma crença no que é essencial. Eu também discordo da posição de sua denominação sobre essa questão, mas não me separaria dela por causa disso, uma vez que esse ponto não é essencial para mim.

> Qual a diferença entre rejeitar a Bíblia e rejeitar uma interpretação particular da Bíblia?

— Bem, esse é o ponto. Eu e a maioria em nossa igreja acreditamos que essa questão é realmente essencial — ele disse. — E é por isso que precisamos sair.

Eu lhe disse que apreciava seu desejo de ser fiel a Deus. Realmente aprecio aquele pastor e seu povo. Eles tomaram a decisão de separar-se da denominação, uma escolha que eu não aprovava, mas compreendia e aceitava. Permaneci em unidade com eles. Embora discordasse de sua decisão, eles continuam sendo meus irmãos e minhas irmãs em Cristo, e a meus olhos nós continuamos sendo um. Eles ainda acreditam nos mesmos pontos essenciais que eu acredito, e aí reside nossa unidade. Discordamos em pontos que acredito serem não essenciais, e por essa razão ofereço a eles minha *caridade*.

DESAFIOS PARA A UNIDADE NA IGREJA

Até aqui tenho focado principalmente as divisões da igreja que dizem respeito a aspectos doutrinários. Quero voltar à admoestação de Paulo em Colossenses 3 e analisar com mais cuidado três outras causas de separação numa igreja: raça, gênero e classe social. Nos versículos seguintes, Paulo menciona especificamente essas diferenças:

> *Onde* não há grego nem judeu, circuncisão nem incircuncisão, bárbaro, cita, servo ou livre; mas Cristo é tudo em todos (Colossenses 3.11, *Almeida Revista e Corrigida*).
>
> Não há judeu nem grego, escravo nem livre, homem nem mulher; pois todos são um em Cristo Jesus (Gálatas 3.28).

Observe a palavra "onde" em Colossenses 3.11. A que se refere esse "onde"? À igreja. A *ekklesia* é uma comunidade peculiar enraizada em outro mundo — o Reino dos céus. Quando a comunidade se reúne em nome de Jesus, deixa de lado este mundo e suas divisões naturais e se torna um povo unido.

Com base em que somos unidos? Ambos os versículos são claros: em Cristo. Cristo está em cada pessoa, mudando nossa identidade fundamental. Somos pessoas nas quais Cristo habita. Esse fato não elimina nossas diferenças. Os homens continuam sendo homens, e as mulheres continuam sendo mulheres; o Corpo de Cristo não é formado por seres andróginos. Aqueles que são gregos e aqueles que são judeus permanecem gregos e judeus por sua etnicidade. E aqueles que eram escravos continuam escravos quando estão fora da comunidade. Paulo está dizendo que aqui, na comunidade reunida, somos um em Cristo.

A solução para as divisões de gênero, raça e classe social não é eliminar nossas diferenças, mas enxergá-las à luz de Jesus. O movimento pentecostal dos Estados Unidos no início do século XX era espantosamente diversificado. Negros, brancos e latinos adoravam juntos, e as mulheres desempenhavam um papel significativo no ministério. Eles gostavam de dizer que "a cor da pele foi lavada e apagada no sangue de Jesus". Isso porque reconheciam sua unidade no Espírito. Homens e mulheres, brancos e negros, ricos e pobres — todos eram conduzidos pelo mesmo Espírito. A igualdade era descoberta não ao ignorar diferenças, mas ao encontrar a fonte de unidade dentro de sua diversidade.

A verdadeira fonte de nossa "unidade na diversidade" é a Trindade. A Trindade não é negra nem branca, nem masculina ou feminina; as pessoas divinas são distintas e, apesar disso, permanecem unidas. Serene Jones escreve: "A realidade de Deus é radicalmente múltipla, radicalmente relacional e infinitamente ativa".[6] O Pai é distinto do Filho e do Espírito e encontra sua identidade nessa diferença. Apesar disso, o Pai, o Filho e o Espírito são um, mutuamente existentes e mutuamente interdependentes. É por essa razão que a igreja é tanto distinta quanto unida. A maravilhosa e boa comunidade é um espelho da Trindade.

> Em que ocasião você experimentou um senso de unidade com um grupo diferente de cristãos? O que criou essa unidade?

---

[6] JONES, Serene, citado em VOLF, Miroslav. **Exclusion and Embrace**. Nashville: Abingdon, 1996. p. 176.

Distinções de gênero e raça não devem ser ignoradas, mas reafirmadas como parte da maravilhosa criação de Deus. Fora da igreja essas distinções causam suspeita e divisão e podem representar uma barreira à comunidade; dentro da igreja, porém, elas podem ser celebradas e afirmadas. N. T. Wright observa:

> Essas distinções [...] tornam-se irrelevantes em Cristo. [...] Essas barreiras e esses hábitos não são [...] nem naturais nem normais. São, em última instância, a negação da criação da humanidade à imagem de Deus. [...] Diferenças de formação, nacionalidade, cor, linguagem, classe social e outras precisam ser vistas como irrelevantes à questão do amor, da honra e do respeito que devemos demonstrar a indivíduos e grupos.[7]

Eu discordaria ligeiramente da palavra "irrelevante" usada por Wright porque nossas distinções permanecem e são uma parte da beleza do Corpo de Cristo. Embora não sejam irrelevantes, raça, gênero e classe, para usar a frase de Wesley, são questões não essenciais quando se trata de unidade. O essencial é nossa identidade como pessoas em quem Cristo habita. No entanto, Wright enquadra a questão no lugar certo: essas diferenças na verdade são irrelevantes quando se trata do amor. A tolerância não é nosso objetivo principal, nem a igualdade o é; nosso objetivo mais sublime é o amor. Nosso foco principal está em Cristo como Senhor. Digamos, portanto, *Jesus é o Senhor!*

Se o seu coração vibra de amor por Jesus, então segure minha mão e vamos caminhar juntos em comunhão.

---

[7] WRIGHT, N. T. Colossians and Philemon, **Tyndale New Testament Commentary.** Downers Grove, Ill.: InterVarsity Press, 1986. p. 144.

O SONHO DE RICHARD

Richard J. Foster escreveu um dos mais importantes livros sobre formação espiritual dos últimos cem anos, *Celebração da disciplina*. Não muito tempo depois de seu sucesso inicial, Richard se aborreceu com o fato de que algumas pessoas, não grupos, estavam usando o livro em isolamento, com o objetivo de alcançar individualmente o crescimento espiritual. Richard acreditava que as disciplinas — com suas raízes na igreja primitiva — não deveriam ser separadas, mas unidas. Sob a direção do Espírito ele decidiu tirar um período sabático de um ano e meio sem escrever ou dar palestras. Durante esse tempo ele procurou ouvir Deus com atenção, e uma mensagem clara lhe foi dada: os muros que separam nossas igrejas precisam ser derrubados. Numa visão semelhante ao sonho dado a Martin Luther King Jr., Foster foi tomado por uma nova esperança para a Igreja. Ele articulou essa visão da seguinte forma:

> No momento, somos basicamente um povo disperso. Esse tem sido o estado da Igreja de Jesus Cristo durante muitos anos. Mas está para acontecer uma novidade. Deus está reunindo seu povo mais uma vez, criando com esse povo uma comunidade que inclui todos quantos sabem amar, com Jesus Cristo como principal sustentador da comunidade e seu mais glorioso habitante. Essa comunidade está surgindo em múltiplas e variadas formas.
>
> Percebo isso ocorrendo, esse grande e novo ajuntamento do povo de Deus. Vejo um povo obediente e disciplinado, reunido espontaneamente, um povo que conhece em nossos dias a vida e o poder do Reino de Deus.
>
> Vejo um povo de cruz e coroa, de ações corajosas e amor sacrificial.

Vejo um povo que combina evangelismo com ação social, o senhorio transcendente de Jesus com o serviço do Messias sofredor.

Vejo um povo que se mantém alegre e otimista pela visão do domínio eterno de Cristo, não só iminente no horizonte, mas jorrando já em nosso meio.

Vejo um povo... Vejo um povo... mesmo que pareça que estou me esforçando para enxergá-lo observando através de um vidro escuro.

Vejo um pastor do interior do estado de Indiana, EUA, abraçando um padre urbano de Nova Jersey, e juntos eles oram pela paz mundial. Eu vejo um povo.

Vejo um monge católico das montanhas do Kentucky lado a lado com um evangelista batista das ruas de Los Angeles, e juntos eles oferecem um sacrifício de louvor. Eu vejo um povo.

Vejo ativistas sociais dos centros urbanos de Hong Kong reunindo-se com pregadores pentecostais das ruas de São Paulo.

Vejo operários do Soweto e proprietários de terra de Pretória honrando e servindo uns aos outros por reverência a Cristo. Eu vejo um povo.

Vejo hutus e tutsis, sérvios e croatas, mongóis e chineses, afro--americanos e anglo-americanos, latinos e nativos americanos, todos convivendo, cuidando e amando uns aos outros. Eu vejo um povo.

Vejo o sofisticado junto com o simples, a elite com o marginalizado, o rico com o pobre. Eu vejo um povo.[8]

O RENOVARE, um ministério de renovação espiritual para as igrejas fundado por Richard e outros irmãos em 1988, nasceu dessa visão. Grandes avanços têm ocorrido por meio desse

---

[8] **Foster, Richard J. Rios de água viva. São Paulo: Vida, 1998. p. 379-380.**

ministério e de outros semelhantes a ele. A visão é forte e poderosa porque, creio eu, é a visão de Deus para seu povo.

VOCÊ PODE ME OFERECER CARIDADE?

Suspeito que este capítulo tenha representado um desafio ou até mesmo uma ofensa a muitos leitores. Assumi posição ousada: precisamos ver todos os que foram chamados por Jesus como nossos irmãos e irmãs, independentemente de doutrina, raça ou prática. Estou ciente de que alguns pontos que considerei não essenciais serão, para os outros, coisas essenciais pelas quais vale a pena lutar. Eu respeito essa posição e oro para que minha posição seja respeitada. Ainda estou procurando, ainda estou tentando seguir a direção do Espírito. Oro para que você me ofereça a mesma caridade que ofereço a você, a caridade de amar você e o aceitar como membro do Corpo de Cristo, alguém que é importante para mim, mesmo que discordemos em alguns pontos. Sei que nós concordamos numa única coisa, e minha esperança é forte o suficiente para nos manter todos juntos: *Jesus é o Senhor!*

Se seu coração vibra de amor por Jesus, então segure minha mão e vamos caminhar juntos em comunhão.

TREINAMENTO PARA A ALMA
Amando aqueles que discordam de nós

John Wesley não nos deu apenas uma maneira bastante proveitosa de permanecermos unidos mesmo quando discordamos, mas nesse mesmo sermão nos ofereceu cinco formas pelas quais podemos demonstrar amor àqueles que divergem ou discordam de nós em questões não essenciais:

1. Trate-os como companheiros.
2. Não pense ou fale mal deles.
3. Ore por eles.
4. Encoraje-os a fazer o bem.
5. Colabore com eles no ministério.[1]

Essas excelentes sugestões nos ajudarão a não somente promover a conciliação, mas também a amar os irmãos cristãos em

---

[1] WESLEY, John. **Sermão 39. O espírito católico.** Disponível em: <http://www.metodistavilaisabel.org.br/metodismo/sermoes_john.asp>. Acesso em: 10 dez. 2010.

relação aos quais temos algumas divergências. Nesta semana, pense em uma igreja, um amigo ou um irmão cristão que pertença a uma igreja diferente da sua. Talvez você conheça alguém ou uma igreja local cujas doutrinas e práticas são diferentes das suas. Veja se você consegue implementar algumas ou todas as ideias de Wesley. Como você faria isso?

Trate-os como companheiros. Convide as pessoas para almoçar. Se é com uma igreja que você está encontrando dificuldades, adore junto com os membros dela.

Não pense nem fale mal dos membros ou da liderança. Contenha-se em apontar as diferenças, seja para a pessoa propriamente dita, seja para terceiros. Concentre-se no que vocês têm em comum.

Ore por eles. Torne essas pessoas ou igreja o objeto especial de suas orações esta semana.

Encoraje-os a praticar o bem. Durante o almoço ou a adoração, ou a qualquer momento em que vocês se encontrarem, certifique-se de reconhecer o bom trabalho que essas pessoas vêm realizando. Proponha algumas questões e descubra o que essas pessoas, ou essa igreja, estão fazendo no ministério e seja assertivo.

Colabore com eles. Se for possível, descubra maneiras de trabalhar com a pessoa (ou igreja), seja em algo que ela está realizando ou em algum ministério no qual vocês estejam envolvidos. Trabalhar junto com alguém cria um vínculo de unidade que nos faz superar as diferenças.

OUTROS EXERCÍCIOS

Além disso, reserve tempo nesta semana para orar não somente por aqueles que são diferentes, mas pelo Corpo de Cristo e por seus líderes. A seguir temos duas maneiras pelas quais podemos fazer isso:

1. Ore pela unidade da igreja. À medida que você orar pela unidade da igreja, perceberá que seu foco mudará das suas divergências em termos de ideias ou práticas para Jesus, que nos mantém todos juntos.
2. Ore pelos pastores e líderes. Se queremos que a igreja se una de novas maneiras, essa atitude provavelmente deve partir dos líderes. Ore para que os pastores e os outros líderes de igrejas captem a mesma visão que deslumbrou Richard Foster. Se preferir, use a visão de Richard como guia para suas orações.

Capítulo 5

A comunidade da reconciliação

Stan é um antigo estudante que me ensinou muito sobre perdão e reconciliação.¹ Ele era um jovem alto, bonito, atlético e tímido. Costumava sentar-se no fundo da sala, nunca falava nada e raramente fazia contato visual. Um dia Stan veio ao meu escritório sem me avisar. Quando se sentou, percebi que ele estava tremendo. Ele baixou a cabeça entre as mãos e ficou sem falar por cinco minutos; apenas chorava compulsivamente, e esperei até que se acalmasse. Finalmente ele me contou que precisava de ajuda.

---

[1] Stan foi um antigo aluno meu. A história de Stan foi contada pela primeira vez num livro que escrevi em 1995, intitulado **Experimentando o profundo amor de Deus (São Paulo: Vida, 2010)**. Naquela época, como agora, Stan me deu permissão — e até encorajamento — para contar sua história. A razão pela qual eu volto a contá-la envolve dois aspectos: Em primeiro lugar, passaram-se vários anos até que eu entendesse essa história, e somente agora, com uma consciência da importância da narrativa, do exercício e da comunidade, é que sou capaz de compreender como Stan foi transformado. Em segundo lugar, desde aqueles dias, aconteceram algumas coisas que aumentaram ainda mais o poder de sua história, por isso quero compartilhá-las com outras pessoas.

Na noite anterior, ele confessou, havia tentado o suicídio; e então destacou: — Mas, como tudo o que faço em minha vida, eu falhei.

Eu disse que estava muito feliz que ele tivesse falhado. Ele lançou um longo olhar em minha direção, a primeira vez em que me olhou diretamente nos olhos. Stan estava procurando verificar se estava seguro.

— Você pode me dizer qualquer coisa que quiser, Stan — tentei com gentileza fazê-lo sentir-se seguro.

— Fui abusado sexualmente durante os últimos cinco anos. Tudo começou quando eu tinha 13 anos. O homem que fez isso comigo era um velho amigo da minha família. Era como um tio para mim — ele costumava me levar para acampar, ensinava-me a praticar esportes e assim por diante. Eu confiava nele. Então, o abuso começou. Ele me disse que, se eu contasse a alguém, coisas ruins aconteceriam comigo, e então as pessoas saberiam como eu era uma pessoa ruim. Você é a primeira pessoa a quem falei sobre isso — ele olhou para mim mais uma vez, verificando se havia algum traço de julgamento em meu rosto.

— Então, você se sentiu como se estivesse preso numa armadilha. É por isso que você tentou suicidar-se? — perguntei.

— Sim. Eu achava que era a única forma de escapar. Na noite passada lembrei-me de algumas coisas que você disse na aula sobre Deus e sobre esperança. É por essa razão que tomei coragem para falar com você — Stan justificou.

Continuamos a conversar por cerca de uma hora. Eu sentia que Stan precisava falar com um conselheiro profissional, e felizmente nós oferecemos esse serviço gratuitamente em nosso *campus*. Marquei uma hora para ele, e ele compareceu às sessões duas vezes por semana durante o mês seguinte. Eu o via no *campus*, e ele acenava par mim. Ele não parecia bem, mas estava no processo de encontrar uma saída. Na próxima vez em que o vi, foi na capela, quando preguei sobre a aceitação e o perdão de Deus. Stan me acompanhou até meu escritório e pediu para conversar. Pegamos um café e nos sentamos frente a frente.

— Isso é verdade? — ele perguntou.

— O que é verdade?

— O que você disse na capela sobre o amor e o perdão incondicional de Deus?

— Acredito em cada palavra que eu disse, Stan.

— Então, como você faz isso? — ele indagou.

— Você quer dizer "Como você experimenta isso"?

— Sim — ele respondeu. — Eu fui à igreja algumas vezes enquanto crescia, mas nunca ouvi essa mensagem. Tudo que me lembro de ter ouvido é que devíamos esforçar-nos muito para não acabar no inferno.

— Deus não quer que você se esforce, Stan; ele apenas quer amar você e deseja que você o ame em retribuição. Quando você ama a Deus com todo o seu coração, as outras coisas entram nos eixos.

— Eu realmente quero conhecer esse amor — Stan disse, como se sua alma estivesse morrendo de fome.

— Vamos orar — sugeri.

Orei para que Deus se revelasse a Stan e entrasse em seu coração. Stan suspirou: — Sim, Deus, por favor, entre em meu coração. — A oração durou apenas cinco minutos, mas, quando nos levantamos e nossos olhos se cruzaram, percebi que o semblante de Stan tinha mudado. Estava iluminado de alegria.

— O que faço agora? — ele perguntou.

— Você tem uma Bíblia?

— Não.

— Você tem um grupo de amigos cristãos com quem se reunir?

— Não.

— Então, eu vou cuidar das duas coisas para você. Deixe a noite de quinta-feira livre.

Ele disse que deixaria. Telefonei para dois estudantes que eram bastante ativos na fé e pedi que eles se encontrassem com Stan. Contei que daria uma Bíblia para Stan. Eles disseram que queriam fazer isso pelo novo amigo. Eu logicamente concordei. Eles juntaram dinheiro e compraram para Stan sua primeira Bíblia. Naquela noite de quinta-feira ele chegou cedo e se sentou à frente com sua nova Bíblia e um bloco de notas. Ele anotou tudo o que falei e ficou folheando a Bíblia em busca de cada passagem citada. Eu estava ensinando como nós somos novas criaturas em Cristo. A metáfora que usei foi a transformação de uma lagarta numa borboleta. Stan sorria; ele gostou daquela imagem. Mais tarde, seus dois novos amigos o levaram para um café e conversaram com ele até tarde da noite.

Stan lhes contou sua história, e os outros dois estudantes não o julgaram, mas disseram que o amavam. Ele tinha encontrado verdadeiros amigos. Stan nunca mais perdeu nosso grupo de comunhão das quintas-feiras à noite. Aproximadamente um mês depois de pedir que Deus entrasse em seu coração, Stan parou na porta de meu escritório. Ele disse: "Se você concordar, gostaria de compartilhar meu testemunho com o grupo de comunhão no *campus*". Ele passara somente um mês conosco e já conhecia nosso jargão: "compartilhar meu testemunho"! Respondi que com certeza ele poderia fazer isso.

Na semana seguinte apresentei-o ao grupo e disse: — Stan quer compartilhar sua história sobre como ele descobriu o amor de Deus.

Ele levantou e gaguejou por alguns instantes, mas então começou a contar sua história. Ele não escondeu nada. Foi completamente transparente, relatando o abuso que sofrera, sua autodepreciação e sua tentativa de suicídio.

Então, seu semblante mudou, como havia acontecido em meu escritório, e ele começou a falar sobre como Deus o alcançou e entrou em seu coração, sobre a agradável sensação de aceitação e perdão que ele sentia, e sobre como sua vida era agora diferente.

— Tenho uma última coisa a dizer — Stan anunciou e então fez uma pausa. — Eu já fui uma larva. No entanto, Cristo Jesus vive em mim. E agora sou uma borboleta!

Não ficou um olho seco na sala. Stan se sentou, e eu caminhei até o centro do recinto. Eu não tinha a menor ideia de como conseguiria ensinar algo depois daquilo. Ficou claro que eu nem mesmo precisava fazê-lo. Uma jovem ergueu a mão e então se colocou de pé, anunciando: — Eu também fui abusada quando jovem. Durou um ano inteiro. Venho carregando esse peso há um longo tempo, mas a coragem de Stan me inspirou. Esta noite quero deixar a dor sair do meu coração.

Nós oramos por aquela jovem, pedindo a Deus que a libertasse de toda a dor.

Stan tinha mais uma coisa a me ensinar. Ele veio até meu escritório alguns meses depois e disse: — Tenho uma pergunta a fazer a você. Uma vez que Deus me perdoou de todos os meus pecados, suponho que ele também perdoaria o homem que me molestou. Quero falar a esse homem sobre Jesus e dizer que eu o perdoo por tudo o que ele fez comigo. Você acha que é uma boa ideia?

Fiquei estupefato. Ali estava ele, pronto para perdoar a pessoa que praticamente havia provocado o fim de sua vida, um homem que por cinco anos teve sua alma despedaçada. Tudo em mim queria dizer: — Não, você não deve perdoá-lo!

> Em nosso exercício de treinamento para a alma, encontramos a ideia de que "ferir as pessoas fere". Stan concede perdão da maneira que fomos perdoados. Existe alguém a quem você poderia conceder perdão?

Concluí que meu coração estava longe de perdoar esse homem que eu jamais tinha visto. Fiz uma pausa e orei. Então, disse: — Se você se sente conduzido a perdoá-lo, eu não o impedira de fazê-lo. No entanto, por favor, tenha cuidado. Ele provavelmente não dará a menor atenção a você. Perdoar alguém implica apontar a culpa dessa pessoa, e ela pode ficar na defensiva.

— Estou preparado. Quero que ele saiba o que eu sei agora. Talvez ele possa ter a vida dele transformada também, caso venha a conhecer o amor e o perdão de Deus — Stan disse.

Eu estava certo, porém, sobre o homem ficar na defensiva. Ele agiu como se nada tivesse acontecido e disse que não queria ouvir falar sobre Deus. Stan, porém, fez algo que me surpreendeu. Ele disse ao homem que eles estavam se separando definitivamente: — Eu perdoo você. Mas quero que saiba uma coisa: nunca mais você vai tirar vantagem de mim. Eu não temo mais nada. Sou uma borboleta.

NARRATIVA FALSA: SÓ SEREMOS PERDOADOS E CURADOS QUANDO NÓS MESMOS PERDOARMOS

Tenho tido o privilégio de ser convidado para falar em muitos programas de rádio cristãos. Tipicamente, o apresentador me entrevista sobre o conteúdo ou as ideias de algum dos meus livros. Muitos dos programas permitem que os ouvintes telefonem e façam perguntas. Minha expectativa inicial é que os ouvintes se juntem à discussão, concordando ou discordando, ou ainda levantem alguma questão relacionada ao tópico em pauta. No entanto, percebo rápido que isso raramente acontece. Em vez disso, os ouvintes com frequência compartilham suas histórias, que terminam invariavelmente com uma declaração semelhante a esta: "Fui ferido por alguém — por favor, ajude-me a perdoá-lo".

É bastante comum que as ligações estejam relacionadas a alguma forma de traição, em geral entre marido e mulher: um marido deixa sua esposa por outra mulher ou vice-versa. Algumas vezes as pessoas querem ter coragem de se perdoar por terem cometido tantos erros. Uma mulher, que mal conseguia conter as lágrimas, falou sobre os anos de decisões ruins e abuso de drogas e disse ter chegado a um ponto no qual se recusava a perdoar-se por ter destruído a própria vida: "Tenho cometido tantos erros e não consigo me perdoar". Certa vez um homem disse, com a voz tremulante: "Minha esposa foi embora e abandonou nossa casa e nossos filhos. Eu não sei onde ela está, mas ainda a amo e a receberia de volta se ela me pedisse para voltar. Isso está certo? Se ela entrasse pela porta de casa agora mesmo, acredito que eu a perdoaria. Você acha que devo agir assim?".

Não importa qual seja o tópico do programa, eu posso contar pelo menos três telefonemas sobre perdão: Posso perdoar?

Devo perdoar? O que faço para perdoar? Essas histórias e dilemas da vida real sempre me fazem parar e refletir sobre duas questões poderosas. Em primeiro lugar, as pessoas querem ser curadas da dor infligida por outra pessoa (o que se presume que o perdão fará). Em segundo lugar, é muito difícil perdoar as pessoas que nos magoaram.

Certo dia, enquanto eu dirigia meu carro, estava prestando atenção a um terapeuta que tinha um programa de rádio que permitia a participação dos ouvintes. Como previsto, ele recebeu a ligação de uma pessoa desesperada que perguntou: "Como posso perdoar a pessoa que me feriu?". Avidamente aumentei o volume do rádio para ouvir a resposta.

"Bem, deixe-me esclarecer as coisas. O perdão é algo que você faz em seu próprio benefício. Você precisa perdoar essa pessoa para ser curado. Sua dor não terminará até que você perdoe essa pessoa", o terapeuta aconselhou com autoridade.

Então, isso me pegou — você não é capaz de perdoar pelo poder da vontade. Aquele terapeuta estava errado. A narrativa falsa que fere tantas pessoas diz algo como: Só seremos perdoados e curados quando nós mesmos perdoarmos. Essa narrativa falsa nos diz que *perdoar é algo que precisamos fazer* porque Deus ordenou, ou porque estamos cansados da dor que o rancor está causando em nós. A narrativa falsa de que precisamos fazer esforço para perdoar é nada mais que outra versão da narrativa de controle que nós tão facilmente adotamos, porque isso parece fazer sentido para nós, e porque isso nos dá a ilusão de que podemos controlar tudo. Se perdoar é algo que eu obtenho por minha própria força, então recebo o crédito se eu for bem-sucedido ou me sinto culpado caso eu fracasse. Assim, cerramos os dentes e tentamos sentir perdão em relação a alguém que nos magoou. E acabamos fracassando.

O que você pensa a respeito da ideia de que a narrativa falsa em última instância gira em torno da ideia de que devemos escolher perdoar?

Nós falhamos porque *não temos os recursos necessários para perdoar*. Por nossa própria conta, por nossa carne fraca, não temos a força nem a capacidade de perdoar as ofensas daqueles que nos magoaram, não importa quanto tentemos fazê-lo. A única maneira pela qual podemos perdoar é deixar que Deus reconte nossa vida no contexto da metanarrativa de Jesus, que perdoou seus inimigos e até morreu por eles. Isso levará à cura — a nossa própria cura —, o que é necessário para perdoarmos alguém que nos tenha ferido.

NARRATIVA VERDADEIRA: SABER QUE FOMOS PERDOADOS NOS LEVA À CURA E AO PERDÃO

Stan me ensinou o que o Novo Testamento de fato ensina, mas era algo que eu tinha falhado em entender. A vida e a história de Stan se tornaram uma parte da metanarrativa de Jesus, e ele foi capaz de recontar sua história à luz da história da cruz — o sólido fato de que Deus em Cristo proveu a reconciliação para o mundo. Com todo o devido respeito para com aqueles que dão aconselhamento de uma perspectiva secular (e fazem um grande bem às pessoas), no caso de Stan o conselheiro foi capaz apenas de ajudá-lo a se estabilizar, não a ser curado, e certamente não a transformar sua dor em alegria. Para isso, ele precisava inserir sua vida na história que o ajudou a ver o que tinha acontecido em sua vida sob uma nova ótica.

Como é bastante comum em pessoas que sofreram abuso, Stan se culpava. Não conseguia perdoar-se, ele me disse, porque

> Perdoar não significa submeter-se à vitimização continuada. Quando você sentiu a necessidade de bons limites?

o que ele tinha feito era terrível, mesmo não sendo ele um cúmplice da situação. Foi somente quando Stan enxergou sua vida, sua história, como parte da história de Deus, que ele se tornou capaz de confrontar suas lembranças e o abusador com a capacidade de perdoar. Jesus carregou os pecados de Stan — todos eles — na cruz e anunciou: "Está consumado". Cristo o perdoou, e agora Stan está capacitado a perdoar. Isso não envolvia uma tremenda força de vontade de sua parte para perdoar; era uma extensão natural da graça. A narrativa verdadeira é a seguinte: Só quando soubermos que fomos perdoados é que seremos curados e nos tornaremos capazes de perdoar.

Stan me perguntou, na manhã de sua conversão, se aquilo que eu estava pregando era verdadeiro. O que eu estava pregando, para ser mais específico, baseava-se na seguinte passagem de 2Coríntios:

> Tudo isso provém de Deus, que nos reconciliou consigo mesmo por meio de Cristo e nos deu o ministério da reconciliação, ou seja, que Deus em Cristo estava reconciliando consigo o mundo, não levando em conta os pecados dos homens, e nos confiou a mensagem da reconciliação (v. 18,19).

Essa é uma explanação clara da finalidade da cruz.[2] Deus — em Cristo — não está contando nossos pecados contra nós. Deus parou de contar e com certeza nunca recomeçou a fazê-lo. Deus não lida mais conosco baseado em nossos pecados, mas em nossa fé.

---

[2] Estou em dívida com o autor e professor Bob George por essa frase. Se ele a tomou emprestado de outra pessoa, não estou ciente. Bob foi o primeiro a explicar esse conceito para mim com enorme clareza e grande proveito.

Jesus morreu por todos os pecados, de todas as pessoas, de todos os tempos — e isso inclui você. Você sabe disso? Você tem aquela paz que excede todo o entendimento? Você tem a alegria de saber que Deus não tem nada contra você? Quando Stan entrou na capela aquele dia, ele responderia a essas questões com um não. Quando deixou meu escritório, graças à obra poderosa do Espírito Santo, ele foi capaz de responder com um sim.

Durante anos, a transformação na vida de Stan sempre tem representado um milagre sagrado para mim, algo que tive o privilégio de testemunhar, mas não compreendia. Somente anos depois, quando entendi o poder transformador da narrativa, do exercício espiritual e da comunidade, foi que encontrei os meios de compreender o que havia acontecido com ele. Stan apresentou novamente sua história no contexto mais amplo da história de Deus e fez isso no aconchego de uma comunidade. Ele então começou a desaprender os padrões destrutivos e passou a, em vez disso, praticar o perdão e a reconciliação. No entanto, observe: ele não teve de se esforçar. A cura estava acontecendo naturalmente em sua vida. Quando ele soube que Jesus o havia perdoado, Stan começou a perdoar a si mesmo. Saber que havia sido perdoado deu início a um processo de cura na vida de Stan.

Stan não perdoou para se sentir melhor, embora sua dor o tivesse levado ao fim da linha. Ele já se sentia melhor antes de perdoar seu agressor. Estava se sentindo melhor porque seu coração tinha sido aquecido pelas boas-novas de que todos os pecados, mesmo os dele, haviam sido perdoados. Não foi a bem de sua própria cura que Stan falou a seu abusador, mas por uma extensão natural da graça que ele havia encontrado — ou que o tinha encontrado. Só podemos perdoar quando sabemos que fomos perdoados, quando estamos certos de que viveremos no forte e seguro Reino de Deus.

A NARRATIVA DE JESUS

Qual é a narrativa de Jesus a respeito do perdão e da reconciliação?

Jesus contou a seus aprendizes uma história para ilustrar a ideia de perdoar os outros porque fomos perdoados. Ele apresentou o conceito, porém, no sentido inverso: a história que ele contou versava sobre uma pessoa que havia sido perdoada no muito, mas falhou em perdoar no pouco. Nessa história Jesus usou o dinheiro, ou a dívida, como metáfora para o perdão em geral:

> "Por isso, o Reino dos céus é como um rei que desejava acertar contas com seus servos. Quando começou o acerto, foi trazido à sua presença um que lhe devia uma enorme quantidade de prata. Como não tinha condições de pagar, o senhor ordenou que ele, sua mulher, seus filhos e tudo o que ele possuía fossem vendidos para pagar a dívida. O servo prostrou-se diante dele e lhe implorou: 'Tem paciência comigo, e eu te pagarei tudo'. O senhor daquele servo teve compaixão dele, cancelou a dívida e o deixou ir" (Mateus 18.23-27).

Nesta parábola um rei está acertando suas contas e depara com um homem que lhe deve uma enorme quantia de dinheiro: 10 mil talentos. O devedor não pode pagar a dívida e implora pela misericórdia do rei. Surpreendentemente, o rei cancela a dívida, e o homem vai embora livre. Ele e toda a sua família poderiam ter passado o resto da vida como escravos numa terra distante ou na prisão de um devedor. Graças à misericórdia do rei, eles vivem em liberdade.

Você poderia pensar que qualquer um que tivesse uma dívida tão grande perdoada seria a pessoa mais graciosa, misericordiosa e generosa do Planeta. Contudo, não foi assim que as coisas se passaram.

> "Mas quando aquele servo saiu, encontrou um de seus conservos, que lhe devia cem denários. Agarrou-o e começou a sufocá-lo, dizendo: 'Pague-me o que me deve!' Então o seu conservo caiu de joelhos e implorou-lhe: 'Tenha paciência comigo, e eu lhe pagarei'. Mas ele não quis. Antes, saiu e mandou lançá-lo na prisão, até que pagasse a dívida". (Mateus 18.28-30)

O homem que havia sido perdoado de grande dívida dá de cara com outro homem que deve a ele, comparativamente, muito pouco, algo como 100 denários (cerca de dois ou três meses de salário). O comovente da história é a diferença no tamanho da dívida. Dez mil talentos equivalem a aproximadamente 600 mil vezes mais que 100 denários.[3] Embora aquele homem tivesse sido liberado de pagar uma quantia enorme, aquele que deveria perdoar levou seu devedor direto à prisão!

Quando o rei fica sabendo do caso, traz o homem implacável de volta a sua presença para confortá-lo sobre essa injustiça, dizendo:

> " 'Servo mau, cancelei toda a sua dívida porque você me implorou. Você não devia ter tido misericórdia do seu conservo como eu tive de você?' Irado, seu senhor entregou-o aos torturadores, até que pagasse tudo o que devia" (Mateus 18.32-34).

---

[3] FRANCE, R. T. The Gospel of Mathews, **New International Commentary on the New Testament.** Grand Rapids: Eerdmans, 2007. p. 707.

O rei fez que o homem implacável fosse lançado à prisão para pagar por toda a sua dívida, algo que ele jamais seria capaz de compensar.

Qual é o ponto principal da parábola? Tenha em mente a questão de que essa história pretende responder: Quanto e com que frequência devemos perdoar uns aos outros? O rei é como Deus, e somos como o homem que deve ao rei uma dívida que não podemos pagar. Nunca podemos esperar obter o perdão de Deus. Nossos pecados são muito grandes, e nós simplesmente não temos nada a oferecer a Deus que possa compensá-los. No entanto, o rei perdoa a dívida impagável, por misericórdia, da mesma forma que Deus, em Cristo, perdoou nossa dívida impagável. O homem não fez nada para merecer tal perdão, e nós também não fizemos nada. A questão é que nós fomos perdoados por muito mais do que jamais seremos chamados a perdoar.

> Escreva em seu diário sobre a ideia de desequilíbrio no perdão que recebemos comparado ao perdão que oferecemos.

Deixe-me esclarecer isso, para que você não pense que estou encorajando a narrativa falsa, insinuando que você simplesmente precisa perdoar com base em suas próprias forças ou vontade. Jesus contou essa história a fim de nos ajudar a construir nossas narrativas corretas. Se meditarmos sobre como fomos perdoados, isso nos ajudará a perdoar os outros. Stan compreendeu isso sem ler essa passagem. Ele disse: "Uma vez que Deus perdoou todos os meus pecados, suponho que ele também perdoaria o homem que me molestou. Quero falar a ele sobre Jesus e dizer que o perdoo por aquilo que ele me fez".

A narrativa de Stan mudou de forma dramática num período de tempo relativamente curto à medida que ele relatava sua própria história: Deus me perdoou por todos os meus pecados, portanto sou capaz de perdoar aqueles que pecaram contra mim. No entanto, observe uma coisa: apenas quando a narrativa mais ampla foi posta em perspectiva é que Stan se tornou capaz de fazer isso. Se, no dia em que ele me contou sobre seus anos de abuso, eu tivesse dito: "Stan, você precisa perdoar aquele homem e perdoar a você mesmo enquanto você faz isso", eu teria causado muito dano. Ele teria se voltado contra si mesmo (a narrativa falsa) e seria incapaz de perdoar quer a seu agressor, quer a si mesmo.

PERDOADOS SOMENTE QUANDO PERDOAMOS?

A história de Jesus termina com o implacável homem sendo lançado à prisão e torturado pelo resto de sua vida. Então, Jesus diz aos discípulos: "Assim também lhes fará meu Pai celestial, se cada um de vocês não perdoar de coração a seu irmão" (Mateus 18.35).

É fácil cometer o erro aqui de assumir que nosso perdão está condicionado a nossa habilidade de perdoar, ou que o perdão é similar a uma transação: você perdoa, e então Deus perdoa você de volta. Muitas pessoas fazem a Oração do Senhor ("Perdoa as nossas dívidas, assim como perdoamos aos nossos devedores"; Mateus 6.12) e concluem que nosso perdão é alcançado por causa de nossa capacidade de perdoar.

Essa, porém, é outra narrativa falsa e está tão profundamente enraizada nas pessoas que precisamos reservar um tempo só para nos referirmos a ela. Jesus está simplesmente tentando mostrar-nos o absurdo de aceitar o perdão de Deus por nossos incontáveis pecados e, apesar disso, recusar-nos a perdoar um ou dois (ou mesmo uma centena de) pecados cometidos contra nós. É um absurdo nos gloriarmos no perdão que Deus nos deu e ainda assim permanecermos indispostos a perdoar alguém que nos tenha magoado.

A comunidade que foi perdoada precisa tornar-se uma comunidade perdoadora. O perdão de Deus para nós é irrestrito; como, então, nossa disposição para perdoar os outros pode ser restrita? Esse é o ponto. Transformar a história numa transação revela nossa tendência ao legalismo. Minha incapacidade de perdoar os outros em geral se baseia em meu senso pessoal de justiça. Nós pensamos: "É injusto perdoar uma pessoa que me feriu". Por quê? Ela não fez nada para merecer nosso perdão. É verdade. Mas é assim que queremos ser tratados? Jesus está dizendo: "Tudo bem, se você deseja apenas a recompensa pelo que tiver feito de bom ou de ruim, pode recebê-la. Se é justiça que você procura, é justiça que você terá". O estudioso do Novo Testamento Joachim Jeremias declara o seguinte: "Ai de nós se tentarmos apoiar-nos em nossos direitos; Deus usará o direito dele e fará sua sentença ser executada com rigor".[4]

Então, de que maneira queremos ser tratados? Com misericórdia ou com justiça? Teremos a audácia de olhar para Deus e reivindicar nossos direitos quando se trata dos que pecaram contra nós, mas clamar por misericórdia quando se trata de nossas próprias transgressões? Não podemos usar duas medidas.

As palavras de Jesus na Oração do Senhor são lembranças que precisamos ouvir repetidamente: você foi perdoado no muito; assim, também precisa perdoar. Não é fácil, mas não é impossível. Uma vez que estejamos firmemente entrincheirados na história mais ampla de nosso próprio perdão, poderemos perdoar — um

---

[4] JEREMIAS, Joachim. **The Parables of Jesus.** Upper Saddle River, N.J.: Prentice-Hall, 1963. p. 213.

processo que com frequência leva tempo. Não é surpresa que seja exatamente isso o que Paulo ensinava em suas epístolas.

A NARRATIVA DE PAULO

Em duas ocasiões, Paulo exorta a *ekklesia* a suportar e perdoar uns aos outros, e em ambas as citações ele faz isso baseado no fato de que fomos perdoados por Deus:

> Suportem-se uns aos outros e perdoem as queixas que tiverem uns contra os outros. Perdoem como o Senhor lhes perdoou (Colossenses 3.13)
>
> Sejam bondosos e compassivos uns para com os outros, perdoando-se mutuamente, assim como Deus os perdoou em Cristo (Efésios 4.32).

Nessas duas passagens, vejo tanto o *padrão* quando o *poder* de perdoar. Paulo não está sugerindo que devemos perdoar. Ele está ordenando que "suportemos uns aos outros" e "sejamos bondosos e compassivos uns para com os outros". Como isso é feito? Por meio do perdão. Da mesma forma que Cristo nos perdoou, assim também devemos perdoar. Não é algo que fazemos por nós mesmos — é algo de que participamos. Esse é o padrão do perdão. L. Gregory Jones é de grande ajuda aqui: "O padrão de nosso perdão, e por consequência de nosso discipulado como pessoas perdoadas e perdoadoras, não é outro senão aquele que encontramos em Cristo".[5]

É impensável para nós, portanto, deliberadamente não perdoar aqueles que nos magoaram, porque fomos perdoados primeiro. N. T. Wright explica: "Paulo destaca aqui dois pontos. [...]

---

[5] JONES, L. Gregory. **Embodying Forgiveness.** Grand Rapids: Eerdmans, 1995. p. 166.

Em primeiro lugar, é absolutamente inapropriado para aquele que conhece a alegria e a libertação de ser perdoado recusar-se a compartilhar essa bênção com outra pessoa. Em segundo lugar, é altamente presunçoso recusar-se a perdoar alguém a quem o próprio Cristo já perdoou".[6]

Antes, porém, que tornemos isso uma iniciativa da carne, precisamos perceber que não o fazemos por nossa própria força. Nossa capacidade de perdoar é não somente moldada por Cristo, mas também capacitada por ele. Como Miroslav Volf diz tão bem: "Cristo perdoa por meio de nós, e é por isso que somos capazes de perdoar".[7] Jesus é, portanto, tanto o *padrão* quanto o *poder* de perdoar e de promover a reconciliação.

> Faça uma pequena pausa para refletir sobre a observação de Volf de que Jesus perdoa *por meio de nós*. Como isso afeta sua interação com o mundo a seu redor?

Todos nós precisamos de perdão

Assim que me formei no seminário e passei a servir em meus primeiros anos na igreja local, tive o privilégio de me encontrar com certa regularidade com meu antigo professor e mentor Richard J. Foster. Nessa época Richard já era um orador e escritor cristão altamente respeitado e reconhecido. Richard sugeriu que nos reuníssemos uma vez por semana para orar e compartilhar um com o outro sobre nossa vida. Eu sempre comparecia aos encontros com grande entusiasmo. Toda semana ele me ensinava algo novo.

[6] WRIGHT, N. T. Colossians and Philemon, **Tyndale New Testament Commentary**. Downers Grove, Ill.: InterVarsity Press, 1986. p. 147.

[7] VOLF, Miroslav. **Free of Charge**: Giving and Forgiving in a Culture Stripped of Grace. Grand Rapids: Zondervan, 2005. p. 200.

Uma das coisas especiais que ele me ensinou vem me acompanhando por todos esses anos seguintes. Durante algumas semanas eu estava lutando em minha vida com Deus por causa de minha tendência a desviar-me do Deus que eu amo. Eu realmente queria desabafar, tendo em vista quebrar o poder desse padrão, e sabia em meu coração que precisava confessar a alguém e trazer isso à luz. Eu também queria que Richard pensasse bem a meu respeito, de modo que o descartei como alguém a quem confessaria isso. Então, durante nosso próximo encontro, ele perguntou:

— Jim, há alguma coisa que você gostaria de confessar?

Fiquei chocado e intrigado em como ele podia saber do que se passava comigo. Eu gaguejei:

— Bem, sim, há uma coisa. Quero confess...

Nesse exato momento, porém, ele me cortou e disse:

— Ficarei feliz em ouvir sua confissão e anunciar o perdão de Deus sobre nós, mas, antes de tudo, você precisa ouvir a minha própria confissão.

Aquilo me tirou o fôlego. O grande e espiritual Richard Foster pecava? E ainda mais chocante era o fato de que ele confessaria seu pecado a mim. Eu não era digno de ouvir. Por alguns momentos, fiquei desorientado. Então, não sem algum embaraço, eu disse: — Tudo bem, vamos lá.

Richard então seguiu em frente e confessou seus pecados da semana anterior. Anos depois, tenho certeza de que ele fez aquela confissão porque precisava fazer aquilo, mas também com o intuito de me ensinar várias coisas. A primeira delas era que todos nós somos pecadores. Acho que Richard sabia que eu o havia colocado num pedestal e ele queria deixar bem claro que somos todos seres humanos. Em segundo lugar, Richard queria acabar de uma vez por todas com meu medo. Ele era capaz de perceber que eu estava hesitante em confessar; então, de um modo semelhante ao de Cristo, ele me mostrou o caminho. Em terceiro lugar, Richard queria que nos tornássemos mais íntimos. Ao revelar nosso coração dessa maneira um para o outro, passamos a um novo patamar de confiança. Eu acredito que aquela manhã de confissão nos permitiu construir um novo tipo de confiança mútua.

MANTENDO OS LIMITES DO PERDÃO

Esta discussão não estaria completa se eu não mencionasse duas advertências sobre o perdão e a reconciliação. A primeira diz respeito a manter limites apropriados. No mundo real há muita dor, violência e tragédia, e não podemos garantir que as pessoas retribuam nossa bondade com generosidade e integridade. Mesmo tendo sido chamados ao perdão amoroso, precisamos ter cuidado sobre quando e como fazemos isso. Mesmo tendo sido chamados à reconciliação, não fomos chamados ao abuso ou a sermos repetidamente feridos por alguém. Mesmo tendo sido chamados a levar as cargas uns dos outros, precisamos afastar-nos de pessoas ou situações que nos exploram ou nos magoam. Perdoar não é o mesmo que ser abusado.

Havia um jovem num grupo de juventude que liderei no passado cuja mãe biológica o abandonara quando ele tinha 3 anos. Ele fora criado pelos avós enquanto a mãe continuava a gastar seu tempo com as drogas e, por consequência, perdendo empregos. Uma vez por ano, como se fosse um relógio, a mãe reaparecia na vida do filho e tentava reconstruir seu relacionamento. Durante algumas semanas ela ficava por perto e lhe pedia perdão pelas coisas que havia feito (como trancar o filho num porão durante dois dias inteiros) e também pelas coisas que não tinha feito por ele (como cumprir seu papel de mãe). Ele ficava arruinado:

queria sinceramente perdoar a mãe, mas ao mesmo tempo tinha certeza de ela o decepcionaria de novo.

Eu expliquei ao jovem: "O que você realmente quer é ser amado por sua mãe, mas ela não é capaz de fazer isso agora, e talvez não seja por um longo tempo, talvez nunca mesmo. Pode perdoá-la pelas coisas que ela fez a você, mas é maduro o suficiente agora para impedir que isso continue. Você precisa estabelecer limites para sua mãe, por mais estranho que isso pareça. Você pode dizer a ela que a ama e que a perdoa, mas também precisa dizer que não permitirá que ela o magoe novamente". Isso fez todo sentido para o jovem, que conseguiu estabelecer limites apropriados para a mãe. Muitos anos se passaram desde aqueles dias. A última vez que falei com aquele jovem, ele me contou que sua mãe nunca mudou a forma de agir, mas ele também nunca mais permitiu que ela abusasse dele de novo. Agora crescido, casado e pai de família, ele me contou que aprendeu a perdoar e a não mais permitir que abusem dele.

A ARMADILHA DO PERDÃO

Uma segunda advertência sobre o perdão e a reconciliação envolve as ocasiões em que nossa necessidade de sermos perdoados não considera a possível mágoa que essa atitude pode causar à pessoa que estamos perdoando ou a quem estamos pedindo perdão. Um colega meu, certa vez, se envolveu num programa de capelania no qual ele trabalhava bem próximo a um grupo de 12 ou mais pastores. Numa de suas reuniões, uma colega pastora disse ao grupo que tinha algo importante a confessar. Ela se levantou, caminhou até meu colega, ajoelhou-se diante dele e disse que precisava pedir perdão por nutrir raiva e outros sentimentos doentios em relação a ele — os quais ela então listou diante de todo o grupo. Meu colega ficou extremamente envergonhado e se sentiu culpado durante todo o evento. Ele jamais notou qualquer um daqueles sentimentos negativos e agora estava bem consciente daquilo tudo, assim como estava o restante do grupo.

Esse tipo de pedido de perdão não constrói comunidade — é narcisismo puro. E algumas vezes é algo até malicioso, um modo de atacar alguém a pretexto da reconciliação. A pastora deveria ter feito sua confissão de maneira privada. E mesmo aí existe o perigo de que isso sirva mais a sua necessidade de livrar-se de alguma sobrecarga emocional do que para fortalecer um relacionamento. Meu amigo Andrew chama isso de "a armadilha do perdão". A pessoa convida você para um café e no meio de um gole anuncia que existe algo que vocês precisam discutir. Mais uma vez, tudo isso tem a ver com a dor ou ferida daquela pessoa, que você, inconscientemente, pode ter causado. "Mas quero que você saiba que já o perdoei", a pessoa geralmente diz. Isso não é reconciliação genuína. É ostentação de perdão, ocupando o espaço do verdadeiro ato de reconciliação.

Se tivermos verdadeiramente perdoado alguém, não precisamos fazer propaganda disso. Querer que a pessoa saiba que seus sentimentos mudaram em relação a ela é algo inteiramente diferente. Não é reconciliação; é admoestação (tratamos disso no capítulo 6). Se alguém perdoou de coração outra pessoa, seria muito mais produtivo convidá-la para um café e aprofundar a amizade por meio de uma conversa saudável e talvez um tempo de oração juntos. Se você chegou ao ponto abençoado de ter perdoado alguém, mantenha isso entre você e Deus. "O amor", já se disse, "perdoa a muitíssimos pecados" (1Pedro 4.8).

UM PODER QUE SE APERFEIÇOA NA FRAQUEZA

Nos anos seguintes a minha graduação, tive pouco contato com Stan. Ainda assim, ele procurava de todas as maneiras reestabelecer contato comigo e me telefonava uma vez por ano ou algo parecido. Depois de terminar a faculdade, ele se alistou na Marinha, tornando-se parte da Força de Operações Especiais. Stan me contou que, alguns anos depois, ele se casou e, no ano seguinte, avisou-se do nascimento de seu primeiro filho.

Ele também disse que Deus o estava usando num ministério para jovens que haviam sido abusados sexualmente. Ele compartilhava seu testemunho regularmente com jovens que estavam tentando reconstruir sua vida. Perguntei o que ele lhes contava, e Stan explicou: "Oh, eu apenas conto minha história. Eu lhe disse como me transformei numa borboleta e que eles poderiam fazer o mesmo". À medida que tenho aprofundado minha compreensão espiritual, vejo mais claramente como Jesus interveio e transformou uma vida humana em apenas alguns meses. Jesus escreveu Stan em sua história, e Stan nunca mais foi o mesmo.

Deus nos deu uma mensagem de reconciliação — que Deus, em Cristo, reconciliou o mundo consigo mesmo (2Coríntios 5.18,19). O primeiro lugar em que somos convidados a praticar a reconciliação é uns com os outros. O perdão é um dom que recebemos e um dom que oferecemos. Quando perdoamos, nossas comunidades se tornam semelhantes a nosso Deus — maravilhosas e boas.

TREINAMENTO PARA A ALMA
Experimentando a reconciliação

A reconciliação e o perdão podem tornar-se reais com o uso de práticas que implantam a história de Jesus na nossa vida. Há três exercícios de treinamento para a alma que recomendo para você nesta semana. Escolha no mínimo um, aquele que melhor se ajuste a sua condição atual, mas, se for possível, experimente realizar todos os três exercícios.

TRÊS EXERCÍCIOS

1. *Permita que os outros perdoem você.* Se você foi gravemente magoado por alguém, pode ser impossível para você perdoar essa pessoa. Você talvez não esteja em condições de querer perdoá-la, embora sinta que deva fazê-lo. É nesse ponto que a comunidade pode ser de grande ajuda. Aqueles que permanecem com você em comunhão sob a cruz podem começar a fazer orações de perdão por aquela pessoa. Veja como isso funciona:

- Identifique a pessoa a quem você gostaria de oferecer perdão, mas ainda não consegue perdoar.

- Escolha um amigo próximo que seja um seguidor de Cristo e pergunte se ele aceitaria carregar esse fardo com você — o fardo de seu ressentimento. Peça a seu amigo para aceitar a experiência de *suportar essa carga junto com você* (Colossenses 3.13).
- Se seu amigo concordar, ele deve comprometer-se em reservar dez minutos por dia para orar por essa pessoa e também por você, pedindo a Deus que aprofunde sua consciência a respeito de seu próprio perdão.

Permitir que nossos irmãos e nossas irmãs em Cristo perdoem quando nós mesmos não conseguimos fazê-lo pode ser uma maneira de começarmos a aprender a perdoar. Conhecer alguém que compartilhe nosso fardo já é algo libertador em si mesmo. Um membro de nosso grupo de aprendizes permitiu que outra pessoa em nosso grupo suportasse seu fardo por ele. Ele disse: "Apenas saber que Laura está orando por essa pessoa e por mim tirou um peso enorme dos meus ombros. Eu sentia como se as garras do ressentimento estivessem começando a desatar".

Outra participante do grupo preferiu fazer isso com sua orientadora espiritual. Ela marcou um horário numa manhã de sábado para falar sobre essa situação, e sua orientadora concordou em fazer esse exercício em conjunto. Só de estar fazendo os preparativos para o exercício, essa jovem já se sentia no caminho da cura.

2. *Passos para perdoar alguém que tenha ferido você.* Talvez você já se sinta pronto a tentar perdoar alguém. Nesse caso, alguns passos podem ajudar no processo.

- *Identidade.* Tenho dito que a chave para o perdão é a consciência de seu próprio perdão. Isso envolve uma profunda reflexão sobre as passagens bíblicas que anunciam seu perdão. Dedique-se a memorizar ou a meditar sobre a seguinte passagem.

É a grande proclamação de nossa nova identidade, de nossa reconciliação, e o motivo para anunciar a reconciliação aos outros:

> Portanto, se alguém está em Cristo, é nova criação. As coisas antigas já passaram; eis que surgiram coisas novas! Tudo isso provém de Deus, que nos reconciliou consigo mesmo por meio de Cristo e nos deu o ministério da reconciliação, ou seja, que Deus em Cristo estava reconciliando consigo o mundo, não levando em conta os pecados dos homens, e nos confiou a mensagem da reconciliação (2Coríntios 5.17-19).

- *Perspectiva*. Descobri que é muito bom orar pela pessoa que estou tentando perdoar. Isso em geral me ajuda a obter uma nova consciência a respeito dessa situação. Muitas vezes, por intermédio da direção do Espírito, obtive uma nova compreensão daquela pessoa e de sua condição de vida. Uma das melhores frases em que você pode refletir a respeito é: *Ferir as pessoas fere*.

Essa é uma verdade universal. As pessoas que ferem os outros estão ferindo a si mesmas porque foram feridas. Lembro-me de ter ficado zangado e triste com um colega que falou coisas ruins a meu respeito numa reunião na qual eu não estava presente. Passei os dois meses seguintes pensando em maneiras de ferir de volta aquele colega — de um modo cristão, é claro! Ensaiei conversas nas quais eu o levaria às lágrimas pelo simples poder de minhas palavras.

Mais tarde concluí que, como aprendiz, deveria haver uma maneira melhor de lidar com essa situação! Comecei a orar por aquele colega e a pedir que Deus me desse alguma luz em relação a sua vida. Não muito tempo depois, eu estava visitando alguém que conhecia esse mesmo colega. Essa pessoa me contou — sem saber o que se passara entre nós — a extraordinária luta e dor que esse colega estava enfrentando. Descobrir que aquele colega provavelmente me feriu em resposta a sua própria dor me ajudou a minimizar a necessidade que eu sentia de revidar da mesma maneira.

3. *Se sua igreja oferece a Ceia do Senhor, busque algo novo nisso.* Muitas igrejas praticam a Comunhão, ou a Ceia do Senhor, regularmente. Se sua igreja faz isso, incentivo você a olhar esse meio de graça com novos olhos. O cerne da Ceia do Senhor é a lembrança de que Cristo reconciliou o mundo consigo mesmo.

L. Gregory Jones descreve isso da seguinte maneira: "O sacrifício de Cristo reposiciona nossa vida como traidores perdoados, como pecadores reconciliados, em comunidades de comunhão quebrada, porém restaurada".[8] Reflita sobre essas maravilhosas verdades à medida que você toma parte na Comunhão: Jesus está reposicionando sua vida, reescrevendo sua história, e o ritual da Comunhão é uma experiência tangível disso.

Num exercício anterior deste livro, pedi que você passasse tempo com Deus usando a fórmula "dois por quatro", isto é, dedicasse duas horas a Deus e praticasse quatro atos de bondade. Esse exercício se ajusta perfeitamente a esse conceito. Talvez você possa chegar à igreja bem antes da hora — trinta minutos ou mais, apenas para ficar em silêncio e refletir sobre o ato de adoração. Você talvez queira ler 2Coríntios 5.17-19 várias vezes enquanto se senta silenciosamente no santuário ou na capela.

---

[8] JONES, L. Gregory. **Embodying Forgiveness.** Grand Rapids: Eerdmans, 1995. p. 176.

Capítulo 6
A comunidade do encorajamento

Tom Smith é uma pessoa peculiar e um pastor peculiar — no melhor sentido do termo. Sua história é igualmente peculiar. Dez anos atrás, ele teve grande destaque no ministério em Johannesburgo, África do Sul. Muito jovem, era ministro extremamente talentoso que rapidamente galgou várias posições até estar preparado para lidar com uma grande e bem-sucedida congregação. Ele logo alcançou uma função de prestígio numa megaigreja.

Infelizmente ele também estava esgotado. O ministério se transformara num emprego, uma carga, e não lhe trazia mais satisfação. Tom e sua esposa passaram um tempo orando em busca de discernimento sobre o que fazer. Eles decidiram abandonar a corrida em busca do sucesso e a passar algum tempo aprendendo o que significa ser um seguidor de Cristo e fazer parte de uma comunidade de seguidores de Cristo.

Os dois venderam tudo o que tinham e iniciaram um período sabático nos Estados Unidos. Um dos objetivos era verificar se Tom havia deixado alguma contribuição para o ministério ou para a igreja. Durante seu tempo de descanso e reflexão, uma nova paixão emergiu. Tom recebeu a visão para uma nova forma de abordar a comunidade e então voltou para a África do Sul a fim de que Deus o conduzisse de uma maneira nova e arriscada. Segue a descrição de uma comunidade que eles criaram: a Igreja de Claypot.[1]

Em novembro de 2003 alguns peregrinos oraram em conjunto, buscando a direção de Deus para eles como comunidade. Buscávamos uma metáfora bíblica que embasasse os movimentos de nosso grupo. Poucas semanas de estudo depois e após discernir a voz de Deus, chegamos a 2Coríntios 4. Nessa passagem Paulo fala de nós como se fôssemos vasos de barro e como se Cristo fosse o tesouro: "Mas temos esse tesouro em vasos de barro, para mostrar que este poder que a tudo excede provém de Deus, e não de nós" (v. 7).

A metáfora nos atingiu em cheio, e nós a elegemos como nossa bandeira bíblica. Procuramos um vaso de barro que nos servisse de lembrete visual. Depois de uma pesquisa vigorosa e após descobrir quão absurdamente caros alguns vasos podem ser, encontramos o vaso perfeito. Era um vaso descartado de uma creche, que estava cheio de lama e continha algumas moedas dentro dele.

Na conclusão de um de nossos cultos nós colocamos o vaso dentro de um saco grande e o quebramos no chão de concreto. Isso simbolizava como nós havíamos sido quebrantados; e cada participante de nossa comunidade levou um pedaço do vaso para casa. Cada um escreveu uma oração em nossos cacos, e então nos reunimos para rejuntar o vaso. Embora os pedaços do vaso tivessem sido colados uns nos outros, ainda não compunham uma figura de perfeição. Foi quando colocamos uma vela dentro dele que o vaso irradiou uma luz gloriosa.

[1] Mais informações [em inglês] sobre a Igreja de Claypot e sua história podem ser encontradas em <www.claypot.co.za>. Acesso em: 10 dez. 2010.

Tom e seu povo não queriam apenas construir uma grande igreja; eles queriam *ser* a igreja, uns para os outros e também para a comunidade. Tom pediu que todos na comunidade assumissem os seguintes compromissos a fim de manter aquela mesma luz brilhando. Isso é feito respondendo a seis convites:

1. "Conectem-se" a Deus todos os dias, quer por meio de oração, quer por meio de leitura bíblica ou outros exercícios espirituais.
2. "Repartam o pão" três vezes por semana uns com os outros tanto quanto com aqueles que não conhecem Cristo.
3. Não perguntem "Qual é o meu dom espiritual?", mas "Como posso ser um dom para esta comunidade?" e ofereçam seus talentos à comunidade.
4. Desenvolvam amizade com alguém que é diferente de vocês (em termos de raça, religião, classe etc.).
5. Desenvolvam uma mentalidade de servo — uma mobilidade descendente — por meio da qual vocês procurem distribuir seus recursos (tempo, tesouros, talentos) aos necessitados.
6. Descubram um ritmo saudável na maneira de vocês usaram seu tempo — praticar a margem, respeitar o *shabbath*, não ultrapassar 50 horas semanais de trabalho.

> Que distinção você percebe entre as duas questões do convite 3? Como essa compreensão afeta sua vida?

Além disso, cada membro firmou um compromisso muito sério que o ajudaria a manter todos os demais compromissos. Tom explica:

Cada membro se associou ao menos a outro membro da família a fim de prestar contas aos outros. Essa prestação de contas serve de estímulo e faz as vezes de uma caixa de ressonância para a regra de vida da nossa comunidade. Recomendamos que parceiros de prestação de contas se encontrem pelo menos uma vez por mês a fim de incentivar-se mutuamente ao amor e às boas obras (Hebreus 10.24,25)

Há uma prática ainda mais peculiar nessa comunidade. Todos os anos, no final de dezembro, Tom pede às pessoas que iniciem um tempo de discernimento que durará o mês de janeiro inteiro. Tom gosta de brincar: "Durante todo o mês de janeiro, sou o pastor de uma igreja vazia". As pessoas são convidadas a buscar Deus e a discernir para onde o Senhor as está chamando. Se elas forem levadas a retornar a Claypot por mais um ano, estão convidadas a comparecer no último domingo de janeiro, quando quebrarão um novo vaso, recolherão os pedaços, pedirão que cada pessoa escreva uma oração em seu pedaço e então se reunirão novamente no domingo seguinte.

A história de Claypot revela a importância do compromisso e da prestação de contas — duas coisas que estão se tornando cada vez mais raras na vida cristã. Eles não são uma igreja de grande porte — na verdade, não chegam a 100 membros —, mas estão sendo moldados à semelhança de Cristo. Enquanto nossas igrejas baixaram o grau de expectativa e compromisso, a Igreja de Claypot ousa elevá-lo. Seus membros se colocam em oposição à narrativa adotada por muitos daqueles sentados em nossos bancos de igreja e perpetuada em muitos de nossos púlpitos.

NARRATIVA FALSA: A COMUNIDADE EXISTE PARA SERVIR A MINHAS NECESSIDADES

Quando ouvimos os termos "regra de vida" ou "pacto", com frequência os descartamos como desnecessários e legalistas. Isso se deve a uma falsa e penetrante narrativa: A comunidade existe para servir a mim e às minhas necessidades. A comunidade não deve dizer-me o que fazer — isso é responsabilidade minha.

Vivemos numa cultura consumista. Somos continuamente tratados como consumidores, e isso nos leva a acreditar que é direito nosso ter todas as nossas necessidades atendidas. Tornamo-nos mimados. O etos moderno do narcisismo é penetrante em nossa cultura e prevalente em nossas igrejas. O fenômeno da "igreja-*shopping*" revela como estamos confortáveis em relação à narrativa do consumidor. Isso também se evidencia quando somos tratados como algo mais que meros consumidores. Vários anos atrás eu estava falando a um grupo de pastores sobre essa narrativa falsa, e um deles contou a história que ilustra isso. "Um ano atrás eu me senti chamado por Deus a estimular nosso povo a ler mais a Bíblia", ele disse. "Do púlpito, eu o desafiei a ler a Bíblia durante uma hora por semana. Nem precisava ser esse tempo todo de uma única vez, mas quem sabe de dez a vinte minutos em diferentes ocasiões. Depois de apresentar esse desafio em vários domingos seguidos, uma mulher que frequentava a igreja havia vários anos me procurou e comunicou: 'Pastor, quero que você saiba que estou deixando a igreja'. Perguntei por que, e ela respondeu: 'Porque, quando eu me filiei a esta igreja, ler a Bíblia não estava incluído no contrato' ".

Embora talvez seja verdade que tratar os fiéis como consumidores, tentando satisfazer suas necessidades declaradas, possa fazê-los sentir-se mais à vontade, quando rebaixamos nossas

> Você concorda com a afirmação do autor de que o compromisso e a prestação de contas são coisas cada vez mais raras nas igrejas contemporâneas? Por que sim ou por que não?

expectativas de que eles sejam participantes ativos estamos reduzindo também a possibilidade de alcançarem transformação genuína. Podemos terminar com um prédio lotado de frequentadores, mas não com um povo que está sendo moldado à semelhança de Cristo. Isso envolve um tipo de compromisso que o consumidor médio provavelmente não assumirá.

NARRATIVA VERDADEIRA: A COMUNIDADE MOLDA MINHA VIDA

A maravilhosa e boa comunidade não é feita apenas de cristãos que se sentem confortáveis, mas de homens e mulheres semelhantes a Cristo crescendo em sua vida com Deus e uns com os outros. A fim de nos tornarmos esse tipo de comunidade, precisamos de uma nova narrativa, uma narrativa bíblica, que remodele nosso comportamento. Aqui está uma narrativa verdadeira a respeito dos direitos e das responsabilidades da comunidade: A comunidade existe para moldar e guiar minha alma. *A comunidade tem o direito de esperar certo comportamento de minha parte e pode oferecer o encorajamento e a prestação de contas de que eu preciso.*

Desde o início a *ekklesia* de Jesus praticou o desenvolvimento da alma por diferentes meios: a adoração coletiva, o partir do pão, o ensino dos apóstolos, o jejum coletivo e a prestação de contas mútua para viver uma vida boa. A transformação em direção à semelhança a Cristo tem sido a meta e a responsabilidade da igreja desde seu início (Hebreus 10.24,25).

Se a igreja tem essa *responsabilidade*, tem também o *direito* de estimular certos comportamentos por parte de seus membros. Nós podemos e devemos oferecer perdão e reconciliação a todos os que procurarem por isso e devemos aceitar todos os que estão perdidos e confusos. No entanto, a aceitação não significa não pedir nada das pessoas que se juntam a nossa comunidade. Entendo que essa abordagem pode causar algum constrangimento. Relutamos em pedir às pessoas que adotem uma posição contra o pecado, hesitamos em desafiá-las a desenvolver uma vida de oração e em geral tendemos a não dizer ao povo o que fazer. Acredito que certo constrangimento é bem-vindo, porque precisamos ter um medo saudável de ser controladores ou manipuladores, ou de abusar do poder.

Embora essas preocupações sejam reais, elas não nos eximem da obrigação de incentivar certos comportamentos por parte dos membros de nossa comunidade. A maravilhosa e boa comunidade tem a responsabilidade e, portanto, o direito de levar as pessoas à semelhança a Cristo, o que é o mesmo que levá-las à perfeição.

> Nosso constrangimento decorre de testemunharmos tantos abusos de poder. Como você tem visto isso funcionar numa igreja?

O papel da igreja no desenvolvimento da alma não é apenas apoiar nosso crescimento — implica impulsionar-nos em direção à nossa missão. Quando nos reunimos para adorar, aprendemos a linguagem da nossa antiga família, contamos nossas narrativas de família e decretamos nossos momentos sagrados. Também ouvimos o Espírito falar conosco por meio de mensagens e cânticos. Ao fazer isso, somos moldados como povo, uma comunidade que está sendo transformada em bondade por nosso Deus, que é em si mesmo bom. No entanto, depois disso somos enviados para fora. Deixamos a adoração como um novo povo, inspirado por nossa conexão uns com os outros e com a antiga e conhecida história. Saímos a fim de, em poucas palavras, mudar o mundo. Mudamos o mundo por causa da nossa presença

Só podemos ajudar se fizermos diferença ao ser o aroma do Cristo ressurreto para um mundo que só conhece a morte. Também nos comportamos de forma diferente, altruísta, generosa e, ao agir dessa forma, pregamos sem dizer uma única palavra. E é lógico que pregamos quando o tempo é oportuno, prontos para oferecer a palavra certa no momento certo, contando a história de esperança àqueles que estão sedentos por ouvi-la. Somos moldados e então somos enviados. Não podemos ter uma coisa sem a outra.

Quero uma comunidade que realmente se interesse pelo meu bem-estar, uma comunidade que não tema pedir-me para assumir um compromisso com meu crescimento pessoal e com o serviço aos outros, uma comunidade que ouse oferecer-me um padrão confiável de transformação e então me respalde, desafiando-me a engajar-me em alguma forma de prestação de contas a fim de me apoiar no cumprimento de nosso compromisso. Quero uma comunidade que me desafie a tornar-me aquilo que eu de fato já sou: alguém em quem Cristo habita e se deleita, uma luz para o mundo, uma porção de sal para a terra, o aroma de Cristo para um mundo em agonia. Quero uma comunidade que me faça lembrar quem eu sou e que também me vigie com amor — o que significa oferecer consolo tanto quanto exortação — de modo que eu possa viver uma vida digna de meu chamado.

No entanto, como fazemos isso sem nos tornamos intolerantes e legalistas? Como fazemos isso no Espírito do Deus que nos ama incondicionalmente e nos oferece perdão e reconciliação, não importa o que tenhamos feito? Como podemos oferecer ao mesmo tempo conforto e desafio? Creio que isso envolve três coisas: 1) lembrar uns aos outros quem somos; 2) mostrar uns aos outros o que podemos ser; 3) ter a coragem de prestar contas uns aos outros.

A COMUNIDADE NOS FAZ LEMBRAR QUEM SOMOS

Numa semana particularmente desafiadora, decidi não ir à igreja. Eu estava exausto de tantas viagens e *papers* e racionalizei minha ausência lembrando a Deus toda boa obra que eu havia praticado na semana. Eu havia ido a um culto na capela no começo da semana, e essa era a racionalização final de que eu precisava para dormir e não me sentir culpado por faltar ao culto. Então, minha esposa me lembrou de que aquele era o domingo que nosso filho ganharia sua Bíblia como presente por ter concluído a classe de confirmação. Não haveria descanso. Dessa forma, eu me aprontei, e nos amontoamos no carro como fazíamos praticamente todos os domingos do ano.

Sentamo-nos em nosso local costumeiro no santuário, e o culto começou. Logo no início do culto, cantamos um de meus hinos favoritos: "Bendita segurança", que começa da seguinte forma:

> Que segurança tenho em Jesus,
> Pois nele gozo paz, vida e luz!
> Com Cristo herdeiro, Deus me aceitou
> Mediante o Filho que me salvou!

Coro:

> Conto esta história, cantando assim:
> Cristo, na cruz, foi morto por mim!
> Conto esta história cantado assim:
> Cristo, na cruz, foi morto por mim![2]

---

[2] CROSBY, Fanny J. "Blessed Assurance", 1873. [Tradução completa para o português de **Hinário Novo Cântico**. Disponível em: <http://www.novocantico.com.br/hino/144/144.xml>. Acesso em: 18 jan. 2012.]

Eu estava sendo lembrado de uma maneira muito sutil de minha identidade. Essa é minha história: tenho a bendita segurança de que Jesus é meu Salvador; sou um herdeiro da salvação; fui comprado por Deus; sou nascido do Espírito e fui lavado no sangue de Jesus.

Essa é a metanarrativa que se tornou minha história, a história na qual Jesus me escreveu e que tem sido escrita em mim. Essa história molda minha identidade. Sei quem sou: alguém amado, perdoado, lavado, vivificado e destinado para a alegria eterna. À medida que cantamos, a comunidade me faz lembrar quem eu sou. A comunidade tem esse poder. Somos unidos por uma história comum e, enquanto cantamos, somos lembrados de nossa verdadeira identidade. Na epístola aos Hebreus, o autor diz às pessoas quem elas são: "Fomos santificados, por meio do sacrifício do corpo de Jesus Cristo, oferecido uma vez por todas" (Hebreus 10.10).

> Dietrich Bonhoeffer confirma o impacto da comunidade sobre o indivíduo, ao declarar: "O cristão precisa de outro cristão que lhe anuncie a Palavra de Deus. Precisa do outro constantemente, principalmente quando se torna inseguro e sem esperança".[3] Quando você experimentou momentos como esse em sua vida e comunidade?

A morte e a ressurreição de Jesus consistiram num sacrifício expiatório em favor daqueles que creem. Assim como o sacrifício de um touro ou de um bode expiava o pecado do indivíduo ou grupo, o sacrifício de Jesus — o Cordeiro de Deus — expiou os pecados do mundo. Aqueles que se reúnem em seu nome são uma

---

[3] BONHOEFFER, Dietrich. Life Together. New York: Harper & Row, 1954. p. 23. [**Vida em comunhão.** São Leopoldo: Sinodal, 1997.]

comunidade santificada, tornada santa por meio de seu sacrifício. Somos separados dos caminhos deste mundo. Somos a *ekklesia* — aquela que foi *chamada para fora* do mundo. Somos a luz do mundo, o sal da terra, uma cidade construída sobre uma colina.

É por isso que Paulo endereçava corajosamente suas cartas aos "santos" [*hagios*] ou se referia a eles como "chamados para serem santos" (da mesma raiz grega para "santo", *hagios*). Na verdade, ele começava quase todas as suas cartas desta maneira:

> Aos santos e fiéis irmãos em Cristo que estão em Colossos (Colossenses 1.2).
>
> Paulo e Timóteo, servos de Cristo Jesus, a todos os santos em Cristo Jesus que estão em Filipos, com os bispos e diáconos (Filipenses 1.1).

Ele os chamava "santos" porque aqueles que entregam sua vida a Jesus e o seguem como seu Senhor e Salvador são santos — mesmo quando sabem que seu comportamento não corresponde a sua identidade. Em certo sentido, já *somos* santos e, ao mesmo tempo, estamos aprendendo a *ser* santos.

Fomos feitos santos pela obra de Jesus, mas nosso comportamento com frequência trai nossa verdadeira identidade. Somos decaídos, quebrantados, inclinados a errar e a afastar-nos do Deus a quem amamos. Paulo fez esta ousada declaração: "Todos pecaram e estão destituídos da glória de Deus" (Romanos 3.23). Santos, porém quebrantados. Isso faz parte de nossa identidade. E é outra razão pela qual eu aprecio a prática da Igreja de Claypot. Eles quebram o vaso e dão um pedaço dele a cada pessoa. Quando os cacos são novamente juntados, o vaso não fica perfeito — nenhuma igreja e nenhuma comunidade ficam —, mas o vaso terreno contém o tesouro, que é Cristo, cuja luz pode brilhar mesmo de nossa condição decaída. De certa forma, ele brilha mais mediante nosso quebrantamento, quando permitimos que Deus nos cure e restaure.

Santos, porém quebrantados. Quebrantados, porém santos. Quebrantados, mas capazes de carregar a presença e o poder de Cristo. Esse equilíbrio é muito importante. Há igrejas que enfatizam a santidade expressa em certos comportamentos. Desviando seus olhos de Jesus e fixando-os em regras, elas se tornaram intolerantes e hipócritas. Há outras comunidades em que o chamado para ser santos nunca é ouvido. A maravilhosa e boa comunidade de aprendizes de Jesus precisa manter essa consciência equilibrada: nós somos santos, estamos quebrantados e somos chamados para viver de modo santo e devoto. A comunidade nos lembra de quem somos. Ela conta uma história que precisamos ouvir repetidamente. Nossa memória não é assim tão boa, e o mundo em que vivemos está contando para nós uma história totalmente diferente. Somente a comunidade de seguidores de Cristo tem a verdade que precisamos ouvir.

> Passe alguns minutos refletindo e escreva o texto "Santos, porém quebrantados. Quebrantados, porém santos" em seu diário. Reflita sobre a aparente inconsistência que essas frases apresentam e então escreva sobre como elas realmente se integram.

A COMUNIDADE MOSTRA EM QUE PODEMOS TRANSFORMAR-NOS

Nós não apenas precisamos ser lembrados de quem somos, mas precisamos também ser desafiados a refletir essa identidade na vida cotidiana. Isso envolve encorajamento, admoestação e vigilância mútua em amor. A maravilhosa e boa comunidade cria um etos no qual somos estimulados a envolver-nos regularmente em atividades específicas (algumas delas diariamente, outras semanalmente, e outras continuamente) a fim de que nos tornemos as pessoas que verdadeiramente somos. Isso significa definir expectativas elevadas. Cada membro deve ser convidado a engajar-se em atividades de crescimento, desde passar tempo sozinho com Deus até fazer amizade com as pessoas fora de nossa zona de conforto e encontrar-se mensalmente com um parceiro de "encorajamento".

Em síntese, a igreja está pedindo que as pessoas reflitam a glória que já existe nelas. Somos fortalecidos quando nos conectamos a Deus. Cristo, que habita em nós, revela-se no partir do pão, da mesma forma que o fez no Caminho de Emaús. O Espírito que nos guia usa nossas habilidades únicas como dons a serviço de outros aprendizes. Aqueles que permanecem na força do Reino oferecem naturalmente seus recursos àqueles que estão necessitados.

Essas não são leis, mas oportunidades para sermos o que somos chamados a ser. Isso é o que nós fazemos naturalmente. Os cristãos são nova criação, com novas capacidades. Podemos agora interagir com o Governador do Universo. Temos a alegria de criar conexões profundas com as pessoas — cristãs ou não. Somos coparticipantes da natureza divina (2Pedro 1.4), e nossa vida serve para ser uma dádiva para os outros. Vivemos sob um novo sistema econômico: a economia do Reino. O que compartilhamos, nunca perdemos. Não são obrigações, mas convites a viver de acordo com nosso chamado.

Devemos encarar esses exercícios como oportunidades e, por consequência, com entusiasmo e alegria. Minha cachorrinha fica animada quando percebe que pode sair para um passeio. Se eu caminho no quarto usando tênis, ela começa a balançar o rabinho com alegria. Se eu pego a coleira, ela enlouquece. Mal posso colocar a coleira nela de tanto que ela pula para todos os lados com alegria indescritível. Só podemos fazer isso quando somos lembrados de quem somos e quando aprendemos como essas coisas funcionam. Gosto muito do modo pelo qual Paulo estimulava os cristãos em Roma: "Eu mesmo estou convencido de que vocês estão cheios de bondade e plenamente instruídos, sendo capazes de aconselhar-se uns aos outros" (Romanos 15.14). Ele acreditava nos romanos e os chamou para viver de acordo com essa crença. A comunidade recebe poder para nos dizer quem somos e para nos desafiar a ser aquilo que podemos tornar-nos.

Um de meus versículos favoritos encontra-se em Hebreus. Ele oferece um chamado claro para nos desafiarmos mutuamente a viver como aprendizes de Jesus: "E consideremos uns aos outros para nos incentivarmos ao amor e às boas obras. Não deixemos de reunir-nos como igreja, segundo o costume de alguns, mas procuremos encorajar-nos uns aos outros, ainda mais quando vocês veem que se aproxima o Dia" (Hebreus 10.24,25). Observe o termo "consideremos" logo no início. Precisamos pensar sobre como podemos encorajar nossos irmãos seguidores de Cristo — literalmente: "provocar uns aos outros" — a amar e a praticar boas obras. Precisamos de pessoas a nossa volta que possam encorajar-nos a nos tornarmos o tipo de pessoa que Cristo nos chamou a ser.

A COMUNIDADE NÃO TEM MEDO DE PRESTAR CONTAS

Tudo isso soa muito bem no papel, mas na vida real esse tipo de iniciativa envolve muitos altos e baixos, sucessos e fracassos, surpresas felizes e profundos desapontamentos. A prestação de contas envolve a arte de encorajar e admoestar. É necessário encorajar quando começamos a perder a visão ou a força para continuar combatendo o bom combate. Precisamos de alguém a nosso lado para nos fortalecer e incentivar, assim como Paulo e seus companheiros na obra fizeram ao visitar as igrejas que Paulo havia organizado: "Então voltaram para Listra, Icônio e Antioquia, fortalecendo os discípulos e encorajando-os a permanecer na fé" (Atos 14.21,22). No capítulo seguinte de Atos, Judas e Silas fazem o mesmo: "Judas e Silas, que eram profetas, encorajaram e fortaleceram os irmãos com muitas palavras" (Atos 15.32).

O encorajamento é parte indispensável da prestação de contas. Nós, com frequência, pensamos na prestação de contas como algo negativo, como um tipo de interação de amor exigente. No entanto, a realidade é que isso tem tanto a ver com a arte de encorajamento quanto com a arte de manter altas expectativas. Há tantas coisas na vida que nos enfraquecem e nos desestimulam que precisamos de uma boa dose de encorajamento. Cada um de nós precisa de um irmão seguidor de Cristo que esteja absolutamente convencido de que somos grandes e podemos fazer coisas grandes. Cada um de nós precisa de colegas aprendizes que nos aplaudam quando somos bem-sucedidos e nos ajudem a levantar quando caímos.

O encorajamento também envolve admoestação. Admoestar é avisar, vigiar e oferecer orientação aos outros. Paulo escreveu aos colossenses: "Habite ricamente em vocês a palavra de Cristo; ensinem e aconselhem-se uns aos outros com toda a sabedoria" (Colossenses 3.16).

Quando abrimos nossa vida para outra pessoa, fazemos isso com a expectativa de que ela nos oferecerá gratuitamente uma palavra de aconselhamento quando precisarmos. Eu fazia parte de um grupo de prestação de contas com quatro outros homens, e nós nos encontrávamos semanalmente para compartilhar o que estava acontecendo conosco. Era bastante comum para um de nós desafiar alguém que precisava disso. Isso nunca era feito com malícia ou mesquinhez. Pelo contrário; era feito com muito cuidado e amor.

Por exemplo, em certo ponto de minha vida eu tinha aceitado vários convites para palestrar e, embora o trabalho no ministério fosse bom, estava prejudicando várias outras áreas de minha vida. Os rapazes conseguiram perceber que eu estava cansado e notaram certa culpa em mim quando eu falava sobre ter de ficar longe de minha família, especialmente quando nossos filhos eram pequenos. Um dos rapazes disse gentilmente: "Jim, não estou seguro de que precisa aceitar todo convite que for feito a você. Acho que isso está prejudicando sua alma e sua família, embora seja óbvio que você está praticando boas obras". Os outros concordaram. A seguir falamos sobre como poderíamos trabalhar juntos para decidir quais convites eu aceitaria dali em diante. Acabamos com um plano, e eles se ofereceram para me ajudar a decidir, por meio da oração, como eu deveria responder. Eles se intrometeram na questão, tiveram coragem de me admoestar e então se ofereceram para carregar o fardo comigo. Era a comunidade em sua melhor forma.

Encontrar alguém a quem se possa prestar contas não é fácil; requer uma boa dose de discernimento. Paulo disse aos tessalonicenses para tratar certas pessoas de determinadas formas, conforme sua condição: "Exortamos vocês, irmãos, a que advirtam os ociosos, confortem os desanimados, auxiliem os fracos, sejam pacientes para com todos" (1Tessalonicenses 5.14). Eu amo os verbos desse versículo: "advertir", "confortar", "auxiliar" e "ser pacientes". Essa é a gramática da comunidade. Com certeza a advertência é necessária, da mesma forma que é necessário auxiliar os outros e ter paciência com eles. Essas são as características de um aprendiz de Jesus e elas só vêm à tona dentro de uma comunidade, não em isolamento. No entanto, o primeiro verbo, "advertir", não é algo com que muitos de nós nos sintamos confortáveis. Apesar disso, é uma das dimensões do amor.

O que aconteceria, porém, se meu grupo de prestação de contas tivesse decidido não me admoestar? E se eles, com medo de ferir meus sentimentos, tivessem simplesmente enxergado as coisas de outro modo? Eles não estariam verdadeiramente me amando, o que por nossa definição equivale a "desejar o bem do próximo". Entendo as reservas quanto a fazer isso: E se a pessoa a quem advertirmos ficar zangada? E se ela deixar a igreja? E se minha percepção estiver errada? Essas são perguntas pertinentes, porém não precisam impedir-nos de fazer o difícil, mas necessário trabalho de admoestar. Se quisermos cuidar uns dos outros em amor, teremos de superar nosso medo de falar a verdade a um irmão aprendiz. Sempre, porém, devemos falar a verdade em amor.

UM MÉTODO RADICAL

No século XVIII, os primeiros metodistas representavam um dos mais puros exemplos do poder da prestação de contas em comunidade. O líder, John Wesley, pregou para inúmeras pessoas, e milhares delas se converteram. John foi incentivado a pregar ao ar livre para as massas por seu amigo de longa data George Whitefield. Whitefield era, segundo a estimativa da maioria das pessoas, um pregador muito melhor que Wesley. Ele pregou para audiências maiores e testemunhou um número bem maior de conversões que Wesley. No entanto, havia uma diferença em como eles ensinavam as pessoas a viver depois da conversão. Whitefield não tinha nenhum plano; ele simplesmente presumia que as pessoas que entregavam a vida a Cristo encontrariam uma igreja e viveriam a vida cristã.

Wesley, por outro lado, insistia em que as pessoas se reunissem no que ele chamava de sociedades, as quais em grande medida funcionavam como igrejas (embora sem ministrar a Comunhão, uma vez que Wesley era um verdadeiro anglicano e desejava que as pessoas frequentassem uma igreja anglicana). Nessas sociedades metodistas, as pessoas eram encorajadas a comparecer muitas vezes por semana para ouvir a pregação de Wesley ou de algum outro de seus ministros. Além disso, eram convidadas a participar de uma classe, constituída de 12 pessoas e um líder. Todas as semanas os participantes eram desafiados a comparecer ao encontro a fim de compartilhar candidamente uns com os outros o estado de sua alma. Wesley lidava tão seriamente com isso que, se as pessoas faltassem aos encontros, ele não lhes permitia retornar, a não ser que elas o procurassem pessoalmente para explicar o motivo da ausência.

Embora a prática de Wesley possa não funcionar no mundo de hoje, certamente funcionava em sua época. Ele oferecia às pessoas um *método* (daí se justifica o título "metodistas") para crescer em semelhança com Cristo no contexto da comunidade. O movimento se espalhou rapidamente e continuou a crescer em taxas assombrosas. Ele exigia muito de seu povo, mas por outro lado testemunhava grande transformação. O metodismo permanece como um dos grandes movimentos da Igreja. A obra de Wesley prosseguiu por muitas gerações. George Whitefield, no entanto, não deixou nenhum legado. Apesar de ser considerado um dos maiores pregadores de todos os tempos, Whitefield nunca iniciou um movimento.

Num austero registro do diário de Wesley, ele comentou a respeito de um período no qual fracassou em estabelecer sociedades e classes numa região em que havia pregado. Ele retornou vinte anos depois de um grande reavivamento numa região chamada Pembrokeshire e se entristeceu ao ver que não restara nenhuma evidência de seu sucesso evangelístico. Ele concluiu:

> Eu estava mais convencido que nunca de que a pregação como apóstolo, sem se unir àqueles que foram despertos e sem os ensinar nos caminhos de Deus, é como entregar uma criança ao assassino. Quanta pregação tem havido durante esses vinte anos por toda a Pembrokeshire! Mas não há nenhuma sociedade regular, nenhuma disciplina, nenhuma ordem e nenhuma conexão. E a consequência é que 9 em 10 daqueles antes desesperados estão agora adormecendo mais rapidamente que em qualquer outro tempo.[4]

Embora "entregar uma criança ao assassino" seja forte demais, mostra quão importantes eram a *disciplina*, a *ordem* e a *conexão* para Wesley. E deveriam ser para nós também.

DESAFIANDO AQUELES QUE ESTÃO PRONTOS

Estou certo de três coisas por experiência própria. Em primeiro lugar, as pessoas reagem à altura do nível de expectativa que lhes propomos. Falhamos porque não exigimos prestação de contas e compromisso. Em segundo lugar, as pessoas sabem intuitivamente que, quando as coisas se tornam muito fáceis, há pouca chance de que algum bem delas derive. Baixamos nossas

---

[4] WESLEY, John. **The Works of John Wesley**, v. 21, Journal and Diaries IV, ed. Reginald WARD e Richard HEITZENRATER. Nashville: Abingdon, 1992. p. 424.

expectativas porque pensamos que as pessoas responderão com números maiores, mas na realidade não lhes fazemos nenhum bem, e a maioria das pessoas percebe isso. Em terceiro lugar, embora nem todas as pessoas de todas as igrejas estejam prontas para assumir um compromisso de transformação, muitas estão e não foram desafiadas a isso. Estamos gastando atenção demais para fazer que as pessoas se dirijam até a igreja e atenção de menos aos que estão famintos por uma vida mais profunda com Deus.

Quando comecei a ensinar pela primeira vez o material da trilogia, coloquei-me diante de nossa congregação e lancei um desafio realmente duro ao povo. Eu disse: "Estou procurando por pessoas sérias em sua vida com Deus e dispostas a assumir um compromisso — um compromisso exorbitante. Estou pedindo trinta semanas de sua vida — algumas horas por semana para ler o material e engajar-se nos exercícios de treinamento para a alma e então comparecer todos os domingos para reunir-se com um grupo e compartilhar como estamos indo. Você só pode perder três de nossas sessões em grupo. Se não puder assumir esse compromisso, é melhor que não o faça. Se puder levar isso a sério, preciso que você escreva um texto informando por que deseja aderir a esse programa. Eu lerei seu texto e o farei saber se você for aceito".

Muitas pessoas me contaram mais tarde ter ficado chocadas com a proposta. Ninguém jamais se levantara para lançar tamanho desafio. Muitos se sentiram intimidados. No entanto, mais de 40 pessoas escreveram o texto solicitado a fim de ocupar as 25 vagas abertas. Os escolhidos chegaram ao grupo com grande entusiasmo, uma vez que haviam sido selecionados para alguma coisa de fato importante. O nível de compromisso era alto; as pessoas liam, realizavam os exercícios e vinham para o grupo prontas para compartilhar. Cada pessoa no grupo experimentou uma mudança duradoura. Adotei essa mesma abordagem nos três anos seguintes, e no final das contas alcançamos mais de uma centena de pessoas ao longo de todo o programa. O impacto sobre a vida individual, assim como sobre nossa igreja, foi evidente.

Dallas Willard acredita que em qualquer igreja aproximadamente 10% dos participantes estão prontos para crescer e dispostos a empenhar-se para que isso aconteça. Ele acha que a igreja põe ênfase demais em ensinar os 90% a atuarem melhor e negligencia os 10% que estão sentados de braços cruzados, mas ansiosos por ajudar. Dallas teoriza que, se desafiarmos os 10%, eles crescerão e por consequência começarão a provocar mudança nos outros 90%. Esse método, ele acredita, tem sido usado por todos os grandes líderes da história cristã, incluindo o mais importante de todos, o próprio Jesus. Jesus investiu pesadamente num pequeno grupo de seguidores, o qual por sua vez mudou o mundo.

Quero, no entanto, compartilhar uma advertência que vem de minha experiência nas igrejas: a "regra dos 80/20". Ou seja, 80% do trabalho de uma igreja é feito por 20% das pessoas. Há pessoas que são naturalmente dispostas a servir e agir, e elas responderão positivamente a qualquer chamado. Tendemos a aproveitar aqueles que estão dispostos a fazer qualquer coisa que lhes seja pedida. Isso quase sempre leva à exaustão. Precisamos desafiar a comunidade inteira a envolver-se na obra. Muitas igrejas não pedem o bastante de todos e acabam exigindo muito de alguns poucos, com frequência daqueles que têm dificuldade em dizer não.

Em muitas de nossas comunidades, o serviço cristão é reduzido a fazer coisas pelo bem da igreja (por exemplo, servir numa comissão e colaborar nas atividades e nos eventos). Essa é uma forma de servir, mas há muitas outras. Algumas vezes parece que o serviço à igreja é mais importante que o serviço aos doentes e necessitados. O serviço é um aspecto de discipulado, mas não é por si só discipulado. O esquema atual põe pressão exagerada sobre algumas pessoas para que participem de atos específicos de serviço à igreja, o que acaba sobrecarregando esses poucos, enquanto o restante assiste das arquibancadas. Em vez da regra 80/20, precisamos estimular a comunidade inteira a comprometer-se com um padrão de aprendizado equilibrado e abrangente no qual cada um de nós esteja realmente envolvido.

UM ANO DE ENCORAJAMENTO

Num verão passado, trabalhei por duas semanas inteiras ao lado de Dallas Willard, ajudando-o num curso que ele ministrava sobre espiritualidade e ministério. Tínhamos longas conversas sobre formação espiritual e as dificuldades enfrentadas em crescer como aprendizes de Jesus. Concluímos que a chave é ter alguém a nosso lado que preste atenção ao estado de nossa alma, alguém que nos estimule a ser aquilo que desejamos ser e esteja lá no final para perguntar: "Como você está indo?".

Em certa ocasião, um momento de silêncio pairou no ar. Eu queria perguntar a Dallas se ele estava disposto a desempenhar essa função por mim. A seguir percebi que eu deveria oferecer-me para fazer o mesmo por ele. No entanto, a simples ideia de perguntar a meu sábio mentor semelhante a Cristo: "Dallas, você se importaria em revelar sua alma e prestar contas de sua vida espiritual a mim?" parecia ridícula.

Apesar disso, fiz a pergunta, e Dallas surpreendentemente concordou sem nenhuma hesitação. Estávamos a caminho de um aeroporto e passamos cerca de trinta minutos no carro, e outros quarenta e cinco minutos dentro do aeroporto. Durante esse período, Dallas compartilhou as áreas de sua vida que precisavam de um pequeno ajuste, e eu fiz o mesmo. Minha necessidade de ajustes era bem maior que a dele, mas você pode captar a ideia. Concordamos em nos apoiar mutuamente em oração durante um ano inteiro e que, cada vez em que nos encontrássemos, perguntaríamos como estavam as coisas. Terminamos nos encontrando na mesma situação três vezes ao longo do ano e nunca deixamos de perguntar como nosso plano estava funcionando.

Ter ciência de que Dallas sabia o que queria fazer e estava contando comigo para permanecer ao lado dele em oração e encorajamento me ajudou muito naquele ano. Consegui avanços reais em algumas áreas, e acredite ou não o mesmo aconteceu com Dallas. Isso me mostrou que, não importa quem sejamos, não importa quão profundamente vivamos no Reino, ainda precisamos ser estimulados, admoestados e desafiados a crescer em semelhança com Cristo; precisamos prestar contas à comunidade do encorajamento.

TREINAMENTO PARA A ALMA
Encontrando um amigo para prestar contas

Nesta semana, encontre uma pessoa que possa estimular e vigiar você em amor. Recomendo que você encontre alguém dentro de seu pequeno grupo ou igreja (se você está envolvido em uma). Ou, então, procure um amigo confiável. Pode ser seu esposo ou esposa, embora isso não seja recomendado. Provavelmente é melhor pedir a um bom amigo, alguém que não ficaria terrivelmente surpreso quando você o convidasse a fazer o exercício seguinte.

A chave aqui é encontrar alguém com quem você se sinta seguro. Você discutirá o estado de sua alma com essa pessoa; então, é imperativo sentir-se à vontade com ela. Se acha que essa pessoa poderia julgar você ou reagir ao que disser de maneira crítica, então escolha outro parceiro.

Uma vez que você tiver escolhido a pessoa, certifique-se de deixar claro o que quer dela. Não é necessário estabelecer uma reciprocidade total; ou seja, você não está pedindo que seu amigo abra a alma dele para você, apenas que faça a você algumas perguntas, o ouça com atenção e ofereça algum encorajamento ou conselho se necessário.

Quando vocês se encontrarem, use as seguintes perguntas (Certifique-se de que seu parceiro as dirija a você e, se ele der abertura, faça também as mesmas perguntas a seu amigo):

1. Como está sua alma?
2. De que maneira você precisa ser incentivado neste momento?
3. Existe alguma coisa que o impede de viver mais plenamente para Deus?

São três perguntas importantes, que trazem à tona muitas respostas interessantes. E, se você responder a elas de maneira aberta e honesta, criará oportunidade para uma discussão muito frutífera.

Se a pessoa está simplesmente ali para fazer essas perguntas a você, não para responder algo de volta, não se surpreenda caso ela decida responder também — em especial se você exalar transparência em toda a conversa.

As pessoas levam tempo para conhecer os outros e se deixar conhecer e, quando se sentem seguras, geralmente compartilham muito. Vivemos numa era de muito falar, mas pouco ouvir. Se você demonstra disposição para ouvir, esteja preparado para fazê-lo. As pessoas estão sedentas por um lugar seguro em que possam compartilhar as profundezas de sua alma.

Dito isso, seja cuidadoso sobre o que e quanto compartilhar. A menos que você tenha um relacionamento de longa duração e já tenha compartilhado antes com essa pessoa, não pode ter certeza quanto à reação dela. Caso você precise compartilhar algo chocante, esse exercício pode terminar muito mal. Uma boa regra a seguir é compartilhar somente aquilo que você acha que a outra pessoa é capaz de suportar. Se você precisar compartilhar algo mais profundo ou mais doloroso, recomendo que procure um pastor ou profissional cristão na área da psicologia, porque eles são treinados para lidar com informação ou problemas que os outros não entendem ou não sabem como tratar.

Acima de tudo, mantenha a paz. Se é a primeira vez que você está fazendo algo dessa espécie, não embarque nela com grande inquietação e preocupação. Este exercício é projetado para ser um dom, não um fardo. Realize-o com uma atitude de expectativa cheia de alegria. Se ele se tornar incômodo, mantenha a discussão num nível mais informal. Pode levar tempo até você desenvolver um nível de confiança com a outra pessoa. Novamente, mantenha a paz. Você não pode apressar esse tipo de interação. Se, no entanto, você for capaz de encontrá-la — agora ou depois —, achou um tesouro mais valioso que o ouro.

Outra preocupação: quando escolher seu parceiro dentro de um grupo já existente, fique atento ao fato de que isso pode ferir alguns sentimentos. Alguém pode não ser convidado para ser parceiro de ninguém mais no grupo. Procure ser sensível a isso e, se necessário, peça que essa pessoa trabalhe com você — não há problema algum em ter mais de um.

Capítulo 7

A comunidade da generosidade

A reunião da igreja foi interrompida por uma mulher que disse: — Pastor Jim, há um homem ao telefone que realmente precisa falar com você.

— Será que ele pode esperar até o final da reunião? Posso ligar de volta para ele em alguns minutos? — perguntei.

— Ele parece desesperado — ela comentou, aparentando bastante preocupação.

Eu respondi que o atenderia.

— Posso ajudar? — perguntei à pessoa do outro lado da linha.

— Sim, por favor. Pastor, eu preciso de sua ajuda. Eu não como há três dias. Você poderia me dar algum dinheiro para comer?

— Não, eu não posso dar dinheiro a você — eu disse —, mas o posso levar a algum lugar e pagar alguma coisa para você comer.

Ele pareceu verdadeiramente agradecido. Perguntei onde ele estava e disse que chegaria lá em dez minutos. Ele não ligou de uma parte segura da cidade, mas ainda estava claro lá fora, um pouco depois das 18 horas. Preciso ser honesto: *eu estava temeroso de ir* e *ajudar aquele homem*. Sentia receio de ir sozinho àquela parte da cidade, encontrar um estranho e possivelmente ser explorado. Foi um longo dia, e eu apenas queria voltar para casa, tirar os sapatos e assistir à televisão. Alguma coisa em mim me fez seguir em frente, contudo, e decidi não o decepcionar, seja lá onde ele estivesse.

Enquanto eu dirigia, recordava todas as vezes em que eu havia sido enganado por pessoas que telefonavam ou compareciam à igreja dizendo precisar desesperadamente de dinheiro, todas com histórias tristes e comoventes. Após ter sido explorado algumas vezes por pessoas que pegavam meu dinheiro e o usavam para qualquer outra coisa que não a que eles declaravam precisar, cheguei ao limite. É por essa razão que eu disse para o jovem ao telefone que não lhe daria dinheiro, mas lhe pagaria um jantar. Quando o encontrei pessoalmente, percebi rápido que, além de sujo e magérrimo, o jovem parecia um pouco doente. Ele também não cheirava muito bem. Fomos a um restaurante de comida a quilo, e ele comeu o suficiente para alimentar um pequeno exército. Notei que ele tinha um sotaque levemente alemão, embora não falasse muito. Ele estava praticamente aspirando sua comida. No caminho de volta, o jovem me contou que estava na América havia alguns meses e ficara desde o início na casa de amigos, mas, tendo abusado da hospedagem, começou a vagar e a pegar caronas, até chegar a Wichita.

> Ver uma pessoa miserável ou sem-teto pedindo esmola, infelizmente, não é incomum para a maioria de nós, mas escreva em seu diário sobre uma ocasião desse tipo da qual você tenha alguma lembrança especial. O que na situação chamou sua atenção? Que pensamentos você pesou ao decidir se iria ou não contribuir com a pessoa necessitada?

Depois do jantar, eu levei o jovem para o hotel barato no qual ele estava hospedado. Antes de sair do carro, ele me agradeceu pela refeição. Perguntou qual era meu nome e qual era o nome da minha igreja, anotou num pedaço de papel e, depois de apertar minha mão, saiu do carro com a barriga cheia. Dirigi de volta para casa com sentimentos confusos. Por um lado, eu me sentia bem, mas por outro ainda estava tentando descobrir se tinha feito a coisa certa. Teria eu sido enganado? Certamente dar comida a uma pessoa faminta só pode ser uma coisa boa. No entanto, e se aquele homem tivesse um saco de dinheiro embaixo de seu colchão e estivesse apenas me usando para ganhar um pouco mais? E se ele tivesse dinheiro e usasse o que eu lhe dei para comprar drogas? Fiquei totalmente confuso com a questão. Decidi deixar para trás e confiar em Deus. Apesar disso, fui para a cama naquela noite sem saber exatamente o que é certo e errado fazer nessas situações.

TRÊS NARRATIVAS FALSAS: JULGAMENTO, ESCASSEZ E MERECIMENTO

Verdade seja dita, eu não queria ajudar aquele jovem por causa de meu preconceito. Ele era de outro país, estava sujo e malcheiroso e vivia numa parte marginalizada da cidade, tudo isso contribuindo para que eu o rotulasse e desse a mim mesmo uma boa desculpa para não ser generoso. Sim, eu ajudei aquele jovem, mas muitas outras vezes me recusei a ajudar alguém em necessidade. Tinha acabado de descobrir que eu me recusara a ajudar em outras ocasiões porque me apoiava em três narrativas que, quando combinadas, permitiam-me virar as costas para os necessitados, sem a menor culpa: uma narrativa de intolerância, uma narrativa de merecimento e uma narrativa de escassez.

Quando elas são adotadas juntas (e em geral são), a pessoa que vive segundo essas narrativas quase nunca se tornará alguém generoso.

Deus ajuda aqueles que ajudam a si mesmos. A primeira narrativa é bem conhecida: "Deus ajuda aqueles que ajudam a si mesmos". Muitas pessoas realmente creem que isso se origina na Bíblia. Não é verdade. A origem está numa edição do *Almanaque de Poor Richard*, escrito por Ben Franklin em 1757. Franklin não era cristão, mas deísta. Ele disse muitas coisas realmente brilhantes, mas essa não foi uma delas. Essa narrativa de intolerância é uma fortaleza contra a generosidade, uma proteção vigorosa contra a necessidade de ajudar aqueles que estão passando por necessidades. Deus, ao que parece, somente ajuda aqueles que se esforçam e trabalham duro. Se *Deus* não ajuda os preguiçosos, então eu também estou livre de ajudar! Em vez de sentir culpa, posso olhar para aqueles que estão passando necessidade e julgá-los com toda a tranquilidade. Julgar faz nossa culpa desaparecer.

No entanto, também podemos usar nosso bem-estar como forma de pensar que fizemos alguma coisa para merecer isso. Se as coisas vão bem, podemos presumir que fizemos algo para merecer isso. Esse é o lado cara de pau de nossa narrativa falsa sobre a justiça — de alguma forma nossa condição deve estar associada às boas obras que praticamos. Embora seja verdade que se envolver no pecado leva nossa alma à destruição, pode não nos levar à catástrofe imediata. As Escrituras nos lembram repetidamente de que não devemos invejar aqueles que são pecadores e, apesar disso, continuam prósperos. E não devemos julgar aqueles que não estão em seus melhores dias. Embora essa condição possa ser explicada pelo pecado, pela preguiça e por decisões ruins, aqueles que estão vivendo uma situação difícil nem sempre são diretamente responsáveis por isso.

Se eu der o que tenho, ficarei com menos. Há uma segunda narrativa que impede a generosidade: Se eu der o que tenho, ficarei com menos. Esta narrativa da escassez é construída sobre a ideia de que, não importa o que eu dê, isso agora está perdido; não importa o que eu compartilhe, isso se vai; e, não importa o que eu proveja para os outros, isso contribui para minha própria carência. Em certo sentido, não deixa de ser verdade. Se eu der um biscoito meu, por exemplo, ficarei com menos biscoitos para mim. Isso é matemática pura: libere qualquer quantidade, e o total original é reduzido. Isso se ajusta bem à próxima narrativa falsa de antigenerosidade, aquela baseada no merecimento.

O que eu tenho é meu, para usar em meu benefício. A narrativa mais significativa que impede a generosidade é: O que tenho é meu, para usar em meu benefício. Essa narrativa de merecimento nos ensina que as coisas que possuímos, sejam elas dinheiro, tempo ou habilidades, são nossas, para usá-las como bem entendermos, o que com frequência significa usá-las para nosso bem-estar, não para o benefício dos outros. Se eu parto do princípio de que aquilo que tenho é meu, algo que, de alguma forma, conquistei ou mereci, então, tenho o direito de usar isso da maneira que eu preferir. Isso está sujeito a meu livre-arbítrio; eu é que decido quando, como e quanto devo dar.

> De qual das três narrativas que impedem a generosidade você se vê cativo? Por que você acha que isso acontece?

Todas essas três narrativas se juntam para formar uma poderosa fortaleza contra a generosidade. A fim de descobrir a verdade, precisamos examinar as narrativas bíblicas. Nas Escrituras, descobrimos que essas narrativas não apenas estão erradas; elas também são o oposto da verdade e não conduzem à boa vida ou à boa comunidade que estamos buscando.

NARRATIVAS VERDADEIRAS: DESAMPARO, PROVISÃO E ADMINISTRAÇÃO

Deus ajuda aqueles que não podem ajudar a si mesmos. Como todas as narrativas falsas, aquela que diz que "Deus ajuda aqueles que ajudam a si mesmos" contém alguma verdade; Deus realmente ajuda aqueles que são capazes de ajudar-se, mas Deus também ajuda aqueles que não conseguem ajudar a si mesmos. Os Evangelhos são uma espécie de lista das pessoas mais necessitadas, quebrantadas e desprezadas, e apesar disso Deus as *ajuda* diretamente: a mulher flagrada em adultério, Lázaro morto, Pedro fazendo promessas que não seria capaz de cumprir. Na verdade, seria mais fácil defender a ideia de que Deus ajuda os necessitados do que a ideia de que ele ajuda os que são abastados. Talvez seja porque aqueles que estão passando necessidade têm as mãos abertas, e somente mãos abertas podem receber. A narrativa do preconceito precisa ser superada se quisermos nos tornar generosos.

A Bíblia nos lembra repetidamente de que somos pecadores decaídos. Os salmos ensinam consistentemente que os seres humanos são fracassados, arruinados e rebeldes. Se formos honestos, admitiremos nosso desamparo absoluto. Sim, podemos trabalhar duro para ganhar a vida, comprar uma casa e pôr comida na mesa. No entanto, somos na verdade um contingente de seres que dependem da misericórdia de Deus a cada momento da vida. Não fosse pelo ar que respiro e pelo sol que produz vida, eu não duraria um único minuto. Nenhum de nós, na verdade, pode ajudar a si mesmo. Todos passamos por necessidade. Somos todos fracos, e Deus graciosamente nos socorre. Ironicamente, ele usa outros seres humanos para fazer essa obra.

Se compartilharmos, todos teremos o suficiente. Quando os filhos de Israel vagaram pela terra prometida, não tinham comida. Deus providenciou alimento para eles na forma de maná. Eles não sabiam do que se tratava, e nós também não sabemos (a palavra "maná" significa literalmente "O que é isso?"). Os israelitas logo descobriram que o maná era o alimento que os manteria vivos. No entanto, eles não deveriam armazenar o maná que caía diariamente do céu. Se tentassem guardar alguma coisa para o dia seguinte, o maná apodrecia, o que significava uma lição para que aprendessem a confiar na provisão diária de Deus. Outra regra sobre a coleta do maná é raramente ensinada, mas contém uma verdade profunda sobre a generosidade. Deus ordenou que eles pegassem apenas o suficiente para sua subsistência, não mais que isso. Desse modo, haveria o bastante para todos. Eles foram orientados a medir quanto comer usando um dispositivo de medição, chamado ômer,[1] o qual equivalia a cerca de dois quartos de maná (v. Êxodo 16.16-18).

> Reflita sobre a ironia de que Deus usa outros seres humanos para atuar como suas mãos, seus pés e seu coração para as pessoas. Quando você experimentou isso em sua vida, seja como doador, seja como recebedor?

Nós, seres humanos, temos a tendência de acumular, de tomar mais do que precisamos. Infelizmente, algumas pessoas pegavam maná demais e, como resultado, algumas tinham de menos. No entanto, quando eles utilizavam o ômer, todos tinham tudo de que precisavam, e não havia falta alguma.

---

[1] Medida de capacidade para produtos secos, com estimativas variando entre 2 e 4 litros. A **NVI** usa "jarro" em vez da medida original. [N. do T.]

Por que tentamos consumir mais do que precisamos? Porque acreditamos que não haverá o suficiente para todos, então precisamos pegar tudo o que pudermos. Essa é uma narrativa baseada na escassez. A narrativa de escassez, no entanto, pode ser substituída por uma narrativa baseada no *compartilhamento*, uma vez que tornemos concreta a economia do Reino. O *princípio do ômer* mostra que *há suficiente para todos —, mas somente quando cada um de nós pega sua porção justa.* Os especialistas dizem que há comida suficiente no Planeta para acabar com a fome no mundo, mas alguns (principalmente no mundo ocidental desenvolvido) consomem mais do que precisam, o que faz que sobre menos para os demais. Certa noite eu estava acordado até tarde e assisti ao infomercial de um programa para perda de peso. Por apenas 150 dólares por mês, eles diziam, eu poderia perder meio quilo diariamente — a somente 5 dólares por dia. Eu troquei de canal e vi o comercial de uma organização humanitária mostrando crianças com estômago inchado, que dizia que com apenas 3 dólares por dia eu poderia evitar que uma criança morresse de fome. Não consegui ignorar a ironia.

Logicamente, o *princípio do ômer* não é algo obrigatório ou forçado (como no comunismo). Quando ocorre dessa forma, deixa de ser algo bom e se torna ruim. No entanto, quando as pessoas chegam a decisões baseadas no *princípio do ômer* (Céus, se eu não tivesse comprado isso, poderia doar mais àquilo!) pela direção do Espírito, daí deriva grande bem. Deus projetou um mundo no qual há suficiência para todos, desde que cada um tome apenas aquilo de que realmente precisa.

O que eu tenho é de Deus, para ser usado em sua glória. Em contraste com a narrativa "O que é meu é meu", a narrativa verdadeira é "O que parece ser meu é, na verdade, de Deus". Nada do que eu tenho é meu — tudo é dom de Deus. Facilmente nos enganamos em pensar que as coisas sob nossa possessão são nossas e que, portanto, podemos decidir como usá-las. Na verdade, Deus projetou a vida humana de maneira a tornar fácil acreditar nessa ilusão. Deus deu a cada de nós um pequeno reino sobre o qual podemos dizer o que acontece. Esse é o plano de Deus. Ele quer que sejamos seus administradores. Assim, ele nos dá um corpo, talentos e dinheiro para que possamos produzir coisas boas.

Contudo, até nossos pequenos reinos não são realmente nossos. Somos administradores dos dons de Deus; tudo pertence a ele. Isso faz toda a diferença. Eu não posso mais dizer: "O que é meu, é meu, e com isso faço o que bem entender". Em vez disso: "O que é meu não é realmente meu, mas de Deus", e, portanto, preciso perguntar: "Como devo usar os dons que o Senhor me deu?". Essa mudança fundamental afeta todas as nossas decisões cotidianas.

> No capítulo 6 vimos como a economia do Reino funciona de maneira diferente da economia do mundo. Como viver sob a ideia da abundância de Deus *versus* nossa escassez faz diferença em sua vida?

A generosidade é uma atitude, uma disposição interior que traz à luz atos de autossacrifício, exatamente como Deus age em relação a nós. Meu colega Matt Johnson explica isso muito bem:

> A generosidade é "centrada no outro", enquanto a ambição é autocentrada, o que obviamente é um modo diferente de expressar a terceira narrativa verdadeira. Quando penso em primeiro lugar em mim e apenas em mim mesmo, tenho dificuldades em dar qualquer coisa a qualquer outra pessoa. No entanto,

naqueles dias focados no Reino quando estou pensando em Deus e na provisão e nos recursos de Deus, essa é simplesmente uma questão de conectar os recursos que tenho recebido com as necessidades, e eu passarei a ser um instrumento nesse processo. [2]

UMA TEOLOGIA DO SUFICIENTE

As pessoas vão aos extremos quando se trata de dinheiro e bens. Algumas pregam um evangelho da prosperidade, com base na ideia de que ter uma vida boa significa usar o dinheiro e os bens para nossa própria felicidade, a qual Deus proverá quando fizermos as coisas certas (por exemplo, contribuir para determinado ministério ou fazer uma oração especial durante trinta dias). Por outro lado, outras pessoas pregam um evangelho da pobreza, ensinando que a maneira de ser verdadeiramente espiritual é ser pobre. Os dois extremos são perigosos. O evangelho da prosperidade é mera ambição coberta por um verniz de religião. O evangelho da pobreza é igualmente perigoso. Não há nada de espiritual na pobreza, e ninguém é realmente melhor por ter se tornado pobre. Dallas Willard destaca:

> A idealização da pobreza é *uma das mais perigosas ilusões dos cristãos no mundo contemporâneo*. Administração —— que exige a posse de bens e a generosidade de dar —— é a verdadeira disciplina espiritual em relação à riqueza. [...] Em geral ser pobre é uma das maneiras mais precárias de ajudar os pobres.[3]

[2] JOHNSON, Matt, comunicação pessoal com o autor, outono de 2009. Matt é pastor em Wichita, Kansas, e trabalha comigo no Ministério Aprendiz.

[3] WILLARD, Dallas. The Spirit of the Disciplines. San Francisco. Harper & Row, 1988. p. 194, 199. [**O espírito das disciplinas.** Rio de Janeiro: Danprewan, 2003. Trad. Josué Ribeiro. p. 193, 198.]

Prosperidade e pobreza não são as únicas escolhas diante de nós. O autor Shane Claiborne apresenta uma terceira opção: "Precisamos de uma terceira via, que não é nem o evangelho da prosperidade nem o evangelho da pobreza, mas o evangelho da abundância enraizado numa teologia da suficiência".[4]

Um evangelho da abundância é encontrado somente no Reino de Deus, no qual de alguma maneira obtemos aquilo de que precisamos, no momento em que necessitamos. O Reino de Deus não é como um caixa eletrônico do qual podemos sacar uma quantia infinita para gastar quando queremos. É uma despensa de recursos oferecidos àqueles que entendem os caminhos do Reino. Onde houver uma necessidade e uma pessoa que possa satisfazê-la, nunca faltará provisão.

Um dos maiores perigos nos Estados Unidos, contudo, é a complacência. Vivemos numa sociedade afluente cujos valores estão completamente distorcidos. A grande questão é: Para onde o Espírito está me levando como indivíduo e a nós como comunidade? Isso requer discernimento individual e coletivo. A maior parte dos cristãos ocidentais não está perseguindo nem o evangelho da pobreza nem o evangelho da prosperidade. A grande maioria dos cristãos ocidentais luta com o que significa uma "teologia do suficiente" numa cultura de excesso. Como discernir o que é suficiente? Quem tomará essa decisão? Se deixarmos nossa cultura tomar a decisão, temo que nos tornemos como aqueles que usam um "balde" em vez de um "ômer".

[4] CLAIBORNE, Shane, citado em **School(s) for Conversion**: 12 Marks of a New Monasticism, ed. the Rutba House. Eugene, Ore.: Cascade Books, 2005. p. 32.

Por exemplo, a revista *on-line Forbes* calculou de quanto dinheiro uma pessoa precisaria para "viver bem". Viver bem, *de acordo com o padrão dessa revista,* significa viver numa casa de 4 mil metros quadrados, possuir uma segunda casa num lugar agradável (na praia ou no campo), ter três automóveis de luxo, jantar uma vez por semana em restaurantes de luxo, tirar três períodos de férias por ano, pagar uma escola particular para os filhos, bancar uma universidade de primeira linha quando eles se formarem e ainda conseguir economizar 1% da renda. A quantidade mínima necessária para financiar esse tipo de vida é de 200 mil dólares anuais, mas em muitas cidades esse número pode ser mais alto.[5] Se esse é o padrão da *boa vida,* isso faz que nós, que vivemos com menos, sintamo-nos dispensados de contribuir porque não estamos vivendo de verdade — ao menos não estamos vivendo tão bem.

O discernimento consistirá em perguntar: Como Deus me orienta a usar meus recursos financeiros? À luz da grande necessidade em todo o mundo, para o que Deus me está chamando e a meus aprendizes irmãos em termos de padrão de vida e bens materiais? Isso não significa necessariamente que somos convidados a dar tudo o que temos e a viver entre os pobres. No entanto, significa que nós olharemos nossa renda e nossos bens de uma nova perspectiva — iluminada pela luz do Reino de Deus.

PRINCIPAIS ÁREAS DE ADMINISTRAÇÃO

Dinheiro e bens são apenas uma das maneiras de aprendermos sobre a generosidade. Deus nos tem favorecido com várias

---

[5] V. WANN, David. **Simple Prosperity.** New York: St. Martin's Griffin, 2007. p. 61.

outras capacidades. O chamado à administração pode ser expresso usando cinco recursos que são nossos para compartilhar, se estivermos dispostos a isso.

Alma. Deus nos deu uma alma com várias capacidades. Por intermédio da alma podemos pensar, raciocinar, imaginar, sentir e lembrar. A mente e as emoções são aspectos especiais da alma e dons incríveis que nos foram dados. A alma nos permite escrever poemas e sinfonias, projetar maneiras de melhorar a vida, resolver problemas que nos afligem, antever um amanhã melhor, lamentar a perda de pessoas queridas, chorar por nosso pecado e criar memórias que moldam nossa vida e dão a ela um significado. Nossa alma é formada por dons generosos usados para abençoar outros.

Corpo. Deus também nos deu um corpo, e esse organismo surpreendente possui capacidades incríveis, como os sentidos da visão, olfato, audição, tato e paladar. Nosso corpo tem mãos que seguram, agarram, batem e escrevem, e pés que nos levam a lugares maravilhosos. Se você tiver perdido alguma habilidade física por um breve período de tempo, sabe quão preciosas são essas habilidades. Nosso corpo nos foi dado por Deus para ser usado a fim de levar esperança e cura aos outros.

Talentos. Apenas ter uma alma e um corpo já é suficiente para vivermos em completa gratidão a Deus, mas ele nos oferece ainda mais. Também recebemos uma dose de atributos de força, saúde e aparência que são exclusivamente nossos. Força, saúde, beleza e influência são dons de Deus. Deus nos criou com talentos e habilidades únicos, e isso também deve ser usado para fazer avançar a causa de Deus.

Tempo. Nós ainda recebemos o dom de tempo, embora em nossos dias reclamemos tanto sobre sua ausência ou escassez. Na verdade, a maioria de nós tem muito tempo no qual investir nossa energia e atenção. Dizem que tempo é dinheiro. Embora isso possa ser verdade, ganhar dinheiro nem sempre equivale a usar nosso tempo da melhor maneira. Bem poucos chegarão ao fim da vida desejando ter ganhado mais dinheiro; em vez disso, a maioria de nós desejará ter investido mais tempo ao lado daqueles que amamos. Hope, minha filha, disse-me certo dia: "Papai, você joga comigo?". Eu estava sob a pressão de um prazo de entrega para vários projetos, de modo que a ideia de jogar Monopólio durante uma ou duas horas não parecia um bom uso de meu tempo. No entanto, o Espírito sussurrou para mim que não havia uma maneira melhor de passar aquela tarde de sábado. Então, eu parei o que estava fazendo e joguei com minha filha. Hope ficou extasiada durante toda aquela hora, e eu me emocionei diante dela.

> Assim como o dinheiro, a economia do Reino funciona de forma diferente em relação ao tempo em que somos conduzidos pelo Espírito. Como você experimentou isso com seu tempo?

Tempo é um dom que Deus nos dá para usarmos bem, principalmente para investirmos nas coisas mais importantes.

Tesouros. Somos administradores de nossos recursos físicos e materiais. Embora possamos ter muito ou pouco, esses meios nos são dados para que os utilizemos em favor dos outros. Certamente podemos e devemos cuidar de nossas necessidades básicas, mas o que temos além desses recursos deve ser usado para abençoar os outros. O dinheiro não é ruim, nem é a raiz do mal. É o *amor* ao dinheiro que é a raiz de todos os males (1Timóteo 6.10). O dinheiro pode ser uma grande fonte de bênçãos. Por intermédio do dinheiro, o nu é vestido, a fome é saciada, o necessitado é atendido, o doente é bem tratado. O dinheiro que somos capazes de gerar pode ser usado para tornar melhor nossa comunidade.

Muito tem sido falado da extraordinária generosidade da igreja primitiva encontrada em Atos 2. "Os que criam mantinham-se unidos e tinham tudo em comum. Vendendo suas propriedades e bens, distribuíam a cada um conforme a sua necessidade" (Atos 2.44,45).

Os aprendizes de Jesus precisam considerar cuidadosamente esses versículos porque há vários erros comuns que podemos facilmente cometer. Um deles é tomar essa declaração resumida como modelo para todas as comunidades cristãs e insistir nisso como padrão único para a vida. Isso é um erro, acredito eu. Em primeiro lugar, porque a igreja primitiva não continuou essa prática indefinidamente. Em segundo lugar, porque tornar isso uma regra obrigatória para todos os grupos é uma inclinação ao legalismo. Em terceiro lugar, porque, embora o ideal pareça atraente, a prática real de vida comunitária é carregada de muita frustração, como vemos apenas alguns capítulos depois: "Naqueles dias, crescendo o número de discípulos, os judeus de fala grega entre eles queixaram-se dos judeus de fala hebraica, porque suas viúvas estavam sendo esquecidas na distribuição diária de alimento" (Atos 6.1). O problema da distribuição desigual fez que os discípulos tivessem de intervir e estabelecer uma nova ordem para assegurar que as pessoas fossem tratadas com justiça, e foi exatamente o que eles fizeram (v. Atos 6.2-7). Eles decidiram nomear pessoas (chamadas de "diáconos") para acompanhar o emprego dos recursos, liberando os discípulos para que se concentrassem na pregação e no ensino.

Contudo, outro erro comum é negligenciar totalmente o modelo de Atos 2, rotulando-o como uma prática estranha e que não funciona para nós hoje. Alguma coisa similar pode realmente dar certo hoje, e alguns que vivem intencionalmente em comunidade praticam uma variação desse modelo com grande sucesso. Embora eu não seja pessoalmente chamado a essa prática, eu tenderia para o lado de tentar tornar meus bens disponíveis aos outros e dar tudo aquilo que eu posso aos que estão passando necessidade. Em vários dos grandes movimentos na história da Igreja, vemos alguma coisa similar ao modelo de Atos 2. Considero esses versículos particularmente desafiadores para mim.

Proponho a seguinte prática, que sei que funciona muito bem: doe tudo o que você puder a organizações que são dedicadas a distribuir alimentos, dinheiro e recursos aos necessitados. Em minha cidade há várias organizações que fazem um excelente trabalho nesse sentido. Elas são como os diáconos de Atos 6. Suas portas estão abertas todos os dias, e elas sabem como ajudar as pessoas a obter aquilo de que precisam. Mais que isso, elas ajudam as pessoas a encontrar emprego e oferecem outros serviços que muitas igrejas locais não estão preparadas para oferecer.

UMA COMUNIDADE GENEROSA

Dar não é simplesmente uma atividade individual ou uma tarefa a ser delegada a organizações especializadas. A comunidade da igreja local precisa participar da alegria de dar. Minha própria igreja local tem ensinado muito sobre a generosidade. A Igreja Metodista Chapel Hill em Wichita tem sido uma comunidade generosa desde o início, graças aos aprendizes de Jesus que compreendem a economia do Reino. Desde os nossos primeiros dias decidimos dar 10% de nossa receita para ser usado diretamente com os necessitados, independentemente de eles frequentarem ou não igreja (isso é o chamado "Fundo dos Primeiros Frutos").

Alguns anos atrás a irmã de nosso jovem pastor morreu, deixando uma família incapaz de pagar por seu funeral e quatro crianças praticamente abandonadas. Nossa igreja não apenas pagou o funeral daquela jovem mãe (embora ela não frequentasse nenhuma igreja), mas também criamos um fundo para ajudar a financiar as roupas e a escola das crianças.

Não muito tempo atrás tivemos um visitante que veio a nossa cidade para um período sabático. Ao chegar a Wichita, o pastor e sua esposa descobriram que a promessa de acomodação tinha sido quebrada, em razão de circunstâncias imprevistas. Quando as pessoas de nossa igreja souberam da situação, rapidamente decidiram usar os recursos do Fundo dos Primeiros Frutos para pagar-lhes o aluguel. A seguir, os membros da igreja marcaram um encontro para ver o que poderiam arranjar em termos de mobília. Em menos de vinte e quatro horas, o casal tinha um apartamento totalmente mobiliado, tudo por causa da generosidade das pessoas numa comunidade que havia aprendido a bênção de dar. Logicamente, incontáveis igrejas fazem isso, o que são novas realmente boas. A comunidade de seguidores de Cristo é formada por doadores naturais porque eles compreendem a economia do Reino.

AS MUITAS FORMAS DE SER GENEROSO

Jesus disse que há mais felicidade em dar do que em receber (Atos 20.35). Para muitos de nós, é mais confortável dar que receber. Richard Foster certa vez destacou para mim como é difícil permitir que sejamos servidos, ao que ele chama de "o serviço de ser servido".[6] Isso exige um ato de submissão de nossa parte. Quando

---

[6] Foster, Richard. *Celebração da disciplina*. São Paulo: Vida, 1983 p. 193.

os outros são generosos, sentimos necessidade de retribuir. Tenho aprendido a deixar os outros compartilhar comigo seus dons e, à medida que reflito sobre sua generosidade, tenho descoberto que sou profundamente abençoado. Deixe-me dar alguns exemplos.

Minha esposa, Meghan, abençoa-me constantemente com sua alegria, seu entusiasmo pela vida e sua confiança em mim. Meu filho, Jacob, é quieto, mas me dá o dom de maravilhar-me cada vez que o vejo sorrir. Hope, minha filha, é um manancial de esperança. Certa vez eu disse a Hope que escrevo melhor quando ela está em meu estúdio, distraída com um de seus passatempos. Ela abnegadamente se senta em silêncio a meu lado, entretida com seus jogos e brinquedos, e para de vez em quando para me dar aconchegantes abraços. Nossa filha Madeleine, embora não esteja corporalmente conosco, está presente para mim em espírito, lembrando-me da fidelidade de Deus e do poder que se aperfeiçoa na fraqueza.

> Conforme você examina seus talentos e dons, qual comunidade você abençoa? Quem abençoa sua comunidade?

Meu amigo Patrick é o implacável protetor que toma conta de mim e de minha agenda e energia com cuidado. Ele nunca falha em me lembrar de que eu estou em Cristo. Meu amigo C. J. me dá encorajamento constante e faz lembretes diários de que vivemos num Reino que é forte. Meu amigo Matt me oferece gentil sabedoria e um exemplo constante de semelhança com Cristo. Meu amigo Jimmy compartilha generosamente a força que vem das provações e gentilmente me lembra de analisar o que tenho feito, não o que tenho deixado de fazer. Meu amigo Trevor é um amigo sincero e confiável que me permite ser apenas humano; ele me dá o presente de uma amizade sem julgamentos.

Meu amigo Andrew me oferece sua profunda sabedoria exatamente quando preciso dela e sempre faz isso com grande humildade. Meu pastor, Jeff Gannon, profere mensagens que me inspiram. Embora ele pregue para nossa congregação como um todo, com frequência sinto como se ele estivesse pregando a Palavra só para mim. Meus amigos Bob e Arlo participam generosamente com seus recursos financeiros para apoiar o ministério no qual estou envolvido. Sua generosidade me impressiona, mas, quando tento expressar minha apreciação, eles simplesmente dizem que Deus lhes tem dado suprimento, de modo que desejam retribuir ao Senhor. Todas essas pessoas, e muitas outras que não tenho espaço para mencionar aqui, têm doado generosamente seus dons. Não é fácil fazer isso, mas estou aprendendo a ser mais grato sem sentir a necessidade de retribuir-lhes.

Algumas vezes a generosidade de pessoas anônimas é uma bênção para nós. Grande parte da breve vida de nossa filha Madeleine na terra se passou em hospitais. Recordo certa vez de estar completamente exausto após ter passado longos períodos encostado em frias cadeiras de couro, sem ter nada para comer ou beber. Uma enfermeira me falou sobre o Ronald McDonald Room no andar de baixo. Caminhei em direção a uma sala que parecia o quarto de alguém. Havia poltronas confortáveis, camas, uma televisão, café e aperitivos. O local se tornou um bem-vindo refúgio de repouso para minha esposa e para mim. Nunca conheci a pessoa ou as pessoas que contribuíram com tempo e dinheiro para criar aquele espaço, mas sou grato pelo fato de elas terem usado seus recursos para abençoar nossa família e muitas outras na mesma situação.

UM PLANO PARA TORNAR-SE UMA COMUNIDADE GENEROSA

Descubra a alegria de dar. Visitei uma igreja quando ela estava realizando seu domingo anual de prestação de contas financeiras. Depois do culto, ouvi um homem dizer a um amigo: "Detesto quando a igreja fala tanto sobre dinheiro. Isso me faz sentir como se ela me quisesse em seu rol apenas por causa de meu talão de cheques". Fiquei muito triste de ouvir isso. O pastor não apresentou sua mensagem de um modo que levasse as pessoas a se sentir assim. Na verdade, ele procurou repetidamente afastar-se desse estereótipo. Aquele homem claramente não havia compreendido a alegria de dar. De alguma forma, a narrativa da bênção de contribuir não quebrou resistências. Eu acredito que precisamos ensinar e orar sobre a bênção de dar.

Um dos melhores sermões sobre administração [ou mordomia cristã] que já ouvi na vida veio de meu mentor e amigo, o reverendo Jerry Vogt. Ele se postou no púlpito sem nenhuma reserva e falou sobre as muitas bênçãos que ele e sua esposa vinham recebendo ao longo dos anos por terem contribuído. Não era de forma alguma um discurso arrogante. Ele e sua esposa estavam simplesmente sendo bons administradores dos recursos que Deus lhes havia concedido. Ele não usou uma única vez a culpa, mas, quando terminou sua pregação, meu desejo de dar tudo o que eu pudesse tinha crescido. Isso é verdade não apenas com relação ao dinheiro, mas a todos os nossos recursos. Precisamos ser sempre lembrados das alegrias de dar, e isso é feito com mais propriedade por aqueles que falam com conhecimento de causa.

Aprenda o caminho para criar margem. A fim de ser generosos, precisamos criar margem. A fim de dar, precisamos antes de tudo ter algo para dar. "Margem" significa reter mais do que gastar, o que nos permitirá contribuir. A maioria dos norte-americanos não tem nenhuma margem, nem financeira nem de qualquer outra natureza. Dizer a essas pessoas: "Você precisa dar mais tempo e dinheiro aos necessitados" quando elas próprias estão em dificuldades é uma tremenda injustiça. Elas primeiro têm de criar margem. A melhor forma de fazer isso é por meio da *moderação*. Sei que essa é uma palavra negativa para muitos, mas precisamos resgatá-la. Ela diz respeito a viver de modo responsável, definindo limites apropriados.

A moderação, ou temperança, envolve sermos muito cuidadosos com relação a nosso tempo e nossos recursos. Ser moderado não significa ser mesquinho. Também não significa ser vulgar. Não se exige que aqueles que praticam a moderação comprem a versão mais barata de qualquer coisa. Moderação significa comprar aquilo de que precisamos, mas não necessariamente aquilo que desejamos. Como Dallas Willard destaca: "Praticar a moderação significa permanecer dentro dos limites daquilo que o bom senso designa como suficiente ao tipo de vida para o qual Deus nos conduz".[7] Gastar de modo moderado diminui nossas dívidas e constrói uma margem financeira para nós. A moderação com nosso tempo significa aprender a dizer não a algumas coisas para que possamos dizer sim a outras. A menos que tenhamos uma margem financeira, a generosidade será impossível.

> Você concorda que as narrativas no capítulo capacitam você a praticar a moderação? Por que sim ou por que não?

Aprenda maneiras diferentes de dar. Muitas pessoas não têm a menor ideia de onde, quando e como dar. Precisamos fazer

[7] WILLARD, **Spirit of the Disciplines**, p. 168.

que elas saibam a respeito dos muitos modos pelos quais podem contribuir. Uma igreja que conheço torna as pessoas cientes das oportunidades de servir com seu tempo. Por exemplo, duas vezes por mês ela tem um "Dia de Folga para os Pais", destinado a pais e mães de crianças portadoras de deficiência. E a cada sábado patrocina refeições para os sem-teto. Também investe tempo e dinheiro numa área marginalizada da cidade. Durante o culto de adoração, informa as pessoas sobre os necessitados e como elas mesmas podem ajudar.

O RICO E LÁZARO: UMA ÚNICA CHANCE

Somente podemos ser administradores dessas grandes capacidades durante *nosso tempo de vida na terra*. No momento em que morrermos, não haverá mais chance de oferecer nosso tempo, nossos talentos, nossas habilidades ou nossos bens. Uma das mais assombrosas parábolas de Jesus é a história de um homem rico (uma lenda lhe atribui o nome Dives, que quer dizer "rico") e um pobre homem chamado Lázaro (não o Lázaro que foi ressuscitado da morte por Jesus). Embora a parábola seja longa, vale a pena fazer uma leitura cuidadosa:

> "Havia um homem rico que se vestia de púrpura e de linho fino e vivia no luxo todos os dias. Diante do seu portão fora deixado um mendigo chamado Lázaro, coberto de chagas; este ansiava comer o que caía da mesa do rico. Até os cães vinham lamber suas feridas. Chegou o dia em que o mendigo morreu, e os anjos o levaram para junto de Abraão. O rico também morreu e foi sepultado. No Hades, onde estava sendo atormentado, ele olhou para cima e viu Abraão de longe, com Lázaro ao seu lado. Então, chamou-o: 'Pai Abraão, tem misericórdia de mim e manda que Lázaro molhe a ponta do dedo na água e refresque

a minha língua, porque estou sofrendo muito neste fogo'. Mas Abraão respondeu: 'Filho, lembre-se de que durante a sua vida você recebeu coisas boas, enquanto que Lázaro recebeu coisas más. Agora, porém, ele está sendo consolado aqui e você está em sofrimento. E além disso, entre vocês e nós há um grande abismo, de forma que os que desejam passar do nosso lado para o seu, ou do seu lado para o nosso, não conseguem' ". (Lucas 16.19-26).

Uma coisa que podemos aprender com essa parábola é que não poderemos dar além do túmulo. Em vida, o homem rico parava diante de Lázaro dia após dia e aparentemente nem sequer o notava. Ele apenas se tornou consciente de sua falta de generosidade após a morte, mas então era tarde demais para qualquer ação.

Jesus ensina a mesma coisa na parábola das ovelhas e dos bodes (Mateus 25.32-46). Quando Jesus voltar em glória, separará as pessoas em dois grupos, um constituído por aquelas que cuidaram dos necessitados, e outro composto por aquelas que não o fizeram. Nessa ocasião o tempo para cuidar dos outros já terá terminado, e nós simplesmente vamos colher o que semeamos. Essas parábolas não precisam ser lidas como um chamado às obras de justificação. As boas obras não nos podem salvar, mas nossa fé precisa ser expressa em nossas ações, e a graça deve nos inspirar a servir. Se vivemos para dar graças a Deus, agradecidos pelo que temos recebido, naturalmente ofereceremos nosso tempo, nossos talentos e nossos tesouros aos necessitados. Talvez o fato de sabermos que nosso tempo para ser generosos é limitado nos impeça de atrasar-nos no cumprimento dessa obra.[8]

[8] Creio que teremos a capacidade de ser generosos no céu. Não acredito que haverá dinheiro no céu, por exemplo, mas teremos tempo, e suspeito que não seremos os únicos, o que pode representar uma bênção para os outros. A questão é que nossa doação de recursos na terra chegará ao fim, o que torna mais importante doar enquanto temos oportunidade de fazê-lo.

UM TELEFONEMA INESPERADO

Cerca de um ano depois de eu ter ajudado o jovem faminto na história que abre este capítulo, recebi um telefonema.

— Pastor Smith? — a voz soou do outro lado da linha. Era o jovem que eu havia ajudado. Ele prosseguiu contando que, desde o dia em que lhe paguei o jantar, começou uma reviravolta em sua vida. Ele encontrou um emprego num lava-rápido e economizou o suficiente para comprar um apartamento. A seguir encontrou um emprego ainda melhor. Sua namorada de longa data viajou da Alemanha até os Estados Unidos, e eles ficaram noivos. Ele se ofereceu para me retribuir a refeição, mas eu não aceitei. Ele disse: — Tudo bem, mas, por favor, saiba que, quando eu estava passando necessidade, você me ajudou muito. E serei sempre grato por isso.

Embora essa história tenha terminado bem, a generosidade nem sempre nos conduz a esse tipo de resultado. Paulo escreveu a famosa declaração: "Cada um dê conforme determinou em seu coração, não com pesar ou por obrigação, pois Deus ama quem dá com alegria" (2Coríntios 9.7). Quero deixar claro: eu não dei com alegria quando paguei o jantar para aquele homem. Embora Deus ame quem dá com um coração alegre, até mesmo nossas contribuições relutantes podem transformar-se em bênçãos. Aprendi com aquele jovem que mesmo um pequeno dom, dado a contragosto, pode fazer diferença. No final, fui a pessoa que recebeu a maior ajuda naquela noite.

TREINAMENTO PARA A ALMA
Administração de recursos

Um dos princípios deste capítulo é que a moderação cria a margem que nos capacita à generosidade. Isso é verdadeiro para as cinco áreas de administração (alma, corpo, tempo, talentos e tesouros). Quando somos moderados — não mesquinhos, mas sábios —, podemos liberar mais recursos a fim de ser generosos. Uma vez que é mais difícil encontrar formas de ser moderado ou generoso de alma e corpo (embora isso seja importante na vida espiritual), nesta semana eu gostaria que você experimentasse ser moderado, e generoso, com seu tempo, seus talentos e seus tesouros. Experimente fazer os três exercícios a seguir. (Há um quarto exercício extra que também pode ser útil para você.) Como sempre, porém, ore sobre quais e quantos exercícios você deve fazer nesta semana. E lembre-se de que a melhor regra de conduta é perguntar: Qual é a coisa mais amável que eu posso fazer nesta situação?

SENDO MODERADO E GENEROSO COM SEU TEMPO

Seja moderado. Nesta semana encontre maneiras de adaptar algumas de suas atividades. Isso pode ser desafiador: sua agenda pode estar lotada com o trabalho, a família e o cuidado com os outros. No entanto, é possível encontrar meios de cortar ou encurtar algumas de suas atividades. Por exemplo, o norte-americano médio assiste a vinte e oito horas de televisão por semana e gasta algumas horas por dia na internet. Se isso é verdade em sua vida, talvez você possa tentar limitar seu tempo nessas atividades a uma ou duas horas por dia, liberando tempo para investir em outras atividades que você tem negligenciado.

Seja generoso. Se você tiver criado alguma margem de tempo, pense nas várias formas pelas quais pode empregar esse tempo para abençoar os outros. Talvez você possa gastar um pouco mais de tempo com um amigo ou parente. Ofereça-se para uma caminhada ou para tomar um café, ou simplesmente reforce sua presença em casa. Você também poderia doar uma dessas horas a um abrigo ou refeitório para os necessitados, ou a qualquer tipo de atividade de serviço que sua igreja esteja patrocinando.

SEJA MODERADO E GENEROSO COM SEUS TALENTOS

Seja moderado. Muitos de nós exageramos no que se refere a nossos talentos. Conheço pessoas que estão à beira da exaustão porque têm dificuldade em dizer não. Em consequência, têm pouco a dar e se sentem exploradas porque carecem de margem. Esta semana tente dizer: "Não, eu não posso fazer isso agora". Isso parecerá pecado se você estiver vivendo de acordo com uma narrativa do tipo "Nunca diga não a nenhum pedido". Entretanto, você realmente precisa criar alguma margem, do contrário não conseguirá ser generoso. Você não pode ajudar todos os seus amigos, estar presente em todas as comissões da igreja ou cantar em todos os grupos de louvor que conhece. Encontre maneiras de criar margem com seus dons de modo que possa dar gratuitamente quando e onde for conduzido por Deus a fazê-lo. Isso, é lógico, pressupõe que você gastará tempo buscando discernimento do alto.

Seja generoso. Se você tiver criado margem para seus talentos, então estará em condições de esperar que Deus use seus dons de forma mais equilibrada. Assuma uma atitude de prestar atenção e discernir e mantenha-se aberto a permitir que Deus empregue seus dons de formas novas e diferentes.

SEJA MODERADO E GENEROSO COM SEUS TESOUROS

Seja moderado. Há muitas formas de ser mais moderado com seus recursos financeiros, porém a mais fácil talvez seja não gastar tanto, ou mesmo nada, em coisas que não são completamente necessárias. Por exemplo, durante um longo período um amigo meu preferiu não comprar nada não perecível (por exemplo, roupas, CDs, dispositivos eletrônicos etc.). Ele ainda precisava comer, é claro, mas decidiu renunciar a quaisquer novas compras durante um período e, ao fazer isso, aumentou a quantia de que dispunha para dar. Outra forma é fazer uma avaliação de suas compras durante uma semana e comprar somente o que for necessário. Pequenos passos em direção à moderação podem criar a margem financeira necessária para que você se torne mais generoso.

Seja generoso. O mesmo amigo que parou de comprar produtos não perecíveis foi capaz de dar dinheiro a duas pessoas que inesperadamente compartilharam uma necessidade financeira. Elas não lhe pediram dinheiro diretamente, mas, depois de ele conhecer suas necessidades, meu amigo orou a respeito e então decidiu contribuir financeiramente para apoiá-las. Se ele não tivesse sido moderado, não poderia ter sido generoso.

Você descobrirá muitas outras maneiras de ser moderado com seu tempo, seus talentos e seus tesouros. Como resultado, Deus dará a você oportunidades de ser generoso, algo para o qual talvez você não estivesse pronto.

SUA COMUNIDADE GENEROSA

Neste capítulo escrevi sobre o serviço de ser servido e mencionei pessoas em minha vida que são generosas com seu amor, apoio, proteção, sabedoria e encorajamento. Um exercício útil que você pode fazer é escrever um ou dois parágrafos como aqueles que escrevi, citando pessoas específicas em sua vida e a maneira pela qual elas abençoam você. Isso poderia ser usado para aprofundar sua gratidão a Deus. Também pode criar em você um desejo de escrever um bilhete, um cartão ou uma mensagem eletrônica às pessoas citadas em seu parágrafo, agradecendo-lhes pela bênção que elas representam em sua vida.

Capítulo 8
A comunidade da adoração

Aprendi rapidamente que uma das responsabilidades do primeiro ano de um pastor associado é realizar as tarefas que precisam ser feitas, mas que ninguém quer fazer. Em minha primeira nomeação à igreja após o seminário, vi-me exatamente nessa posição. O pastor sênior estava preocupado com o fato de que nosso rol de membros era muito maior do que o número de frequentadores dominicais, o que significava que uma grande quantidade de pessoas era considerada parte do rol de membros, embora não comparecesse à igreja por um longo tempo. Eu fui designado para a tarefa de telefonar para cada "membro" que não frequentara igreja durante três ou mais anos. Peguei a lista de membros, dirigi-me a meu escritório e comecei a dar os telefonemas. Algumas pessoas tinham mudado de endereço; outras haviam morrido. Perguntei se eu poderia visitar aqueles que ainda moravam na cidade. De uma centena de telefonemas, somente quatro pessoas manifestaram algum interesse em receber uma visita. Dessas quatro, duas famílias retornaram a nossa igreja, e uma resolveu filiar-se a outra igreja.

O quarto chamado foi o que me afetou mais: tratava-se de uma mãe divorciada de filhos crescidos. Ela falou pouco em nossa breve conversa, mas disse que adoraria me receber para um chá. Ela tomou a iniciativa de fazer um monte de perguntas sobre minha vida espiritual e pessoal. Eventualmente eu retrucava com perguntas similares, e ela se mostrava muito animada.

— Bem, meu relacionamento com Deus é tudo para mim. Eu gasto uma hora todas as manhãs em meditação e oração, e uma hora antes de dormir faço o mesmo. Você gostaria de conhecer o lugar no qual faço minhas orações? — ela perguntou.

A mulher me levou até um quarto especial em sua casa. As paredes eram cobertas de figuras religiosas — cruzes, ícones e pinturas de imagens sacras. No canto havia uma espécie de altar ou santuário com um banquinho para ajoelhar. Radiante, ela confessou: — É aqui que eu me conecto com Deus.

Retomamos nossa conversa na sala de estar com uma segunda xícara de chá. No final eu perguntei: — Eu gostaria de saber se podemos contar com você no culto um domingo desses.

Ela replicou rapidamente: — Oh, não, ir a igreja não é para mim. Tenho tudo aquilo de que preciso aqui mesmo em meu quarto de oração. Não gosto da adoração coletiva. Estou muito bem assim. No entanto, agradeço demais o convite. Suponho que você deva excluir-me do rol de membros.

Gaguejei por um instante, buscando alguma coisa inteligente para dizer, mas tudo o que consegui pensar na hora foi:

— Você tem certeza de que não quer retornar?

Novamente a mulher respondeu com polidez: — Não mesmo, muito obrigada, reverendo. Como eu disse, tenho tudo aquilo de que preciso aqui mesmo. No entanto, agradeço mais uma vez por você ter vindo visitar-me. Eu gostaria de ouvir sobre sua jornada pessoal com Deus.

Enquanto eu dirigia de volta para a igreja, senti-me profundamente desestimulado. Eu havia investido anos de preparação para o ministério na igreja local e, apesar disso, não tive uma única resposta a dar quando uma pessoa me disse que não precisava frequentar uma igreja e estava muito bem sem ela. Fiquei perguntando a mim mesmo: "Aquela mulher poderia estar certa? Um cristão pode viver sem a comunidade de adoração?". Não tenho nenhuma resposta a oferecer porque eu mesmo conservo algumas narrativas falsas sobre a igreja e adoração coletiva.

> Você já encontrou alguém que se recusa a adorar coletivamente? O que você disse a essa pessoa nessa ocasião? O que você lhe diria agora?

NARRATIVAS FALSAS E VERDADEIRAS SOBRE A ADORAÇÃO

A mulher que adorava privadamente em sua casa me impressionou. Ela era dedicada e comprometida, e sua maneira de adorar a Deus parecia causar um impacto positivo em sua vida. Como típico introvertido que prefere a contemplação, eu sabia muito bem como esse tipo de adoração pode ser significativo e transformador. Minha experiência confirmava isso. Durante muitos anos iniciei cada manhã com uma hora ou mais de solitude, oração, silêncio, leitura bíblica e registro em diário — tudo isso acompanhado de velas. Essas eram horas únicas para mim, que aprofundavam meu relacionamento com Deus. Eu também entendia a relutância daquela mulher em participar da adoração coletiva. Na igreja deparo, com frequência, com várias distrações e tenho grande dificuldade em concentrar-me em Deus. Em parte eu aprovaria sua prática privada de adoração diária. No entanto, eu também a incentivaria a engajar-se em oportunidades de adoração pública com uma comunidade de cristãos. Deixe-me explicar por quê.

Aquela mulher, como eu estive durante muitos anos, estava vivendo de acordo com uma narrativa incompleta.

Narrativa falsa: A adoração é uma questão pessoal designada para inspirar o indivíduo. Para aquela mulher, a adoração era algo meramente privado, e seu objetivo era criar uma sensação emocional. Tudo aquilo de que ela precisava se encontrava em seu quarto solitário. Embora possamos (e devamos) adorar privadamente, e possamos (e devamos) experimentar tal inspiração, essa não é a principal razão para a adoração coletiva; não é uma questão de inspiração individual, mas de transformação da vida de *dentro de*, *por meio de* e *a favor de* uma comunidade.

As pessoas dizem: "Vou à igreja para obter inspiração". Eu acho que isso pode ser um desejo nobre, até mesmo santo. Estamos sedentos por uma vida mais profunda com Deus, e nosso tempo em adoração pode ser uma forma de nos sentirmos conectados. Buscar isso não é pecado. No entanto, eu me preocupo quando essa necessidade individual eclipsa a necessidade de fazer parte de algo maior que o individual, o que pode ou não nos fazer sentir bem. Embora a igreja não deva ser algo entediante, também não foi projetada para apenas prover bem-estar e bons sentimentos a seus membros. Com demasiada frequência a igreja tenta competir com formas seculares de entretenimento e, com a mesma frequência, acaba oferecendo imitações pálidas (por exemplo, a lista dos "dez mais" do púlpito). Apesar de a inspiração ser um subproduto da adoração, definitivamente não é seu objetivo central.

Narrativa verdadeira: A adoração é uma atividade comunitária designada para instruir as pessoas. Desde as nossas raízes no judaísmo até as primeiras expressões da *ekklesia* de Cristo, a adoração sempre foi uma atividade coletiva. Adoramos porque *somos* um povo peculiar cujas raízes estão no futuro. Contamos nossas histórias, aprendemos nossa linguagem e descobrimos nossa vida na presença de outros seguidores de Cristo. Vamos à igreja não para sermos entretidos, mas para sermos ensinados. A igreja é o único lugar no qual ouvimos a verdadeira história de quem é Deus, de quem somos e de qual é o significado da nossa vida.

Outra narrativa falsa é o oposto da primeira, mas pode ser igualmente destrutiva.

> Voltando ao capítulo 7, você é capaz de perceber como abençoa os outros e como os outros o abençoam? De que maneira vocês funcionam como corpo para a edificação mútua? Compartilhe seus pensamentos com sua comunidade.

Narrativa falsa: Adorar é uma obrigação que devemos a Deus. A narrativa generalizada é que somos obrigados a adorar a Deus. Ela é usada para motivar as pessoas a irem à igreja. Na verdade, Deus não precisa da nossa adoração. Deus vive perfeitamente bem sem ela, mas nós precisamos adorar. Quando adoramos, alinhamo-nos com a verdade, e nossa alma funciona melhor quando está imersa na verdade.

Narrativa verdadeira: A adoração é um convite feito por Deus. Longe de ser uma *obrigação*, a adoração é um *convite* da parte do Deus gracioso. A adoração é nossa resposta ao que Deus fez e continua fazendo. A adoração é um convite de um Deus gracioso a que nos dirijamos a ele e apreciemos sua beleza e bondade. O salmista escreve:

> Melhor é um dia nos teus átrios
>   do que mil noutro lugar;
> prefiro ficar à porta da casa do meu Deus
>   a habitar nas tendas dos ímpios (Salmos 84.10).

A adoração, incluindo as práticas que a compõem, é um meio poderoso de formar o povo de Deus por meio de sua linguagem e práticas únicas.

A adoração é um dom, uma bênção e algo que passamos a desejar uma vez que a experimentamos de verdade. Alfred North Whitehead proferiu uma frase que ficou famosa: "Religião é o que um indivíduo faz com sua solidão". Suponho que esse seja o principal problema desta narrativa falsa: trata-se de uma prática religiosa. Cristianismo não é religião, mas a formação de um povo por meio do evangelho — as boas-novas de que Deus em Cristo reconciliou o mundo. Religião é a busca dos seres humanos por Deus; cristianismo é a busca de Deus pelos seres humanos. *Nós não adoramos tanto quanto reagimos a essa busca.* "Por intermédio de Cristo, no Espírito, respondemos ao amor do Pai. Esse é o padrão básico."[1]

OLHANDO ALÉM DA ESTÉTICA

O dia em que visitei a mulher que adorava privadamente foi doloroso porque eu não sabia como responder a ela. Foi só nos anos seguintes que li as palavras de C. S. Lewis, as quais proveem uma excelente resposta. A um amigo ele escreveu:

> Quando me converti ao cristianismo, cerca de catorze anos atrás, eu pensava que poderia fazer isso por minha própria conta, isolando-me em meu quarto e lendo teologia, e eu não precisaria ir a igrejas e a átrios do evangelho. [...] Eu não gostava nada de seus hinos, os quais considerava poemas de quinta categoria ajustados a música de sexta categoria. No entanto,

---

[1] CRICHTON, J. D., A Theology of Worship, in: JONES, Cheslyn et al. **The Study of Liturgy**. London: Oxford University Press, 1992. p. 11.

conforme segui em frente, percebi que havia um grande mérito nisso. Debati com pessoas diferentes de várias perspectivas e formações diversas, e gradualmente meu conceito começou a desmoronar. Percebi que os hinos (os quais eram apenas música de segunda categoria), a despeito de sua excelência, eram cantados com devoção e privilégio por um velho santo que calçava galochas de plástico à frente de um banco sem encosto, e então você percebe que você não está adequado com suas botas limpas. Isso expele qualquer ranço de seu conceito solitário.[2]

Podemos aprender muito com as descobertas de Lewis. Em primeiro lugar, ele pensava que poderia viver uma vida cristã lendo livros de teologia sozinho em sua sala. Mais tarde ele aprendeu que isso não era suficiente.

> O que faz você se conectar a sua própria experiência segundo a perspectiva de Lewis sobre a igreja?

Em segundo lugar, a música empalidecia em comparação com os grandes compositores. Mais tarde, porém, Lewis foi capaz de penetrar além da superfície e chegar ao coração do adorador, que não é movido pelo desempenho estético, mas pelo pulsante amor de Deus. Quando ele olhou para o "velho santo que calçava galochas de plástico", que a princípio ele julgou um homem rude, viu alguém de quem ele próprio não era digno, uma vez que a paixão e a devoção a Deus daquele idoso santificado eram capazes de conectá-lo ao sagrado.

O solitário prepotente, Lewis diz, mantinha-se afastado do povo reunido de Deus. Era *solitário* porque se achava capaz de fazer isso sozinho e era *prepotente* porque acreditava que a adoração cristã não

---

[2] LEWIS, C. S. **Letters of C. S. Lewis**, ed. W. H. LEWIS. New York: Harcourt Brace Jovanovich, 1966. p. 224.

merecia sua apreciação. No entanto, quando Deus entrou em cena e lhe ensinou uma nova narrativa, Lewis conseguiu perceber o valor imensurável da adoração coletiva. Faríamos bem em lembrar isso. Precisamos uns dos outros, a despeito de nossas diferenças. A adoração não tem a ver com a qualidade do desempenho, mas tem tudo a ver com o coração daqueles que adoram. A adoração não se relaciona à "satisfação individual", mas à "constituição de um povo".[3]

A ADORAÇÃO PODE SER MAÇANTE

Há um grupo de pessoas ausente em nossas igrejas. Elas formam um grupo muito específico, pelo menos em termos de idade. Têm entre 18 e 21 anos. Alguns especialistas em igreja chamam esse período de "os anos perdidos". Uma vez que as pessoas completam 18 anos, elas tipicamente param de frequentar a igreja. Nós as vemos retornar, como as andorinhas de Capistrano,[4] doze anos mais tarde, com frequência porque se casaram e tiveram o primeiro filho, e voltar à igreja lhes parece ser a coisa certa a fazer. No entanto, por que deixam a igreja aos 18 anos? Como pai de um garoto de 17 anos que foi criado e cresceu numa igreja, eu pensava que seria bom descobrir o que meu filho achava sobre a adoração da igreja. Sentamo-nos juntos uma tarde de sábado e tivemos uma conversa sobre suas preferências e seus aborrecimentos na adoração de domingo.

— Do que você gosta na igreja, Jake? — perguntei.

---

[3] SMITH, James K. A. **Desiring the Kingdom.** Grand Rapids: Baker Academic, 2009. p. 153.

[4] San Juan Capistrano é uma cidade do sul da Califórnia, nos Estados Unidos, conhecida por ser um local para o qual anualmente as andorinhas de penhasco migram, procedentes da Argentina. [N. do T.]

— Alguns sermões são minha parte favorita — ele respondeu. — Nem todos, mas apenas aqueles que consigo relacionar com minha vida, aqueles encorajadores.

— Qual é sua parte menos favorita? —prossegui indagando.

— Eu não gosto de cantar. Bem, eu gosto de ouvir as pessoas cantando, mas não gosto de cantar em voz alta com os outros. Não me parece importante.

— Você gosta de todos os cânticos?

— Não, eu gosto dos hinos. Mas acho difícil relacionar Deus com uma banda de *rock*... Não consigo ver Jesus tocando guitarra. Eu gostava de quando íamos ao culto mais tradicional — aquelas canções traziam paz de espírito. No entanto, os cultos eram longos demais, e eu não aguentava ficar lá o tempo todo parado.

— De que outras partes da adoração você gosta? — perguntei.

— Eu gosto de orar. No entanto, algumas vezes os pastores oram por tempo demais. Eu também gosto de ouvir a leitura da Bíblia ou de ler alguns versículos em voz alta junto com a igreja. Também é bom quando recitamos o *Credo dos apóstolos*, porque aprendemos isso juntos — ele retornou.

— E quanto às coisas que fazemos como grupo, como batizar pessoas ou tomar a Ceia?

— Ver alguém ser batizado é muito bom. Eu gosto disso. Também gosto muito da Comunhão —, mas preferiria que tivéssemos pão de verdade em vez daquelas fatias. Elas têm um sabor meio ruim.

— Você foi batizado na igreja que ainda frequentamos. Você cresceu com essa comunidade. O que você pensa quando se lembra das pessoas? — questionei.

— Nossa igreja cresceu muito, portanto não conheço cada um dos membros agora, mas ver as pessoas que me conhecem e dizem: "Jacob, lembro-me de quando você tinha 5 anos e corria pelas escadarias da igreja" é algo muito legal. Eu gosto das pessoas mais velhas; elas são as mais agradáveis.

Aprendi muitas coisas nessa breve conversa. Fiquei surpreso em ouvir que Jake gosta de hinos e, ainda mais surpreso, com o fato de que ele não aprecia a banda de *rock* da igreja. Em minha geração rejeitávamos os hinos e adorávamos ter guitarras elétricas na adoração. Talvez algo esteja mudando, ou talvez seja apenas uma opinião pessoal dele. Considero interessante que Jake aprecie exatamente as partes que são menos parecidas com o mundo em que ele vive. Ninguém recita os credos, prega sobre Jesus ou participa da Comunhão no dia a dia fora da igreja. Eu ousaria dizer que isso poderia levar Jake, assim como muitos outros, a tirar um período sabático de doze anos da adoração coletiva.

> Registre em seu diário uma reflexão sobre o que você acha da adoração em sua comunidade. O que aproxima você? O que você gostaria de mudar? O que você aprendeu das coisas que mudaria?

Posso ouvir algumas pessoas dizendo: "Você poderia *fazê-lo* ir à igreja mesmo com 18 anos". Isso vai totalmente contra minha compreensão da natureza do Reino de Deus e do coração humano. Confio na bondade de Deus, que se tem revelado a Jake com o passar dos anos. Todos aqueles sermões do passado não caíram em solo ruim. Aqueles tempos em que eu participava da Comunhão, estudava a Bíblia e orava com as pessoas não foram perda de tempo. Em vez de obrigá-lo a permanecer vinculado à igreja, eu poderia tentar fazê-lo ler a seção seguinte deste capítulo. Em vez de fazer as pessoas sentir-se culpadas por não irem à igreja, eu tentaria despertar os sentimentos delas diante dessa oportunidade, algo que apenas pode ocorrer quando realmente entendemos o significado da palavra "adorar".

VALE A PENA ADORAR

Vamos dar uma olhada com mais detalhes nas práticas de adoração, o que nos ajudará a superar as narrativas falsas de autossatisfação ou obrigação divina e nos levará a desejar estar na casa de Deus.

Os primeiros cristãos receberam educação judaica. Modificaram as práticas de adoração do judaísmo à luz de sua fé recém-criada. Ao longo dos séculos, a adoração cristã tem sido moldada de forma coesa. Embora algumas pessoas aleguem que devamos imitar as práticas dos cristãos primitivos, acredito que o desenvolvimento da adoração com o decorrer dos séculos é um sinal do movimento de Deus entre seu povo.

O Novo Testamento não oferece uma forma fixa de adoração a ser seguida por todos os cristãos de todas as eras. Há grande liberdade no que diz respeito às formas de adorar. De fato, com o passar dos séculos os estilos e as práticas de adoração foram modificados para ajudar a conectar as verdades da fé às novas gerações. Os cânticos se transformam em hinos, e os hinos se transformam em canções de louvor, por exemplo.

Embora a forma de adorar não seja nosso foco principal, isso não significa que ela não seja importante. A forma faz diferença. Há elementos básicos da adoração cristã que são considerados proveitosos para o desenvolvimento de nosso relacionamento com Deus e os outros. Embora nem todos os grupos cristãos se engajem em todos esses elementos de adoração, muitos grupos usam consistentemente algumas dessas práticas ou todas elas em suas reuniões. Analisaremos cada uma dessas práticas brevemente a fim de explicar como elas nos moldam espiritualmente. Escrevi o texto a seguir como se estivesse escrevendo para meu filho a fim de explicar por que adoração vale a pena.

UMA CARTA A MEU FILHO SOBRE OS BENEFÍCIOS DA ADORAÇÃO

Querido Jacob,

Mesmo você tendo crescido indo à igreja todos os domingos, chegará um dia em que você terá capacidade de decidir se quer ou não ir à igreja. Sua mãe e eu não obrigaremos você a ir e tentaremos não fazer você se sentir culpado caso decida não o fazer. No entanto, eu gostaria de parar um momento para considerar o que fazemos em adoração, coisas das quais acredito que você precisará para ter uma vida plena e cheia de alegria. Sei que a igreja pode ser tão maçante quanto esperar a tinta secar, e eu com frequência contraio os músculos quando alguém alega que o céu será um interminável culto de adoração. Deus não permitirá. No entanto, eu realmente acredito que nossa adoração conjunta é algo especial, sagrado e necessário. Deixe-me explicar por que acredito nisso ao considerar cada um dos elementos comuns da adoração cristã.

Saudação. Uma das primeiras coisas que fazemos quando nos reunimos é saudar-nos uns aos outros. Os cristãos primitivos faziam isso com um "beijo santo", mas que foi abandonado por motivos óbvios. O que é importante sobre a saudação é simplesmente reconhecer a presença do outro. Todos temos formas de conhecer e ser conhecidos; como dizia o antigo *show* de TV Cheers,[5] todos queremos ir a um lugar no qual as pessoas sabem nosso nome. O mundo pode ser bastante frio e cruel. Fora do Reino de Deus, é um verdadeiro mundo cão. Então, é ótimo ir a um lugar que parece realmente apreciar sua presença — o rapaz sorridente na porta, a simpática senhora que oferece café a você. Não importa em que estado ou país você esteja, se for a um culto cristão, alguém o saudará, e você se sentirá como se estivesse em casa. E, logicamente, você está mesmo!

Confissão e perdão. A despeito de seus maiores esforços, você falhará em levar uma vida perfeita, e em algum momento, Jake, você vai chegar ao limite e precisará de um lugar para lidar com seus sentimentos. Para sermos honestos com Deus e com nós mesmos, precisamos de um tempo e de um espaço para confessar nossos fracassos. Algumas comunidades fazem isso formalmente, recorrendo a orações conduzidas por um pastor ou proferidas em uníssono: "Nosso misericordioso Deus, confessamos que temos pecado contra o Senhor em pensamento, palavra e ação, por aquilo que temos feito e por aquilo que temos deixado de fazer". Essa prática é então seguida pela proclamação de um líder que oferece palavras de certeza: "Aqui estão as boas-novas: Cristo morreu por nós enquanto éramos ainda pecadores;

---

[5] Série cômica norte-americana que foi transmitida de 1982 até 1993, liderando a audiência por vários anos seguidos. Girava em torno de um bar no qual um grupo de vizinhos se encontrava para relaxar, conversar e divertir-se. [N. do T.]

isso prova o amor de Deus para conosco. Em nome de Jesus Cristo, fomos perdoados! Amém!". Alguns grupos fazem isso informalmente, ao permitir um tempo de reflexão silenciosa. Seja qual for a maneira empregada, a prática ajuda a manter-nos honestos, molda nosso desejo de andar em santidade e permite que outro aprendiz diga palavras de conforto. O pecado não tem a última palavra; o perdão é a última palavra. E perdão é algo que você precisará desesperadamente vivenciar.

Os credos, os mandamentos e a Oração do Senhor. Os cristãos primitivos desenvolveram credos (do latim *credo*, que significa: "Nisso eu acredito") como maneira de explicar de forma resumida a metanarrativa cristã. Desde o *Credo dos apóstolos* até o *Credo niceno*, os seguidores de Cristo têm recitado essas palavras carregadas de emoção como meio de manter suas crenças sempre diante deles e para negar possíveis heresias. Recitar os credos nos define como cristãos e nos conecta ao Corpo de Cristo no decorrer das eras. Embora nem todas as comunidades recitem os credos, para muitos essa é uma forma de contar a história de nossa fé de um modo compreensível por todos. A Oração do Senhor e os Dez Mandamentos também podem ser usados dessa maneira.

Você aprendeu essas palavras quando era jovem. Nós colocamos os Dez Mandamentos, a Oração do Senhor e o *Credo dos apóstolos* em cima de sua cama. Você os manteve lá desde então, o que realmente me impressionou. Todas as noites, enquanto você era pequeno, nós os proferimos juntos e discutimos seu significado. Você memorizou os Dez Mandamentos primeiro. Nós falamos sobre o que significa ter outros deuses diante de Deus, no que consiste o *shabbath* e por que não devemos levantar falso testemunho. Fizemos o mesmo com a Oração do Senhor e com o *Credo dos apóstolos*. A ideia certamente não foi minha! Isso compõe a base do catecismo cristão (tanto protestante quanto católico) e remonta a centenas de anos. São declarações sobre as quais a Igreja se fundamenta. Num mundo que dirá a você que o certo e o errado são subjetivos, e que crer é assunto de foro exclusivamente íntimo, essas palavras oferecem respostas sólidas.

As Escrituras e os sermões. Sua vida é uma história. As comunidades de adoração leem a Bíblia em adoração e pregam sermões como forma de contar nossa história, que é também a sua história, a história na qual você foi batizado. Nossa igreja inteira se comprometeu a educar você na fé cristã, a história que une todos nós.

Algumas comunidades ouvem a Palavra no contexto do sermão, o que pode servir de explanação e uma aplicação do texto. A Bíblia é nosso texto comum; ele nos une. A pregação, particularmente quando brota das Escrituras, proclama as grandes verdades de nossa fé e é um meio de graça pelo qual Deus conforta ou convence — e algumas vezes exalta — seu povo.

Em minha vida tenho testemunhado várias ocasiões em que um pregador é de tal maneira inspirado pelo poder do Espírito que minha única reação é permanecer sentado e extasiado. Meu amigo e colega Bill Vaswig é o melhor pregador que já ouvi na vida. Muitas são as ocasiões em que ele tem elevado meu coração e minha mente a lugares com os quais eu só havia sonhado. Não é surpresa que a Bíblia proclame: "Como são belos os pés dos que anunciam boas-novas!" (Romanos 10.15; Isaías 52.7).

Espero que se lembre de agradecer àqueles em nosso meio que anunciaram a você a verdade com seus belos pés. Não existe outro lugar na terra que possa contar a você sua história.

A Comunhão ou a Ceia do Senhor. Lemos em Atos que os primeiros cristãos compartilhavam uma refeição quando se reuniam: "Eles se dedicavam ao ensino dos apóstolos e à comunhão, ao partir do pão e às orações" (Atos 2.42). Na época em que Paulo organizou igrejas entre os gentios, o que hoje conhecemos como a Ceia do Senhor era uma parte padronizada da adoração (1Coríntios 11.23-26). A Ceia se tornou um lembrete da morte de Jesus e de todas as suas implicações abençoadas. Na verdade, *o ato da Comunhão simboliza tudo aquilo que eu amo na comunidade cristã.*

Em primeiro lugar, a Ceia os fazia lembrar de que eram uma *comunidade eterna* por causa de sua participação no Cristo eterno (1Coríntios 10.16). O pão e o cálice se tornaram um modo de "colocar [sua] mente nas coisas do alto" porque eles também tinham morrido, e sua vida estava agora oculta com Cristo em Deus (Colossenses 3.1-4). O milagre da cocrucificação e da corressurreição foi experimentado no pão e no cálice — que representavam o corpo e o sangue de Jesus.

Em segundo lugar, as pessoas praticavam ser uma *comunidade altruísta e generosa.* A Ceia do Senhor as fazia lembrar de que era preciso garantir que cada um tivesse o suficiente para comer e beber. Quando falharam em fazer isso (quando alguns comiam e bebiam demais), Paulo os repreendeu (1Coríntios 11.20-22,33,34). Isso, a propósito, é o que Paulo quis dizer por tomar a Comunhão "indignamente" (1Coríntios 11.27), não, como muitos supõem, participar da Ceia do Senhor com um pecado inconfesso.

Em terceiro lugar, a refeição demonstrava que eles eram uma *comunidade unificada*. Paulo usou a metáfora do pão para fazê-los lembrar de que eram um só corpo: "Como há somente um pão, nós, que somos muitos, somos um só corpo, pois todos participamos de um único pão" (1Coríntios 10.17). Embora eles fossem diferentes entre si (judeus e gentios, homens e mulheres, escravos e livres), eram um em Cristo, simbolizado pelo pão que partilhavam. O pão comum e o cálice comum os lembravam de sua vida comum.

Em quarto lugar, o cálice os fazia lembrar de que eles eram uma *comunidade de reconciliação*. Jesus disse: "Isto é o meu sangue da aliança, que é derramado em favor de muitos, para perdão de pecados" (Mateus 26.28). A Ceia era uma lembrança de seu perdão, tornando tanto possível quanto necessário perdoar uns aos outros. Ter Cristo habitando neles por meio dessa Ceia também os fazia lembrar de que eles compunham uma *comunidade santa*, separada para fazer boas obras. Uma simples Ceia de pão e vinho contava sua história e os lembrava de quem eles eram e do que haviam sido chamados a ser. Elementos comuns como o pão e o vinho — os quais foram criados por Deus — eram transformados em alguma coisa nova.

Há muitos debates, até mesmo lutas e divisões, sobre o que o pão e o cálice de fato são ou simbolizam. É irônico que a Ceia, que significa união, tenha com tanta frequência nos dividido. Não importa onde você acabe adorando, espero que cresça para apreciar essa antiga prática cristã.

As canções. Sei que cantar não é a sua parte favorita na adoração, mas é bastante importante. Além de partir o pão, os cristãos primitivos também cantavam:

> Habite ricamente em vocês a palavra de Cristo; ensinem e aconselhem-se uns aos outros com toda a sabedoria, e cantem salmos, hinos e cânticos espirituais com gratidão a Deus em seu coração (Colossenses 3.16).
>
> [...] falando entre si com salmos, hinos e cânticos espirituais, cantando e louvando de coração ao Senhor (Efésios 5.19).

Por toda a história da Igreja, cantar tem sido uma prática essencial e revigorante. Por intermédio da música contamos nossa história, oferecemos louvores e experimentamos a alegria que só a música pode proporcionar. Deus nos criou de tal maneira que o som e o ritmo nos inspiram e nos motivam. A música nos toca no nível emocional e físico, e, quando é usada para prestar louvor a Deus, nos conecta com a Trindade e uns com os outros de uma forma que o ensino e a pregação não conseguem fazer. Cantar envolve nosso corpo inteiro — estômago, língua, pulmões e até mesmo as mãos quando aplaudimos ou erguemos os braços. Nesse sentido, a adoração é uma prática holística.

O silêncio. Vivemos num mundo ruidoso, e, para que sua alma possa experimentar o descanso ou fazer uma conexão com Deus, você precisará reservar algum espaço para o silêncio. Muitas igrejas estimulam o silêncio para simplesmente existirmos e respirarmos, algo que eu realmente aprecio. Só podemos sentir a direção do Espírito quando estamos quietos. Temos tão pouco silêncio em nosso mundo, e precisamos dele tão desesperadamente para o bem-estar de nossa alma! O silêncio em adoração é outro sinal da peculiaridade cristã. Fazer silêncio, ou pelo menos uma pausa para alguns momentos de reflexão, é a única forma pela qual permitimos que a Palavra de Deus penetre em nosso coração e em nossa mente. Espero que você encontre um dia uma igreja que valorize o silêncio.

A oferta de dons. Quando você era pequeno, deixamos que você representasse a família ao entregar as nossas ofertas e, algumas vezes, as suas próprias moedas. Alguns acham que o dinheiro não tem nenhuma função na adoração. No entanto, ele tem. Dar é em si mesmo um ato de adoração. Não é uma forma de pagar por nossa aceitação, mas de oferecer nossos dons a Deus. O mundo nos diz para cuidar de nós mesmos. Oferecer nossos dons nos ajuda a livrar-nos da necessidade de armazenar tesouros para nós mesmos. Espero que você aprenda a alegria de dar e a verdade de que o que damos para fazer avançar a obra do Reino nunca está perdido.

A bênção final. Com frequência o ato final da adoração é uma bênção oficial proferida por um ministro. O pastor ou líder em geral diz algumas palavras de despedida que encorajam a congregação a partir com a bênção de Deus. "O Senhor te abençoe e te guarde; o Senhor faça resplandecer o seu rosto sobre ti e te conceda graça; o Senhor volte para ti o seu rosto e te dê paz" (Números 6.24-26), por exemplo. Isso nos lembra de que somos a luz num mundo em trevas. Da mesma forma que fomos chamados à adoração, agora somos enviados ao mundo.

Como pai cuja vida foi transformada por Jesus, não quero mais nada para você. Desejo isso mais do que desejo que você alcance sucesso ou fama. Eu adoraria ouvir um dia: "Ei, pai, encontrei um trabalho maravilhoso e realmente adoro o que faço. Eles me pagam muito bem". No entanto, eu adoraria ainda mais ouvir você dizer: "Ei, pai, encontrei uma igreja maravilhosa. As pessoas são amáveis, e os sermões me desafiam e me inspiram. A adoração é uma fonte de força para mim, e isso está moldando minha vida inteira. Obrigado por ter me criado na igreja". Oh, que feliz será esse dia!

UM VISLUMBRE DA ETERNIDADE NA VIDA COTIDIANA

Em sua obra-prima *Jayber Crow*, Wendell Berry conta a história de um homem que renuncia a seu chamado para ser ministro e, em vez disso, torna-se um barbeiro. Apesar dessa decisão, Jayber nunca abandona seu amor pela igreja. Certo dia, enquanto varre a igreja vazia em que havia crescido, ele tem um sonho que o ajuda a perceber a dimensão eterna da igreja à medida que ela adora. Alexander Schmemman afirmou que a adoração é a epifania [manifestação divina] do mundo. Aos olhos de Jayber Crow, a igreja em todas as suas formas terrena, humana, decaída e arrogante era vista de uma perspectiva da eternidade.

> Certo dia, quando levantei cedo para trabalhar na igreja, a sonolência me venceu e deitei-me no chão atrás de um banco para tirar uma soneca. Acordado ou dormindo (eu não seria capaz de dizer ao certo), vi ali reunidas todas as pessoas que já

tinham estado no templo. Era como se eu estivesse sentado no banco, no qual costumava ficar com o tio Othy, enquanto a tia Cordie cantava no coro, e era como se eu tivesse estado ali no domingo anterior. Eu os via em todas as épocas passadas e por vir, todos de alguma forma em seu próprio tempo e em todos os tempos e em nenhum tempo: as mulheres trabalhando e cantando com alegria, os homens quietos, relutantes ou tímidos, o cansado, o perturbado de espírito, o doente, o coxo, o desesperado, o moribundo, uma pequena criança enfiada nos bancos ao lado dos mais velhos, o jovem casal cheio de visões sobre o futuro, os velhos homens com seus sonhos, os pais e seus maravilhosos filhos, os avós com lágrimas nos olhos, o par de jovens amantes que só prestava atenção um ao outro no mundo, as viúvas e os viúvos em luto, as mães e os pais de bebês natimortos, o orgulhoso, o humilde, o atento, o distraído — vi todos eles. Vi rugas dobrando na nuca dos homens, suas mãos engrossadas pela labuta, as roupas de domingo desbotadas de tanto lavar. Estavam todos ali. Não disseram nenhuma palavra, e eu também não disse nada. Eu parecia amar a todos com um amor que era meu apenas porque me incluía. Quando voltei a mim, minha face estava tomada pelas lágrimas.[6]

Gosto demais dessa história porque ela me faz lembrar que a igreja é terrena (formada por pessoas relutantes, perturbadas e desviadas) e é ao mesmo tempo eterna. Comecei este capítulo perguntando: Podemos viver a vida cristã sem uma comunidade de adoração? Eu responderia que sim, é possível viver assim — afinal, todas as coisas são possíveis para Deus. No entanto, a melhor pergunta é: Por que não desejaríamos nem ao menos tentar?

[6] BERRY, Wendell. **Jayber Crow**. New York: Counterpoint, 2000. p. 164-165

TREINAMENTO PARA A ALMA
Adoração

O exercício desta semana envolve comparecer à igreja com o que Richard Foster chama de "expectativa santa".[1] Para muitos de nós, frequentar a igreja é algo repleto de frustração e distração: "Estamos atrasados — vamos rápido!" ou "Oh, não, alguém está sentado no meu lugar", ou "Não posso acreditar que ela está vestindo isso!", ou, ainda, "O sermão está longo demais hoje". Neste capítulo tentei concentrar-me nas narrativas corretas sobre a adoração: é um convite (não uma obrigação) e não se trata de satisfazer as minhas necessidades tanto quanto de desenvolver minha alma. Também analisamos alguns dos elementos básicos da adoração, focando seu significado e impacto.

Por essa razão, eu gostaria que você tornasse sua adoração coletiva mais significativa, envolvendo-se em algumas ações de preparação. A seguir temos algumas diretrizes gerais, não leis, que podem ser úteis à medida que você busca vivenciar a maravilha da adoração.

[1] Foster, Richard J. Celebração da disciplina. São Paulo: Vida, 1983. p. 225.

ENVOLVENDO-SE NUMA ADORAÇÃO SIGNIFICATIVA

1. *Prepare-se criando margem.* Simplesmente chegar à adoração com a atitude certa representa um desafio para muitos de nós. A culpa não é nossa falta de desejo, mas nossa falta de margem temporal. A atitude apropriada de adoração não pode ser cultivada nos dez segundos que caminhamos pelo corredor que leva até o santuário. Precisamos começar nossa preparação para adorar com bastante antecedência. Uma forma de fazer isso é deitar mais cedo na noite anterior ao culto. Isso nos permitirá acordar mais cedo também, o que criará alguma margem em termos de tempo. Precisamos de algum tempo para comer e vestir-nos e para preparar nosso coração para a adoração. A margem de tempo é assim necessária para criar margem no coração também.

2. *Chegue com antecedência.* Um modo simples, mas útil, de estarmos mais atentos na adoração é chegar bem antes que o culto comece a fim de tornar-nos totalmente presentes. Richard Foster nos dá o seguinte conselho: "Chegue para o culto dez minutos mais cedo. Eleve o coração em adoração ao Rei da glória".[2] Isso me tem ajudado a apreciar a adoração e tem reduzido as distrações que acontecem sempre que chego atrasado.

3. *Desenvolva uma expectativa santa.* Como destacamos anteriormente, Foster recomenda uma sensação de expectativa santa entre os adoradores. Isso pode ser feito com uma oração simples: "Espírito, por favor, fala comigo. Jesus, ensina-me. Pai, Deixa-me experimentar teu amor e poder". Acredito que essa é uma oração à qual Deus adora responder. E essa é a oração que desperta nosso desejo.

[2] **Foster, Richard J. Celebração da disciplina** cit., p. 227.

4. *Concentre-se num único aspecto da adoração nesta semana.* Há muitos atos dentro de um culto de adoração (por exemplo, sermão, leitura bíblica, canções, Comunhão). Nesta semana concentre-se em um elemento particular da adoração. Por exemplo, se você escolher as canções, preste atenção a seu corpo, aos sons e às palavras que estão sendo cantadas. Reflita em seu significado — Por que cantamos? O que está acontecendo conosco como comunidade enquanto cantamos? Você pode escolher um aspecto diferente a cada semana. Se fizer isso semanalmente, em poucos meses você terá refletido sobre praticamente todos os aspectos da adoração e, dessa forma, será capaz de transformar um culto inteiro de adoração num ato de doxologia.

5. *Aplique uma coisa.* A adoração nos transforma e nos leva a novas formas de viver. Foster sabiamente escreve: "A adoração começa com uma expectativa santa e termina em obediência santa".[3] Nesta semana esteja atento ao que Deus pode estar pedindo para você fazer. Há alguém com quem você precisa falar? Uma mudança que precisa fazer? Uma nova prática que precisa adotar à medida que caminha com Deus? Mantenha a simplicidade e tente discernir o que Deus pode estar pedindo a você e trabalhe para pôr isso em prática nesta semana.

Foster, Richard J. Celebração da disciplina cit., p. 238.

Capítulo 9
Escrevendo um plano para treinamento da alma

Algumas vezes o fim é exatamente o início. Sei por experiência que, quando chego ao final de um estudo bíblico, de uma classe da escola dominical ou de um retiro que tenha sido útil para mim, com frequência me sinto um tanto perdido. O que farei agora? Como serei capaz de continuar as coisas boas que Deus parece estar fazendo em minha vida? Ao final desta trilogia, alguns leitores talvez perguntem: O que fazer agora? A primeira resposta é: esteja com Deus de todas as maneiras que você puder e continue permitindo que os ensinamentos de Jesus moldem sua mente.

Recomendo um exercício final que consiste em criar um plano de crescimento contínuo desenvolvido por você e Deus e talvez pelos outros. Não é algo imutável, que deva ser escrito em pedra, mas é para sua vida neste momento, e provavelmente mudará ao longo do tempo.

Descobri que ter uma estratégia, tanto quanto uma comunidade para me apoiar, pode ser extremamente útil. E, apesar disso, essa é uma ideia que poucos cristãos põem em prática. Por quê? Há duas narrativas falsas que desestimulam as pessoas de criar um plano e reunir-se com os outros: 1) Não preciso de um plano; 2) Posso fazer isso sozinho.

Por alguma razão achamos que nossa vida com Deus não exige esforço ou planejamento; simplesmente acontece. Infelizmente, as coisas não são assim. No que diz respeito à primeira narrativa falsa, se você falha em planejar, *está planejando falhar*. Nada na vida acontece sem planejamento, sem uma estratégia. Se você quiser construir um jardim, ou perder peso, ou aprender a falar espanhol, precisa de um plano. O mesmo é verdade com relação a sua formação espiritual.

Com relação à segunda narrativa, *você não pode fazer isso sozinho, nem mesmo se espera que tente fazê-lo*. Não fomos criados para viver em isolamento. Outras pessoas podem oferecer-nos apoio, incentivo, sabedoria e discernimento. A vida cristã é para ser vivida em comunidade, com pessoas que estão intencionalmente a seu lado, que o apoiarão e farão o que puderem para ajudar a desenvolver sua fé. Há muitas pessoas dispostas a caminhar com você. Talvez você já tenha um grupo como esse. Se não tiver, busque a ajuda de uma igreja local.

Como você pode continuar essa caminhada? Eu o encorajaria a fazer duas coisas: Em primeiro lugar, detina um plano para continuar estudando as narrativas centrais de Jesus e mantenha a prática dos exercícios espirituais que as acompanham. Em segundo lugar, encontre outras pessoas que caminharão com você neste desafio, às quais você poderá prestar contas de maneira amável e encorajadora, e que incentivarão você a seguir em frente.

UMA PRÁTICA ANTIGA

As comunidades cristãs primitivas usavam a palavra "regra" para descrever sua estratégia de crescimento. A ideia de uma regra vem do termo latino *regula*, que se refere a uma norma ou um pacto que declara suas intenções. A primeira *regula* foi um antigo documento cristão chamado *Didaquê*, escrito provavelmente no início do segundo século. Ele detalhava um modo de vida para os cristãos primitivos. Outra regra foi escrita por Santo Agostinho no século V. A mais popular e duradoura *regula* foi escrita por São Benedito no século VI. Ao longo do tempo, muitas outras regras foram redigidas por comunidades cristãs, tanto católicas quanto protestantes. O movimento metodista continha regras para as sociedades, classes e grupos, as quais detalhavam os planos e as expectativas daqueles que se autodenominavam metodistas. Uma vez que a palavra "regra" pode parecer legalista e limitadora, creio que termos como "plano" e "estratégia" podem ser mais úteis ao leitor.

O que uma estratégia pode fazer pelas pessoas? É um padrão equilibrado e saudável que nos ajuda a definir como queremos viver. É uma lembrança constante de como gostaríamos de viver. Pode ajudar-nos a ir além das boas intenções e partir para a ação. Não é um conjunto de leis ou um documento opressivo e indutor de culpa, que torna nossa vida miserável.

Ao contrário das regras de Santo Agostinho ou de São Benedito, não recomendo uma regra padronizada para todos os membros de um grupo de aprendizes. Em vez disso, ofereço algumas diretrizes para ajudar você a criar seu programa de vida como aprendiz de Jesus. Sugiro que compartilhe seu plano com um grupo — se possível o mesmo grupo de pessoas que tenha acompanhado você por toda esta trilogia. (Elas terão um vocabulário comum e a vivência nos mesmos exercícios.) Por favor, observe que a estratégia que estou sugerindo aqui *não* consiste num conjunto de leis, mas num ritmo de vida. Embora não seja um conjunto rigoroso de práticas, a regra também não é um conjunto de sugestões que podemos escolher ignorar — pelo menos não se nosso desejo é o de continuarmos a crescer em nossa formação espiritual.

1. ESCREVENDO UM PLANO DE TREINAMENTO PARA A ALMA — A *REGULA* PARA A VIDA

Quando perguntaram a Jesus qual era o maior de todos os mandamentos, ele respondeu:

> " 'Ame o Senhor, o seu Deus de todo o seu coração, de toda a sua alma e de todo o seu entendimento'. Este é o primeiro e maior mandamento. E o segundo é semelhante a ele: 'Ame o seu próximo como a si mesmo'. Destes dois mandamentos dependem toda a Lei e os Profetas" (Mateus 22.37-40).

O primeiro e maior mandamento é que amemos a Deus com todo o nosso ser: coração, alma e mente. O segundo mandamento é que amemos nosso próximo como a nós mesmos. Isso implica que devemos amar a nós mesmos. O *amor*, como definimos nesta trilogia, é "querer o bem do outro". Existimos para cuidar de nós mesmos e uns dos outros.

"Amem a Deus e cuidem de si mesmos e uns dos outros" pode ser o resumo da passagem. Se essa é nossa maior tarefa, então precisamos de um plano, de uma estratégia, para assegurar que estamos fazendo o melhor que podemos. Uma maneira interessante é praticar formas que nos permitem fazer tudo isso. O exercício de treinamento para a alma no final de cada capítulo dos livros desta trilogia pode ser dividido em três áreas: maneiras de aumentar nosso amor para com Deus, maneiras de cuidarmos de nós mesmos e maneiras de trabalharmos pelo bem dos outros. A seguir temos os 33 exercícios de treinamento para a alma que foram recomendados nesta trilogia, divididos nas três categorias citadas: Deus, nós mesmos e os outros.

Deus
- Fazer silêncio para aumentar a consciência da Criação
- Contar suas bênçãos
- Orar o salmo 23
- Praticar a *lectio divina*
- Ler o evangelho de João
- Praticar a solitude
- Escrever uma carta para Deus
- Viver um dia inteiro devocionalmente
- Ler um clássico devocional
- Ler a Bíblia durante os tempos livres
- Passar duas horas com Deus
- Adorar

Você mesmo
- Cuidar do sono
- Fazer silêncio
- Criar margem
- Desacelerar
- Jogar

- Guardar o *shabbath*
- Fazer um jejum de mídia
- Não falar
- Encontrar um amigo a quem prestar contas
- Perdoar

Os outros
- Praticar a hospitalidade
- Orar pelo sucesso dos concorrentes
- Praticar o serviço secreto
- Desacumular
- Orar
- Passar um dia sem fofocar
- Praticar quatro atos de peculiaridade
- Compartilhar a fé
- Valorizar seus tesouros
- Amar aqueles que discordam de nós
- Administrar seus recursos

Examine a lista e faça algumas anotações mentais de sua experiência com os exercícios. Você pode até querer marcar com asteriscos alguns deles ou ordená-los em uma escala de 1 a 10 em termos de como eles afetaram você.

Passo 1. Escolha alguns itens da lista. O primeiro passo para escrever seu plano é escolher vários (de cinco a dez) exercícios de treinamento para a alma das listas anteriores que tenham sido especialmente transformadores para você. Não escolha apenas aqueles de que você mais gostou; selecione aqueles que o ajudarão mais no crescimento de sua vida com Deus. Por exemplo, fazer um jejum de quarenta e oito horas de mídia talvez não tenha sido muito agradável, mas pode ter sido bastante proveitoso. Procure restringir sua lista a seis ou sete exercícios. Esse número será um bom ponto de partida. Um dos pontos críticos ao escrever a regra é começar com objetivos pequenos e atingíveis. Um erro comum ocorre quando as pessoas fazem coisas demais e terminam falhando em cumprir seu plano. Sugiro que você tente incluir pelo menos dois exercícios de cada uma das três categorias.

Passo 2. Acrescente práticas não incluídas na lista. Os exercícios listados não são os únicos modos pelos quais você pode fazer crescer sua vida com Deus. Há inúmeros outros exercícios espirituais que as pessoas consideram significativos. Por exemplo, eu gosto de ler os sermões de John Wesley, Martinho Lutero e George MacDonald porque eles me inspiram e fazem crescer meu amor e minha devoção a Deus. Também gosto de usar um devocional diário que tenha profundidade.

Além dos exercícios espirituais, há outras práticas inspiradoras em que você pode engajar-se de tempos em tempos. Geralmente elas caem na segunda categoria, de autocuidados. Eu realmente adoro montar cavalos, caminhar com meu cachorro e ler romances antigos. Tenho amigos que adoram sair para velejar, e outros preferem tricotar. Um estudante certa vez me contou que adora assistir a filmes antigos. Traga à tona algumas coisas que você considera gratificantes, mas não costuma encontrar tempo para realizar. Elas podem não parecer "espirituais", mas, se afetarem seu bem-estar, serão realmente espirituais.

Com três a cinco práticas extras adicionadas à lista original da trilogia, sua lista deve incluir de 10 a 12 práticas que você acredita que aumentarão seu amor para com Deus, para consigo mesmo e para com o próximo.

Passo 3. Defina a duração e a frequência. O passo seguinte é determinar com que frequência e por quanto tempo você praticará esses exercícios. Por exemplo, digamos que você tenha escolhido a leitura bíblica como exercício proveitoso. Pense na frequência com que você gostaria de ler a Bíblia a cada semana: talvez diariamente ou talvez duas ou três vezes por semana. A seguir determine quanto tempo (quinze minutos ou meia hora?) ou quanto da Bíblia (um, dois ou cinco capítulos?) você quer ler. Outro exemplo: Você cavalgará toda semana ou uma vez por mês? Pense em quanto você precisa envolver-se nesses exercícios a fim de obter o maior benefício, sem exagerar, ficar frustrado e desistir.

Passo 4. Crie um plano com equilíbrio e moderação. Há dois critérios que eu gostaria que você considerasse enquanto analisa sua lista. Em primeiro lugar, verifique se a regra que você criou é equilibrada, ou seja, tem o número certo de exercícios em cada uma das três áreas (Deus, você mesmo, os outros). Em segundo lugar, cheque se a regra é atingível. Ela precisa ser *equilibrada* para que você possa crescer, e precisa ser *atingível* para que você a possa manter. Talvez você não consiga responder a essa questão de imediato. A primeira regra que eu escrevi não era nem equilibrada nem atingível. Eu incluí exercícios demais na lista, com foco exagerado nos exercícios que desenvolviam meu relacionamento com Deus. A frequência também era bastante alta. Eu deveria ter imaginado que fracassaria quando escrevi "três horas diárias de tempo a sós com Deus". Isso é praticamente impossível na minha rotina diária, e é mais do que eu precisava nessa área de minha vida. É difícil saber como você fará isso antes de realmente tentar fazer, mas apresentar seu plano ao exame de outras pessoas pode ajudar.

A Figura 9.1 exemplifica uma regra escrita por minha amiga e colega aprendiz Jennifer Hinz. É um bom exemplo de equilíbrio e moderação no cuidado para com Deus, consigo mesmo e com os outros.

O plano de Jennifer é excelente. Ela é naturalmente uma pessoa generosa, de modo que foi ótimo ter incluído corte e costura (algo que alimenta sua alma) e margem. Jennifer foi capaz de manter sua *regula* por um bom tempo porque ela concedia vida e era desafiadora sem ser excessivamente exigente.

- contar minhas bênçãos todos os domingos antes de dormir
- costurar três vezes por mês
- orar o salmo 23 todas as manhãs
- dar uma volta com minha família todos os domingos para tomar sorvete
- dar-me alguma margem todo final de semana
- jantar com os amigos duas vezes ao mês
- orar por meus concorrentes a cada noite antes de dormir
- sair para uma caminhada com minha família uma vez por semana
- hospitalidade — servir aos outros duas vezes por mês
- convidar a família e os amigos para jantar em nossa casa duas vezes por mês

Figura 9.1 O plano de vida de Jennifer

A Figura 9.2 é a regra de meu colega Matt Johnson. Como você provavelmente perceberá ao analisar seu plano, Matt é uma pessoa contemplativa que aprecia intensamente seus momentos com Deus.

Como você pode ver, a regra de Matt contém vários períodos para oração privada e solitude. Sua *regula* inclui passar quinze minutos por dia praticando a presença de Deus, uma hora inteira de oração na segunda-feira de manhã, *lectio divina* duas vezes por semana e uma hora de santo lazer três vezes ao mês. Esses são exercícios espirituais muito poderosos, mas também bastante desafiadores para a maioria das pessoas, que não estão acostumadas a tanta solitude.

- lavar os pratos duas vezes por dia durante quinze minutos (no almoço e no jantar)
- praticar a presença de Deus diariamente — 6h45—7 horas
- cuidar do jardim/trabalhar na parte de fora da casa três vezes por semana durante trinta minutos — às segundas, terças e quintas-feiras — 7 horas—7h30
- tocar guitarra quatro vezes por semana durante vinte minutos — de segunda-feira à quinta-feira — 9h20—9h40
- fazer oração contemplativa/intercessora toda segunda-feira pela manhã
- praticar a *lectio divina* duas vezes por semana, às terças e quintas-feiras
- ficar em solitude uma vez por semana durante duas horas às quartas-feiras — 7h20—9h20
- oração acolhedora — revisar a prática todas as quintas-feiras — 8h30
- sair com Catherine uma vez por semana — uma hora na quintas-feiras à noite
- praticar o *shabbath* três vezes por mês, de sexta-feira até sábado
- serviço — três atos de serviço cada semana (difícil de medir)
- direção espiritual uma vez por mês conforme agendado

Figura 9.2 O plano de Matt

Embora seu plano pese mais para nutrir seu relacionamento com Deus, eu provavelmente não diria para Matt suprimir essas práticas porque sei quanto ele se beneficia delas. Acho que ele encontra equilíbrio naquela sua *regula* que inclui suficientes autocuidados (praticar jardinagem, tocar guitarra, encontros românticos com sua esposa e direção espiritual), assim como serviço aos outros (lavar os pratos diariamente, realizar três atos de serviço por semana). Uma das melhores coisas que Matt tem feito é encontrar-se mensalmente com um orientador espiritual, que é capaz de ajudá-lo a discernir como seu plano é benéfico e, se necessário, como modificá-lo.

2. PERMITINDO QUE OS OUTROS MOLDEM SEU PLANO

Descobri que é bastante útil que outros aprendizes analisem e comentem minha *regula*, especialmente em termos de equilíbrio e alcance. Nem sempre somos objetivos o suficiente, e os outros podem ser capazes de ver uma área que deixamos passar. Certa vez analisei o plano de uma pessoa de meu grupo e vi imediatamente que estava desequilibrado. Havia dois exercícios para alimentar a vida com Deus, nenhum exercício de autocuidado e dez práticas voltadas para ajudar os outros. Esse amigo é uma pessoa extremamente generosa e amorosa, que vive para servir. No entanto, pude apontar o desequilíbrio, algo que ele não foi capaz de enxergar. Isso equivale a uma espécie de orientação espiritual. Permitimos que os outros observem nossas práticas e ofereçam sua perspectiva particular, o que é um grande dom.

Uma alternativa é o grupo reunir todos os seus planos individuais e escrever um plano comum, que todos concordem em seguir por um período. Um amigo meu fez isso com um grupo de oito aprendizes que estudaram juntos esta trilogia. Quando eles terminaram a série, reservaram um mês de folga para escrever suas próprias regras. A seguir reuniram-se novamente e compartilharam o que cada um havia escrito. Juntos, elaboraram uma regra única, com vários exercícios a serem realizados mensalmente por todos os que concordaram em praticar (v. Figura 9.3). O grupo se encontrava quinzenalmente para compartilhar como as coisas estavam correndo. Por *e-mail* eles também compartilhavam o que estavam fazendo, como estavam se saindo, o que estava funcionando e em que enfrentavam dificuldades. Isso se tornou uma maneira de compartilhar algumas dicas descobertas ao longo do caminho.

Veja os exercícios que eles concordaram em realizar, assim como a frequência com que decidiram cumpri-los. O *shabbath*, por exemplo, era importante para praticamente todos do grupo, mas eles tinham consciência de que poderia ser difícil para alguns guardar o *shabbath* semanalmente. Assim, eles decidiram passar juntos um *shabbath* no terceiro domingo de cada mês. Isso representou uma ajuda extra para que se preparassem para aquele dia, bem como uma oportunidade de compartilhar ideias que funcionaram para cada participante. Na realidade, acabou sendo difícil para eles manter esse exercício no mesmo dia.

- guardar um *shabbath* no terceiro domingo do mês
- ler o evangelho de João de uma assentada durante o mês
- ler diariamente o Sermão do Monte – aproximadamente quinze minutos por dia durante os dias de semana
- fazer dez a vinte minutos de silêncio todos os dias
- desacelerar: especificamente dirigir no limite da velocidade e estar consciente da presença de Deus; abençoar cada motorista que passar por seu trajeto
- pelo menos uma vez por semana construir ou intensificar propositadamente um relacionamento novo ou atual escrevendo um bilhete, enviando uma mensagem de correio eletrônico ou dando um telefonema
- elevar a Deus em oração diária o nome de cada participante do grupo

Figura 9.3 Uma regra de grupo

A *regula* desse grupo é atingível para a maioria dos participantes, mas a prática de ler o Sermão do Monte diariamente era um desafio por causa de sua agenda individual. Alguns acharam fácil cumprir esse exercício, especialmente aqueles que tinham tempo de sobra em seu intervalo para o almoço para sentar tranquilamente e ler as Escrituras. Eles ficaram surpresos em quanto impacto tiveram outras atividades da lista. Por exemplo, dirigir dentro do limite máximo de velocidade (que nada mais é que respeitar a lei) teve um grande efeito sobre o grupo. Os dez a vinte minutos de silêncio diários também foram bastante úteis, embora alguns no grupo tivessem de desenvolver essa quantidade começando com cinco minutos, passando para dez e depois para quinze.

Esses três planos mostram quão importantes são o equilíbrio e a moderação. Espero que você os utilize como diretrizes, não algo a ser imitado servilmente. Apesar disso, há valor em aprender — e até mesmo em imitar durante um período — as práticas daqueles que são mais experientes que nós. Paulo escreveu aos coríntios:

> Embora possam ter dez mil tutores em Cristo, vocês não têm muitos pais, pois em Cristo Jesus eu mesmo os gerei por meio do evangelho. Portanto, suplico-lhes que sejam meus imitadores (1Coríntios 4.15,16).

Paulo instruiu os coríntios a imitá-lo não porque fosse o modelo perfeito, mas porque era o único modelo ao qual eles tiveram acesso. Quando estamos iniciando, é uma boa ideia tentar fazer o que aprendizes experimentados já fazem.

Aprendi isso de meu tempo com Richard Foster e Dallas Willard. Em meus dias de juventude, eu imitava suas práticas. A vida de oração de Richard era particularmente inspiradora para mim, e eu orava da mesma maneira que o via orar. Cheguei até mesmo a imitar o modo com que ele se sentava na cadeira, com as mãos sobre os joelhos. Quando eu convivia e trabalhava com Dallas Willard, ficava impressionado com a maneira pela qual ele memorizava a Bíblia — em grandes seções. Eu o observei fazendo isso tarde da noite várias vezes antes de se retirar para dormir. Isso foi uma inspiração para mim, uma prática que passei a efetuar por minha própria conta. No entanto, algum tempo depois de ter aprendido o formato, modifiquei-o para que se adequasse a meu modo de ser e a minhas necessidades individuais. E isso tem mudado ao longo do tempo. Então, proponho essas regras e ideias para reflexão. Ore sobre isso e considere como você poderia praticar a regra em sua vida.

3. VIVENDO SEU PLANO EM COMUNIDADE

Uma vez que você tenha elaborado um plano equilibrado e moderado, agora é tempo de pô-lo em prática. Apenas ter um plano não fará bem algum a você; é preciso vivenciá-lo. Isso significa, antes de tudo, examinar sua agenda e planejar quando você iniciará essas práticas. Esse é um passo crucial no processo e um ponto no qual muitos fracassam. Nunca agendam essas práticas, e elas nunca acontecem. Por exemplo, se você está planejando ter um *shabbath* semanal, inclua isso em sua agenda e planeje os demais compromissos respeitando esse espaço. Em segundo lugar, descobri que é útil manter meu plano bem diante dos meus olhos. Providencie algumas cópias e cole-as na porta de sua geladeira e no espelho do seu banheiro. Longe dos olhos, longe do coração, diz o ditado. Deixar seu plano visível funciona como lembrete visual e constante.

Depois disso, encontre algumas pessoas que possam regularmente perguntar como você está se saindo no cumprimento do plano. Esse tipo de prestação de contas é de grande valor. Estudos demonstram que as pessoas que prestam contas aumentam sua capacidade de atingir objetivos. Você pode não precisar disso na primeira ou segunda semanas, quando seu entusiasmo é alto, mas ao longo do tempo precisará prestar contas para continuar seguindo em frente. Também sugiro usar algumas questões para ajudar a avaliar o impacto de seu plano e descobrir em quais áreas você está enfrentando dificuldades e precisa fazer alguns ajustes. As seguintes perguntas podem ser usadas para ajudar você a analisar como Deus está trabalhando em seu programa de treinamento espiritual.

Exame para indivíduos

1. Como vejo Deus agir no que estou fazendo agora?
2. De que práticas estou gostando mais? E menos?
3. Quais são (se houver) as necessidades que precisam ser modificadas em minha regra?

Exame para grupos

1. Com quais narrativas antigas e falsas você tem lutado desde a última vez em que nos encontramos?
2. Como você está se sentindo com relação ao plano que estabeleceu?
3. O que Deus está ensinando com as práticas que estão nesse plano?
4. Como podemos apoiar você?

Os valores seguintes de um aprendiz vêm da trilogia. Todos os seguidores de Jesus devem almejar estar à altura desses valores. Um grupo de aprendizes deve revisar essa lista para verificar como estão agindo pessoalmente e como grupo.

Valores de um aprendiz de Jesus

- Não cooperar com a injustiça

- Ter sensibilidade ao servir às outras pessoas
- Orar habitualmente por todas as pessoas e em todas as áreas da vida
- Não retaliar quando os outros tentarem atingir-me
- Recusar ser governado pela avareza ou pelo desejo sexual
- Usar meus recursos para investir em tesouros celestiais
- Recusar fazer fofoca ou julgar os outros
- Ter consciência em relação aos necessitados
- Falar intencionalmente palavras de encorajamento
- Trabalhar para fazer bem todas as coisas, o que glorifica nosso Pai que está nos céus

UMA PALAVRA FINAL DE ENCORAJAMENTO

Se você tiver chegado até este ponto — leu os três livros e pôs em prática todos esses exercícios — fez algo muito especial. Após ter trabalhado nestes livros nos últimos dez anos e liderado mais de uma centena de pessoas por meio desses estudos em pequenos grupos, sei o desafio que isso representa. O maravilhoso é que funciona! Se você ainda estiver lendo, suspeito que também sabe. Há tantos excelentes livros e programas disponíveis hoje que não podemos dizer que carecemos de recursos ou habilidade. A verdadeira questão que vem à tona é: Faremos isso? Permanecermos firmes? Manteremos o empenho em aprofundar nosso amor para com Deus, cuidar de nós mesmos e amar nosso próximo? Oro para que você tenha obtido algumas ideias e práticas que o ajudarão à medida que continuar a crescer na graça e no conhecimento de nosso Senhor Jesus Cristo.

Apêndice

Guia de discussão para pequenos grupos

Matthews Johnson e Christopher Jason Fox

Este livro surgiu de uma verdade que muitos de nós aprendemos em nossa própria jornada espiritual: nós precisamos de uma comunidade. À medida que este material foi desenvolvido, ele sempre esteve no contexto de comunidade. É dentro da comunidade que podemos compartilhar a alegria de descobrir o Reino de Deus atuando em nós. É dentro da comunidade que podemos celebrar novas descobertas do material de leitura e também desafiar as ideias do autor. É dentro da comunidade que percebemos aqueles dons que Deus tem concedido pessoalmente a nós e a nossos irmãos e irmãs em Cristo. É também dentro da comunidade que descobrimos as feridas e os questionamentos que o Espírito Santo nos está trazendo à luz.

Que verdadeiro presente é a comunidade para nós!

Assim, da mesma forma que ocorre nos livros anteriores da trilogia, criamos este pequeno guia de estudo em grupo como ferramenta para ajudar os indivíduos a formarem uma comunidade. Neste guia você encontrará uma sessão correspondente a cada capítulo.

Cada sessão é dividida em vários segmentos. Use esses segmentos da maneira que for mais adequada a seu contexto. Você pode pular alguns segmentos ou questões, ou pode acrescentar tópicos e atividades que julgar mais convenientes. Além disso, você pode querer gastar tempo do encontro discutindo as questões contidas nas margens de cada capítulo.

Dependendo do tamanho de seu grupo, as sessões neste guia podem durar de sessenta a noventa minutos. Incluímos estimativas de quanto cada segmento pode durar. Se seu grupo tem mais de seis participantes, entenda que o tempo juntos chegará a noventa minutos.

Que você possa ser abençoado com uma comunidade de amor e peculiaridade à medida que busca o Reino de Deus em nosso meio.

Matthew Johnson

CAPÍTULO 1: A COMUNIDADE PECULIAR
Abrindo-nos para Deus [5 minutos]

Comecem fazendo cinco minutos de silêncio para que o grupo se concentre no momento presente e deixe de lado toda a agitação e tensão. Ao final do período, alguém no grupo pode fazer uma breve oração, tocar um sino de meditação ou simplesmente dizer amém.

Treinamento para a alma [10-20 minutos]

Se vocês estiverem num grupo de sete ou mais pessoas, dividam-se em subgrupos de três ou quatro participantes. Usem as questões a seguir para discutir sua experiência de passar duas horas com Deus e realizar quatro atos de peculiaridade.

Duas horas com Deus

1. Se você se sentir à vontade, compartilhe com o grupo como você gastou suas duas horas com Deus (em um longo período, em oito segmentos de quinze minutos cada, ou em horas de adoração?).

2. Como você utilizou os oitos passos sugeridos pelo autor para o tempo silencioso? Se você pulou algum dos passos, explique por que fez isso.
3. Que desafios você encontrou para passar duas horas com Deus?
4. Como o tempo com Deus afetou sua vida?

Quatro atos de peculiaridade

1. Que efeitos seus quatro atos de peculiaridade causaram em sua vida?
2. Que desafios você experimentou ao realizar esse exercício de treinamento para a alma?
3. Como seus atos de peculiaridade foram uma expressão da peculiaridade de Deus?
4. Suas ações "desajustadas" alguma vez deram a você a sensação de ser um cidadão de outro mundo (o Reino de Deus)? Descreva sua experiência.

Aplicando o capítulo [30-40 minutos]

Se vocês se dividiram em subgrupos para realizar o exercício de treinamento para a alma, podem reagrupar-se para discutir o capítulo. Se o tempo for limitado, leiam as questões a seguir, destaquem aquelas que quiserem discutir especialmente e então iniciem a discussão.

1. Qual é sua lembrança mais remota da igreja? Como ela moldou sua compreensão de Deus e do compartilhar a vida com outras pessoas?
2. Você consegue recordar uma ocasião em que encontrou uma maravilhosa e boa comunidade? Em caso positivo, descreva sua experiência e como era o grupo encontrado.
3. Leia em voz alta a citação de Atenágoras na página 35. O que mais impressiona você na descrição que ele faz dos cristãos? O que Atenágoras escreveria sobre os cristãos de sua comunidade?

4. O autor nos dá a seguinte descrição do povo peculiar de Deus:

> Por exemplo, se eu (pelo poder do Espírito) começar a falar a verdade no dia a dia, causarei estranheza. Se eu aprender a desacelerar, a viver sem ser governado pela ira e a realmente orar pelas pessoas que tentam destruir-me, serei considerado estranho, porque este mundo não funciona dessa forma (p. 34)

A seguir Cornel West nos dá a seguinte descrição de como somos desajustados aos modos de ser do mundo: "Sempre houve cristãos bem ajustados à ambição, bem ajustados ao medo, bem ajustados ao preconceito. E sempre houve cristãos desajustados à ambição, desajustados ao medo e desajustados ao preconceito" (p. 33-34). O autor acrescenta: "Todos os cristãos deveriam ser desajustados a coisas como injustiça, ambição, materialismo e racismo".

- Você concorda que os cristãos devem ser "peculiares" e "desajustados"? Por que sim ou por que não?
- Na página 39 o autor escreve: "O Deus que Jesus revela é peculiar". Como você reage a essa declaração?

5. Releia os primeiros quatro parágrafos da seção "Confiança na direção do Espírito" nas páginas 43-45.

- Que sabedoria você extrai da resposta de George Fox a William Penn a respeito do uso da espada?
- Existe alguma área em sua vida na qual deseja que alguém dissesse a você o que fazer? Como você pode aplicar o princípio de Fox?

Aplicando a Palavra [10-20 minutos]

Peçam para um voluntário ler em voz alta Romanos 12.1,2 e a seguir discutam as seguintes questões com o grupo.

1. Como grupo, criem uma lista de palavras e frases dessa passagem bíblica que ressaltem a peculiaridade dos cristãos. Expliquem por que vocês as escolheram.
2. Qual o significado da expressão "ser transformados pela renovação de sua mente"? Como fazemos isso?
3. Por que a renovação de nossa mente nos levaria a não nos "amoldarmos ao padrão deste mundo"?

Sigam em paz [5 minutos]

Peçam para um voluntário ler em voz alta a seguinte passagem das Escrituras e a respectiva citação do livro:

> Amados, amemos uns aos outros, pois o amor procede de Deus. Aquele que ama é nascido de Deus e conhece a Deus. Quem não ama não conhece a Deus, porque Deus é amor. Foi assim que Deus manifestou o seu amor entre nós: enviou o seu Filho Unigênito ao mundo, para que pudéssemos viver por meio dele. Nisto consiste o amor: não em que nós tenhamos amado a Deus, mas em que ele nos amou e enviou seu Filho como propiciação pelos nossos pecados. Amados, visto que Deus assim nos amou, nós também devemos amar uns aos outros. Ninguém jamais viu a Deus; se amarmos uns aos outros, Deus permanece em nós, e o seu amor está aperfeiçoado em nós (1João 4.7-12).

> A ética é simples: como Deus é, assim deve ser seu povo. Se nós não amamos, não conhecemos Deus. Porque "o amor de Deus foi revelado entre nós" na pessoa de Jesus "para que pudéssemos viver por meio dele" (p. 40).

PRÓXIMA SEMANA

O capítulo seguinte considera a fonte de esperança para uma comunidade cristã. O exercício de treinamento para a alma é compartilhar sua fé. O autor sugere alguns passos construtivos para que isso aconteça

No entanto, você precisará iniciar o exercício logo no começo da semana a fim de ver o impacto desses passos antes de sua próxima reunião.

CAPÍTULO 2: A COMUNIDADE DA ESPERANÇA

Abrindo-nos para Deus [5 minutos]

Comece fazendo cinco minutos de silêncio. Ao final do período, alguém no grupo pode fazer uma breve oração, tocar um sino de meditação ou simplesmente dizer amém.

Treinamento para a alma [10-20 minutos]

Se vocês estiverem num grupo de sete ou mais pessoas, dividam-se em subgrupos de três ou quatro participantes. Usem as questões a seguir para discutir sua experiência de compartilhar sua fé.

1. Vocês puseram em prática algum dos sete passos sugeridos antes de ler este capítulo? Como isso o encoraja a saber que você já está desempenhando um papel significativo em alcançar os outros?
2. Qual das sete atividades foi a mais útil para você? Por quê?
3. Que dificuldades você descobriu à medida que trabalhou nesses passos? O que essas dificuldades poderiam ensinar a você?
4. Como você aplicará esses passos além deste estudo?
5. O que você aprendeu sobre Deus, sobre você e sobre os outros com este exercício de treinamento para a alma?

Aplicando o capítulo [30-40 minutos]

Se vocês se dividiram em subgrupos para realizar o exercício de treinamento para a alma, podem reagrupar-se para discutir o capítulo. Se o tempo for limitado, leiam as questões a seguir e destaquem aquelas que vocês quiserem discutir especialmente e então iniciem a discussão.

1. Como foram suas experiências de testemunhar, evangelizar ou compartilhar a fé?
2. Das seis desculpas para não testemunhar (p. 56), qual delas você está mais inclinado a usar para não compartilhar sua história de fé? Por quê?
3. John Zizioulas escreve que a comunidade cristã "tem suas raízes no futuro e seus ramos no presente" (p. 60). Como essa citação e a interpretação da citação pelo autor fazem você se sentir a respeito do futuro e do presente?
4. Revise "As quatro partes da história da esperança" (p. 61-65). Que ideias novas ou desafiadoras você encontrou nessa seção? Como você se sente conforme se posiciona nessa metanarrativa?
5. À medida que a história de Cristo se torna a nossa história, recebemos uma nova identidade que se constitui na fundação para nosso comportamento, mas essa não é nossa maneira habitual de pensar. O autor explica:

> Nós quase sempre fazemos o inverso: definimos a identidade com base no comportamento; dizemos às pessoas o que elas precisam fazer (imperativo) para descobrir quem elas são (indicativo). Paulo faz o oposto: o apóstolo diz aos colossenses quem eles são e então discorre sobre como devem viver. Quanto mais crescemos na história, mais a história cresce em nós (p. 66).

Como sua identidade em Cristo tem levado a mudanças em seu comportamento?

6. O autor destaca que nossa vida é uma testemunha:

> No entanto, quando dizemos a verdade em situações nas quais é difícil fazê-lo, quando nos sentamos na sala de espera com um amigo ferido e assustado mesmo tendo coisas urgentes a fazer, quando nos esforçamos para permanecer em harmonia com pessoas que discordam de nós, quando procuramos uma maneira

de gastar menos para poder doar mais, quando oferecemos uma bênção a alguém que nos amaldiçoa, nessas situações a essência de Jesus, que vive e se manifesta em nós, emerge (p. 70).

Passe alguns minutos em reflexão silenciosa. Pense na última semana e considere quando a essência de Jesus emergiu em sua vida ou na vida de alguém que você conhece. Se você se sentir à vontade, compartilhe suas descobertas com o grupo.

7. O autor nos convida a estarmos preparados para dar a razão da esperança que há em nós, de forma gentil, respeitosa e quando nosso interlocutor estiver pronto para ouvir isso. Como essa abordagem afeta sua disposição para compartilhar sua fé?

Aplicando a Palavra [10-20 minutos]

Peçam para um voluntário ler em voz esta passagem das Escrituras e a seguir discutam as questões com o grupo:

> Sempre agradecemos a Deus, o Pai de nosso Senhor Jesus Cristo, quando oramos por vocês, pois temos ouvido falar da fé que vocês têm em Cristo Jesus e do amor que têm por todos os santos, por causa da esperança que lhes está reservada nos céus, a respeito da qual vocês ouviram por meio da palavra da verdade, o evangelho que chegou até vocês. Por todo o mundo este evangelho vai frutificando e crescendo, como também ocorre entre vocês, desde o dia em que o ouviram e entenderam a graça de Deus em toda a sua verdade (Colossenses 1.3-6).

1. Quando a esperança produziu fé e amor em sua vida?
2. Se esperança é confiança num futuro bom, como você descreveria seu nível de esperança?
3. Que verdades sobre Deus e o Reino de Deus fazem aumentar sua esperança num futuro bom?

Sigam em paz [5 minutos]

Para encerrar o encontro, peçam para um voluntário ler em voz alta a seguinte citação do livro:

> Raízes no futuro, raízes na ressurreição, raízes na vitória eterna de Jesus, raízes que estão firmemente plantadas na vida eterna, raízes que alimentam tanto o tronco quanto os ramos e, no final das contas, produzem o fruto que atrai os outros para a história. Wright conclui: "Para alguém ser realmente eficaz nesse tipo de missão, é preciso estar genuína e alegremente enraizado na renovação de Deus". Nós temos um motivo real para vibrar. Quanto mais conhecemos a história, mais nos alegramos (p. 48).

Próxima semana

O capítulo seguinte examina o papel do autossacrifício dentro da comunidade cristã. O exercício de treinamento para a alma envolve autossacrifício em várias áreas da vida.

CAPÍTULO 3: A COMUNIDADE DO SERVIÇO

Abrindo-nos para Deus [5 minutos]

Comecem fazendo cinco minutos de silêncio. Ao final do período, alguém no grupo pode fazer uma breve oração, tocar um sino de meditação ou simplesmente dizer amém.

Treinamento para a alma [10-20 minutos]

Se vocês estiverem num grupo de sete ou mais pessoas, dividam-se em subgrupos de três ou quatro participantes. O exercício de treinamento para a alma deste capítulo nos convida a viver de maneira altruísta em múltiplos contextos. Com essas questões, trabalhe nas diferentes áreas em que você interage com outras pessoas.

1. Selecione duas das seguintes áreas e descreva o que você aprendeu sobre viver de maneira altruísta:

    - família
    - trabalho
    - igreja
    - vida diária

2. Qual foi o aspecto mais difícil de viver de maneira altruísta?

3. O que você aprendeu sobre as outras pessoas à medida que procurou viver de maneira altruísta?

4. Você cresceu em sua capacidade de valorizar os outros com essa prática?

Aplicando o capítulo [30-40 minutos]

Se vocês se dividiram em subgrupos para realizar o exercício de treinamento para a alma, podem reagrupar-se para discutir o capítulo. Se o tempo for limitado, leiam as questões a seguir e destaquem aquelas que quiserem discutir especialmente e então iniciem a discussão.

1. O autor abre o capítulo com uma história de uma reunião de comissão de igreja. Como você tem visto narrativas de autocentrismo e autossacrifício funcionando dentro ou fora da igreja? Qual tem sido o fruto desses encontros?

2. Ao examinar as narrativas falsas e verdadeiras, o autor contrasta uma igreja autofocada com uma igreja focada nos outros (p. 82-90). Analise sua própria comunidade de fé. Junto com seu grupo, liste as maneiras pelas quais sua comunidade é autocentrada e centrada nos outros. O que essas listas dizem a você?

3. O autor escreve: "O valor da igreja não está em sua longevidade, mas em seu amor. O sucesso da igreja não está em seu tamanho, mas

em seu serviço às pessoas e à comunidade" (p. 90). As igrejas têm dificuldade em focar mais o amor que a longevidade e mais o serviço que o tamanho? Que fatores contribuem para essa dificuldade?

4. Qual foi sua reação à ideia do autor de "valorizar nossos tesouros"? Por quê?

5. Como você se sente em relação ao que Dallas Willard diz: "A tarefa mais importante que temos, especialmente para aqueles que ocupam a liderança na igreja, é orar pelo sucesso de nossas igrejas vizinhas" (p. 95)?

6. Você consegue lembrar-se de uma ocasião em que deu a você mesmo "espaço de graça" (p. 96-98)? Nesse caso, como o espaço afetou a situação?

Aplicando a Palavra [10 -20 minutos]

Peçam para um voluntário ler em voz alta Filipenses 2.3-11 e a seguir discutam estas questões com o grupo:

1. O que essa passagem nos diz sobre as narrativas de Jesus?
2. Como você descreveria a metanarrativa desse texto (a história maior)?
3. Como grupo, criem uma lista de formas tangíveis de seguir o exemplo de Cristo, que humilhou a si mesmo em favor dos outros. Individualmente considerem quais itens vocês poderiam pôr em prática esta semana.

Sigam em paz [5 minutos]

Peçam para um voluntário ler em voz alta a seguinte citação do livro:

> As comunidades se tornam centradas nos outros quando se engajam na narrativa do Reino de Deus. Sabem que a

comunidade é um posto avançado do Reino de Deus, um lugar no qual a graça é expressa e vivida sempre que necessário (p. 90).

Que nossas comunidades possam tornar-se esses lugares.

Próxima semana

O capítulo seguinte considera os laços que unem uma comunidade cristã. O exercício de treinamento para a alma expressa amor em relação àqueles de quem você discorda. Há sugestões práticas para esse treinamento para a alma, mas você precisará de uma semana inteira para poder implementá-las.

CAPÍTULO 4: A COMUNIDADE CENTRADA EM CRISTO

Abrindo-nos para Deus [5 minutos]

Comecem fazendo cinco minutos de silêncio. Ao final do período, alguém no grupo pode fazer uma breve oração, tocar um sino de meditação ou simplesmente dizer amém.

Treinamento para a alma [10-20 minutos]

Se vocês estiverem num grupo de sete ou mais pessoas, dividam-se em subgrupos de três ou quatro participantes. Usem as questões a seguir para discutir sua experiência de amar aqueles de quem você discorda.

1. Que passos tangíveis você tomou para expressar amor àqueles que discordam de você?
2. Como essa interação mudou sua perspectiva?
3. Quais das cinco práticas recomendadas por John Wesley parecem ser mais difíceis? Por que você pensa dessa forma?
4. Dois exercícios adicionais envolvem orar pela unidade da igreja assim como de pastores e líderes. Conforme você fez essas orações, como seu foco mudou?

Aplicando o capítulo [30-40 minutos]

Se vocês se dividiram em subgrupos para realizar o exercício de treinamento para a alma, podem reagrupar-se para discutir o capítulo. Se o tempo for limitado, leiam as questões a seguir e destaquem aquelas que quiserem discutir especialmente e então iniciem a discussão.

1. O autor abre o capítulo com uma história de ser rejeitado por um público por causa de uma questão teológica. Discuta uma ocasião em que você experimentou rejeição por parte de outros cristãos. Como você se sentiu nessa ocasião?

2. A narrativa verdadeira deste capítulo é: "Se você não se veste, não age, não adora, nem acredita da mesma forma que eu, mas seu coração vibra de amor por Jesus, então, independentemente de nossas diferenças, podemos e devemos ter comunhão um com o outro" (p. 110). Que relacionamentos têm ilustrado essa narrativa verdadeira em sua vida?

3. Nas páginas 114-115 o autor relata uma experiência de servir a Comunhão e perceber que muitos tipos diferentes de mãos se tornam um só Corpo em Cristo. O que você aprendeu com essa história?

4. Com base na sabedoria de John Wesley, o autor escreve:

> Nós podemos ter, e de fato teremos, maneiras diferentes de pensar, estilos de adoração preferenciais, métodos de batismo aprovados, mas esses pontos não são essenciais. A única coisa que realmente importa é que nosso coração vibre de amor por Jesus. Se tivermos isso, estaremos unidos (p. 118-119).

Como a igreja seria diferente hoje se as pessoas tivessem mantido essa crença?

5. Discuta quaisquer experiências positivas que você tenha vivenciado ao adorar com pessoas de formação diferente da sua. Como isso afeta sua abertura a oportunidades futuras para esse tipo de adoração?

6. Peçam para um voluntário ler em voz alta a visão descrita por Richard Foster nas páginas 125-126 e a seguir discutam as seguintes questões

- O que essa passagem nos diz sobre a visão de Deus para a igreja?
- O que ela provoca em seu íntimo? Como gostaria de reagir?

Aplicando a Palavra [10-20 minutos]

Para este capítulo, as Escrituras serão exploradas aplicando-se a prática da *lectio divina*. Uma pessoa no grupo deverá atuar como o líder, indicando quando passar à próxima etapa. Usem os seguintes passos como grupo.

- Comecem fazendo alguns minutos de silêncio. Então peçam para alguém ler em voz alta para o grupo a passagem de João 17.20-21:

    Minha oração não é apenas por eles. Rogo também por aqueles que crerão em mim, por meio da mensagem deles, para que todos sejam um, Pai, como tu estás em mim e eu em ti. Que eles também estejam em nós, para que o mundo creia que tu me enviaste.

- Passem alguns minutos construindo um panorama desses versículos em sua mente. Reflitam sobre o que Jesus está dizendo nesse texto.
- Peçam para um voluntário diferente ler lentamente a passagem pela segunda vez. À medida que a passagem for lida, observem qualquer palavra ou frase que capte sua atenção. Passem alguns minutos em silêncio, simplesmente meditando nessa palavra ou frase.
- Antes da terceira leitura, cada pessoa no grupo deve compartilhar a palavra ou frase sobre a qual estava meditando durante o silêncio. (Não deem nenhuma explanação da palavra.)
- Peçam para um terceiro voluntário ler lentamente a passagem mais uma vez. Após a leitura, invistam mais tempo em diálogo silencioso com Deus, explorando por que ele dirigiu sua atenção a essa palavra ou frase. Considerem o que Deus está chamando você a saber ou a fazer por meio dessa palavra.

- Após o período de silêncio, aqueles que estiverem à vontade podem compartilhar uma ou duas sentenças descrevendo o que sentem que Deus os está chamando a fazer.
- Peça para um quarto voluntário ler a passagem pela última vez. Depois dessa leitura, iniciem um novo período de silêncio e simplesmente descansem na presença amorosa de Deus. Depois de cinco a dez minutos peçam para um voluntário fazer uma simples oração de ação de graças a Deus por esse período de comunhão.

Sigam em paz [5 minutos]

Para concluir seu tempo juntos, peçam para um voluntário ler em voz alta a seguinte citação do livro:

> Como podemos concordar com as pessoas que se recusam a concordar conosco? Como podemos estar "unidos num só pensamento e num só parecer" quando não concordamos claramente em todos os pontos? Devemos simplesmente abrir mão de nossas ideias, opiniões ou doutrinas? Nunca concordaremos em todas as coisas, mas podemos e devemos concordar em um ponto: *Jesus é o Senhor* (p. 116).

Amém!

Próxima semana

O capítulo seguinte examina a reconciliação e o perdão dentro da comunidade cristã. O exercício de treinamento para a alma oferece três opções para a prática do perdão. Como grupo, analisem os três exercícios listados nas páginas 128-130. Há alguém em relação a quem você gostaria de praticar a opção 1, permitindo que essa pessoa o perdoe? Em caso positivo, algum voluntário no grupo estaria disposto a carregar o fardo do ressentimento e começar a apoiar a situação em oração?

Quando o grupo se reunir na próxima semana, você poderá compartilhar suas experiências com essa prática. As outras opções podem ser postas em prática individualmente.

CAPÍTULO 5: A COMUNIDADE DA RECONCILIAÇÃO

Abrindo-nos para Deus [5 minutos]

Comecem fazendo cinco minutos de silêncio. Ao final do período, alguém no grupo pode fazer uma breve oração, tocar um sino de meditação ou simplesmente dizer amém.

Treinamento para a alma [10-20 minutos]

O exercício de treinamento para a alma envolve vários passos e maneiras de experimentar o perdão. Cada de uma das três questões seguintes se relaciona aos três exercícios de treinamento para a alma; em grupos de três ou quatro participantes, respondam às questões que se apliquem.

1. Se você tiver permitido que outros o perdoassem, discuta de que forma essa prática afetou sua vida. Se você tiver carregado o fardo de ressentimento de alguém, descreva sua experiência de oração diária e o que mudou dentro de você.

2. O autor nos apresenta dois passos necessários para perdoar alguém que nos feriu: "identidade" e "perspectiva" (p. 155-156). Se você focou algum desses passos, examine com seu grupo como ele foi útil e que desafios você enfrentou.

3. A terceira prática envolvia descobrir algo novo na Ceia do Senhor. Se você tentou fazer isso, reflita sobre o que você observou na Ceia do Senhor e como isso se relaciona com o perdão e a reconciliação.

Aplicando o capítulo [30-40 minutos]

Se vocês se dividiram em subgrupos para realizar o exercício de treinamento para a alma, podem reagrupar-se para discutir o capítulo.

Se o tempo for limitado, leiam as questões a seguir e destaquem aquelas que quiserem discutir especialmente, e então iniciem a discussão.

1. O autor começa o capítulo com a história de Stan. Como você se sentiu ao ler essa história? Que papel as narrativas, a comunidade e o treinamento para a alma desempenharam em sua transformação e cura?

2. A narrativa falsa discutida no capítulo é: "Só seremos perdoados e curados quando nós mesmos perdoarmos" (p. 138), mas a narrativa verdadeira é: "Só quando soubermos que fomos perdoados é que seremos curados e nos tornaremos capazes de perdoar" (p. 140). Como grupo, discutam se vocês se sentiram à vontade ou desconfortáveis com essas ideias. Reflitam sobre as partes dessa narrativa com as quais vocês concordam e das quais discordam.

3. Quem de vocês mais se identifica com a história de perdão que Jesus contou em Mateus 18? Explique.

4. Compreender com clareza esse perdão não é algo que conseguimos com nossa própria força de vontade, o autor explica: "Jesus [...] é tanto o *padrão* quanto o *poder* de perdoar e de promover a reconciliação" (p. 148). Quando vocês experimentaram o poder de Jesus que lhes permitiu perdoar alguém? Discutam essa experiência em grupo.

5. O autor relata sua experiência de confissão com Richard Foster (p. 148-150). Como grupo, nomeiem suas próprias experiências com a confissão. Quando vocês experimentaram uma confiança profunda por meio da confissão de pecados e da afirmação do perdão de Deus?

6. Revisem as duas seções intituladas "Mantendo os limites do perdão" (p. 150-151) e "A armadilha do perdão" (p. 151-152). Quanto essas seções foram úteis? Que dificuldades sobre o perdão ainda permanecem para você?

Aplicando a Palavra [10-20 minutos]

Peçam para um voluntário ler em voz alta a passagem das Escrituras a seguir:

> Tudo isso provém de Deus, que nos reconciliou consigo mesmo por meio de Cristo e nos deu o ministério da reconciliação, ou seja, que Deus em Cristo estava reconciliando consigo o mundo, não levando em conta os pecados dos homens, e nos confiou a mensagem da reconciliação (2Coríntios 5.18-19).

Em resposta a essa passagem, o autor escreve:

> Essa é uma explanação clara da finalidade da cruz. Deus — em Cristo — não está contando nossos pecados contra nós. Deus parou de contar e com certeza nunca recomeçou a fazê-lo. Deus não mais lida conosco baseado em nossos pecados, mas em nossa fé. Jesus morreu por todos os pecados, de todas as pessoas, de todos os tempos — e isso inclui você. Você sabe disso? Você tem aquela paz que excede todo o entendimento? Você tem a alegria de saber que Deus não tem nada contra você? (p. 140-141).

1. Como grupo, discutam as ocasiões em que vocês experimentaram o propósito da cruz e a alegria que a mensagem traz.
2. Como seu conhecimento do perdão de Deus o capacitou a ser um ministro da reconciliação para os outros?

Sigam em paz [5 minutos]

Concluam seu tempo reunindo parceiros para orar uns pelos outros a fim de conhecer o perdão e a reconciliação de Deus de maneira mais profunda.

Próxima semana

O capítulo seguinte examina o encorajamento e a prestação de contas dentro da comunidade cristã. O desafio do exercício de treinamento para a alma envolve encontrar um amigo a quem prestar contas. Você precisará trabalhar nos detalhes para esse encontro bem no início da semana.

CAPÍTULO 6: A COMUNIDADE DO ENCORAJAMENTO

Abrindo-nos para Deus [5 minutos]

Comecem fazendo cinco minutos de silêncio. Ao final do período, alguém no grupo pode fazer uma breve oração, tocar um sino de meditação ou simplesmente dizer amém.

Treinamento para a alma [10-20 minutos]

Se vocês estiverem num grupo de sete ou mais pessoas, dividam-se em subgrupos de três ou quatro participantes. Usem as questões a seguir para discutir sua experiência de encontrar-se com um amigo para prestar contas.

1. Você conseguiu encontrar um amigo a quem prestar contas?
2. Como a conversa com essa pessoa afetou sua vida?
3. Você já teve alguma experiência com um amigo (ou grupo) de prestação de contas no passado? Como você compararia essa experiência passada à experiência desta semana?
4. Que resistências você sente em ter um amigo de prestação de contas?

Aplicando o capítulo [30-40 minutos]

Se vocês se dividiram em subgrupos para realizar o exercício de treinamento para a alma, podem reagrupar-se para discutir o capítulo. Se o tempo for limitado, leiam as questões a seguir e destaquem aquelas que quiserem discutir especialmente e então iniciem a discussão.

1. O autor abre o capítulo com uma história da Igreja de Claypot e de seu pastor, Tom Smith. Que pontos da seção de abertura inspiraram e desafiaram vocês?

2. Ao discutir a narrativa falsa, o autor considera como as igrejas baixam suas expectativas e eliminam o compromisso arriscando-se a reduzir as chances de transformação genuína (p. 162-163). Descrevam o nível de compromisso percebido em várias igrejas que vocês já frequentaram. Como esse nível de compromisso os afetou? Vocês já testemunharam um nível mais alto de compromisso levar à transformação genuína? Em caso positivo, discutam o que viram.

3. À medida que o autor explica a narrativa verdadeira, ele escreve:

> Quero uma comunidade que me faça lembrar quem eu sou e que me vigie com amor — o que significa oferecer consolo tanto quanto exortação — de modo que eu possa viver uma vida digna de meu chamado (p. 165).

Vocês desejam esse tipo de comunidade para sua vida? O que atrai vocês para essa ideia? Vocês sentem alguma espécie de resistência em relação a esse tipo de comunidade?

4. Numa manhã de domingo na qual o autor não queria ir à igreja, ele acabou sendo lembrado de sua identidade. Ele escreve: "Sei quem sou: amado, perdoado, lavado, vivificado e destinado para a alegria eterna. À medida que cantamos, a comunidade me faz lembrar quem eu sou" (p. 167). Discutam ocasiões em que sua comunidade de fé fez vocês recordarem de sua identidade.

5. Há uma pessoa ou grupo em sua vida que incentivou a amar e a praticar boas obras? Em caso positivo, por favor, descreva como isso aconteceu.

6. O autor afirma: "Admoestar é avisar, vigiar e oferecer orientação aos outros" (p. 172). Por que vocês acham que relutamos em admoestar uns aos outros? Como podemos lidar com essa questão?

7. Vocês concordam com a teoria de Dallas Willard de que, se oferecermos bom treinamento aos 10% dos membros da igreja que estão prontos e dispostos a crescer, eles se desenvolverão e sua transformação levará a uma mudança nos outros 90%? Por que sim ou por que não?

Aplicando a Palavra [10-20 minutos]

Peçam para um voluntário ler em voz alta 1Tessalonicenses 5.14. Observe que há dons específicos oferecidos a pessoas com necessidades específicas; por exemplo, o preguiçoso recebe uma advertência, enquanto o tímido recebe encorajamento.

1. Houve alguma ocasião em que alguém em sua comunidade de fé encorajou vocês? Expliquem.
2. Vocês já viram alguém oferecer o dom errado a uma pessoa (por exemplo, fazer uma repreenda ao fraco ou ter paciência com o indolente)?
3. Como discernimos do que uma pessoa precisa enquanto permanecemos firmes a seu lado?
4. Deem exemplos específicos de situações nas quais vocês poderiam praticar a paciência nesta semana.

Sigam em paz [5 minutos]

Peçam para um voluntário ler em voz alta a seguinte citação:

> Quero uma comunidade que me desafie a tornar-me aquilo que eu de fato já sou: alguém em quem Cristo habita e se deleita, uma luz para o mundo, uma porção de sal para a terra, o aroma de Cristo para um mundo em agonia. Quero uma comunidade que me faça lembrar quem eu sou e que me vigie com amor — o que significa oferecer consolo tanto quanto exortação — de modo que eu possa viver uma vida digna de meu chamado (p. 165).

Próxima semana

O capítulo seguinte trabalha com a generosidade. O exercício de treinamento para a alma é aplicar a moderação a seu tempo, seus tesouros e seus talentos a fim de criar margem para que sejam mais generosos.

CAPÍTULO 7: A COMUNIDADE DA GENEROSIDADE

Abrindo-nos para Deus [5 minutos]

Comecem fazendo cinco minutos de silêncio. Ao final do período, alguém no grupo pode fazer uma breve oração, tocar um sino de meditação ou simplesmente dizer amém.

Treinamento para a alma [10-20 minutos]

Se vocês estiverem num grupo de sete ou mais pessoas, dividam-se em subgrupos de três ou quatro participantes. Usem as questões a seguir para discutir sua experiência de aplicar a moderação a seu tempo, seus talentos e seus tesouros de modo que você possa então ser generoso com esses recursos.

1. Que desafios vocês experimentaram ao serem moderados nessas três áreas?
2. Vocês notaram um aumento em sua margem? Em caso positivo, de que tipo?
3. De que novas maneiras você foi capaz de ser generoso como resultado de sua moderação e margem aumentada?
4. Sua comunidade de fé tende a pôr mais ênfase na administração do tempo, dos talentos ou dos tesouros? Como essa ênfase afeta suas práticas?
5. Se vocês fizerem o exercício extra de escrever um parágrafo sobre sua comunidade generosa, compartilhem como se sentiram ao descrevê-la.

Aplicando o capítulo [30-40 minutos]

Se vocês se dividiram em subgrupos para realizar o exercício de treinamento para a alma, podem reagrupar-se para discutir o capítulo. Se o tempo for limitado, leiam as questões a seguir e destaquem aquelas que quiserem discutir especialmente e então iniciem a discussão.

1. O autor inicia o capítulo contando a história de seus sentimentos confusos sobre levar um sem-teto para jantar. Discutam suas experiências de ajudar os necessitados, bem como os sentimentos que essas situações produziram.

2. Há três narrativas falsas que impedem a generosidade: "Deus ajuda aqueles que ajudam a si mesmos" (p. 187), "Se eu der o que tenho, ficarei com menos" (p. 188) e "O que eu tenho é meu, para usar em meu benefício" (p. 188). Qual dessas três narrativas falsas é a mais forte em sua vida? Relatem histórias de como vocês passaram a acreditar nessas narrativas.

3. Ao explicar a terceira narrativa verdadeira de que todas as coisas pertencem a Deus e nós somos apenas administradores desses recursos, o autor escreve: "Somos administradores dos dons de Deus; tudo pertence a ele. Isso faz toda a diferença. [...] Essa mudança fundamental afeta todas as nossas decisões cotidianas" (p. 192).

4. Passem alguns minutos em silêncio refletindo sobre como as decisões diárias que vocês tomam são afetadas por essa mudança. Num diário ou na margem de seu livro, escrevam o que vocês podem fazer de maneira diferente por causa desse conhecimento. Se vocês se sentirem à vontade, compartilhem suas anotações com dois ou três dos outros participantes do grupo como forma de prestarem contas uns aos outros.

5. O autor menciona vários indivíduos que compartilham seus dons com ele e destaca o fato de ter aprendido a receber esses dons com humildade. Citem uma ou duas pessoas que são uma bênção profunda

para vocês. Vocês são capazes de receber seus dons sem tentar retribuir? Por que sim ou por que não?

6. As três formas de tornar-se uma comunidade generosa são: 1) descobrir a alegria de dar; 2) aprender o caminho para criar margem; 3) aprender maneiras diferentes de dar (p. 203-205). Qual dessas formas é a mais ausente em sua comunidade de fé? Como vocês poderiam aumentar seu conhecimento ou sua habilidade nessa área?

7. Como vocês reagem à ideia de que não podemos dar depois que morrermos e só podemos fazê-lo agora mesmo? Se vocês concordam com essa declaração, que mudanças poderiam fazer em sua vida diária?

Aplicando a Palavra [10-20 minutos]

Peçam para um voluntário ler em voz alta o texto de 2Coríntios 8.13,14:

> Nosso desejo não é que outros sejam aliviados enquanto vocês são sobrecarregados, mas que haja igualdade. No presente momento, a fartura de vocês suprirá a necessidade deles, para que, por sua vez, a fartura deles supra a necessidade de vocês. Então haverá igualdade.

1. Quando a abundância e a generosidade de outra pessoa supriram suas necessidades?
2. Quando compartilhar sua abundância ajudou alguém necessitado e levou à igualdade?

Sigam em paz [5 minutos]

Peçam para que um voluntário leia em voz alta esta citação do livro:

> Um evangelho de abundância é encontrado somente no Reino de Deus, no qual de alguma maneira obtemos aquilo de

que precisamos, no momento em que necessitamos. O Reino de Deus não é como um caixa eletrônico do qual podemos sacar uma quantia infinita para gastar quando queremos. É uma despensa de recursos oferecidos àqueles que entendem os caminhos do Reino. Onde houver uma necessidade e uma pessoa que possa satisfazê-la, nunca faltará provisão (p. 194).

Busquemos juntos o Reino!

Próxima semana

O capítulo seguinte analisa o papel da adoração na comunidade cristã. O exercício de treinamento para a alma sugere cinco passos para nos prepararmos para a adoração.

CAPÍTULO 8: A COMUNIDADE DA ADORAÇÃO

Abrindo-nos para Deus [5 minutos]

Comecem fazendo cinco minutos de silêncio. Ao final do período, alguém no grupo pode fazer uma breve oração, tocar um sino de meditação ou simplesmente dizer amém.

Treinamento para a alma [10-20 minutos]

O exercício de treinamento para a alma do capítulo nos conduziu por cinco passos preparatórios para a adoração, ajudou-nos a manter o foco durante a adoração e aplicou o que Deus nos está chamando para fazer na adoração seguinte. Se vocês estiverem em grupo de seis ou mais pessoas, dividam-se em subgrupos de três ou quatro participantes. Usem estas perguntas para examinar esses cinco passos:

1. Vocês conseguiram preparar-se para a adoração criando margem, chegando mais cedo e adentrando o culto com expectativa santa?

Em caso positivo, que impacto esses passos tiveram em sua experiência de adoração?
2. Qual aspecto da adoração vocês focaram nesta semana? O que vocês observaram ou aprenderam com isso?
3. Qual foi a coisa que vocês sentiram que Deus os está chamando a realizar? Tiveram oportunidade de responder? Em caso positivo, qual foi o resultado?

Aplicando o capítulo [30-40 minutos]

Se vocês se dividiram em subgrupos para realizar o exercício de treinamento para a alma, podem reagrupar-se para discutir o capítulo. Se o tempo for limitado, leiam as questões a seguir e destaquem aquelas que vocês quiserem discutir especialmente e então iniciem a discussão.

1. O autor nos oferece três narrativas falsas e duas narrativas verdadeiras (p. 186-193). Qual das narrativas falsas está mais em ação em sua vida? Como vocês podem afirmar isso? Vocês concordam com as narrativas verdadeiras? Por quê?
2. Ao resumir a citação de C. S. Lewis, o autor escreve: "Precisamos uns dos outros, a despeito de nossas diferenças. A adoração não tem a ver com a qualidade do desempenho, mas tem tudo a ver com o coração daqueles que adoram" (p. 219). Como as diferenças dentro de sua comunidade de adoração têm sido uma bênção para vocês? Como descreveriam o coração de sua comunidade de adoração?
3. Na carta a seu filho, Jacob, o autor explica o valor e a importância de vários elementos de adoração. O que vocês consideram mais útil nessa seção (p. 223-231)? Por quê?
4. Se vocês se sentirem à vontade, discutam suas dificuldades com a adoração — a mágoa, o desapontamento, a desilusão ou o cansaço que tornam a adoração difícil para vocês. Concluam este tempo de

compartilhamento com uma oração em favor uns dos outros e em benefício de qualquer pessoa que tenha dificuldades em encontrar uma casa de adoração.

5. Em nossa cultura atual, é fácil nos transformarmos em consumidores de adoração. Quais são os sinais de que vocês estão mais concentrados em criticar a adoração do que em criticar seu próprio coração?

6. Leiam a citação de Jayber Crow nas páginas 184-185. Que emoções essa história desperta dentro de vocês? Como isso muda sua perspectiva de adoração, sua comunidade de fé e sua posição nessa comunidade?

Aplicando a Palavra [10-20 minutos]

Peçam para um voluntário ler em voz alta Salmos 95.1-3.

1. Quando vocês leem esse salmo, sentem-se encorajados ou desestimulados com respeito a sua própria experiência de adoração? Por quê?

2. Por que sentimos que nossa experiência de adoração precisa corresponder à experiência do salmista?

3. Vocês já sentiram o tipo de alegria na adoração que Davi descreve no salmo? Relatem sua experiência.

4. A narrativa de Davi no salmo 95 é que Deus é uma rocha, o Senhor e o Rei sobre todos os deuses. Que conexão existe entre a perspectiva de Davi quanto a um maravilhoso e bom Deus e sua resposta em adoração?

Sigam em paz [5 minutos]

Peçam para um voluntário ler em voz alta a seguinte citação como uma bênção para seu tempo juntos:

Cristianismo não é religião, mas a formação de um povo por meio do evangelho — as boas-novas de que Deus em Cristo reconciliou o mundo. Religião é a busca dos seres humanos por Deus; cristianismo é a busca de Deus pelos seres humanos. Nós não adoramos tanto quanto reagimos a essa busca. "Por intermédio de Cristo, no Espírito, respondemos ao amor do Pai. Esse é o padrão básico." (p. 217).

Próxima semana

A seção final do livro traz orientação para criar um plano de formação da alma. A sessão seguinte dará ao grupo oportunidade de refletir sobre seus planos de treinamento para a alma e possivelmente criar um plano de desenvolvimento da alma para o grupo inteiro.

CAPÍTULO 9: ESCREVENDO UM PLANO DE TREINAMENTO PARA A ALMA

Esta sessão é projetada para ajudar grupos a processar sua experiência com a regra individual e também provê orientação para criar uma regra de grupo.

Abrindo-nos para Deus [5 minutos]

Comecem fazendo cinco minutos de silêncio seguidos por uma breve oração de ação de graças pela jornada que o grupo compartilhou.

Aplicando o capítulo [30-40 minutos]

Utilizem as seguintes perguntas para examinar o processo de criar seu plano individual e aprender com os outros no grupo.

1. Discutam seu processo de selecionar as práticas do exercício de treinamento para a alma que formam a base de seu plano. O que foi fácil e o que foi difícil ao criar essa lista?

2. O segundo passo para criar uma estratégia de treinamento para a alma é adicionar práticas que não fazem parte da trilogia.

Que outras práticas vocês acrescentaram à lista? Algum dos acréscimos feitos surpreendeu vocês?

3. Quando vocês olharam pela primeira vez para sua lista de disciplinas espirituais, notaram algum desequilíbrio? Vocês tiveram de excluir algum item para tornar a lista sustentável?
4. À medida que vocês seguiram seu plano nesta semana, de que maneira ele afetou seu relacionamento com Deus?
5. Como vocês descreveriam as interações diárias e semanais com Deus antes de vocês escreverem um plano? O que foi positivo e o que foi difícil em sua jornada espiritual? Como seu plano se ajusta a esse impasse?

Como grupo, vocês precisarão decidir se seguirão a sugestão do autor e criarão um plano de grupo. É útil esclarecer que o grupo não precisa necessariamente reunir-se para observar cada uma das práticas espirituais que compõem o plano do grupo. Aqui estão alguns passos a seguir e pontos a considerar se vocês decidirem criar esse tipo de plano:

1. Cada pessoa do grupo deve escrever numa tira de papel uma disciplina da lista considerada especialmente significativa. Vocês também podem avaliar se seria útil ter outras pessoas envolvidas nessa disciplina simultaneamente.
2. Compilem a lista de disciplinas registradas nas tiras de papel.
3. Decidam com que frequência cada disciplina será observada. Sejam misericordiosos nesse assunto. Uma pessoa pode ter uma agenda que lhe permite fazer duas horas de silêncio por dia, mas outra pode encontrar dificuldade para reservar cinco minutos. Elabore o plano de modo que possa ser cumprido por pessoas que têm dificuldades em seguir qualquer disciplina. Aqueles que são capazes de fazer mais certamente andarão a segunda milha por conta própria.
4. Uma vez que a lista esteja completa, busquem equilíbrio e sustentabilidade. Está faltando algo claramente importante? Há um bom

equilíbrio entre as disciplinas que se relacionam a Deus, a você e ao próximo? Providenciem quaisquer ajustes que forem necessários.

5. Cada membro do grupo deve registrar o plano por escrito e marcar na agenda para que possa ser observado oportunamente. Também pode ser útil para os membros escrevê-lo num cartão para ser carregado por toda parte. Outras considerações:

- Decidam quando vocês se reunirão novamente para prover encorajamento e apoio mútuos. (Pode ser em intervalos de duas a quatro semanas.)
- Certifiquem-se de que vocês têm outras formas de permanecer em contato uns com os outros nos intervalos entre as reuniões, seja por *e-mail, blog* ou algum outro recurso. Use essa comunicação não apenas para discutir as disciplinas, mas também para compartilhar pedidos de oração e descobertas de como Deus está trabalhando em sua vida.

ENCONTROS FUTUROS

Use o esboço seguinte quando o grupo se reunir para refletir sobre o plano e sobre como Deus está agindo na vida de cada participante.

Abrindo-nos para Deus

Comece fazendo cinco minutos de silêncio. Ao final do período, alguém no grupo pode fazer uma breve oração, tocar um sino de meditação ou simplesmente dizer amém.

Questões de exame para os grupos

1. Com quais narrativas antigas e falsas vocês têm lutado desde nosso último encontro?
2. Que narrativas verdadeiras se tornaram mais fortes ou mais claras desde nosso último encontro?

3. Como vocês estão lidando com seu plano?
4. O que Deus está ensinando a vocês por meio das práticas em seu plano?
5. Como os participantes do grupo podem apoiar-se e estimular-se mutuamente?

Revisão

Revisem o plano do grupo e removam as disciplinas que parecem não se conectar a sua jornada como grupo (lembre-se: os indivíduos ainda podem observar individualmente essas práticas). Há uma ou mais disciplinas que podem ser acrescentadas? Formalizem o novo plano e utilizem-no até o próximo encontro.

Sigam em paz

Concluam seu tempo lendo uma passagem das Escrituras ou uma citação importante, ou ainda recitem a Oração do Senhor.

Agradecimentos

Este livro — e os outros dois livros da trilogia — não existiriam sem Dallas Willard, o exemplo vivo de um verdadeiro aprendiz de Jesus, que me tem inspirado de incontáveis maneiras. O esboço de Dallas para um "currículo para tornar-nos semelhantes a Cristo" é o pano de fundo destes livros. É difícil avaliar o impacto de sua vida e de suas obras sobre minha alma.

Esses livros também não teriam sido escritos se não fosse Richard J. Foster, que tem derramado sua vida e sabedoria sobre minha vida por mais de vinte e cinco anos. Todo mundo deveria ter um professor tão brilhante e autêntico como Richard. Sou extremamente grato a Richard por encontrar em mim algo no que valesse a pena acreditar e arriscar.

A pessoa que fez o maior sacrifício é minha maravilhosa, linda, divertida e muito paciente esposa, Meghan Smith. Ela suportou vários meses como "viúva do escritor", sem jamais reclamar. Muito obrigado, Meghan, por saber quão importante é esta série para mim, ao apoiar-me e encorajar-me em cada passo do caminho. E obrigado por editar o material o tempo todo. Minha vida inteira é melhor por sua causa. Você ainda me tira o fôlego.

Meus filhos, Jacob e Hope, também abriram mão de muita coisa enquanto eu escrevia. Obrigado por me permitirem contar suas histórias. Obrigado também por todo o apoio durante esses anos em que escrevi, reescrevi, editei e ensinei este material. Sei que o tempo que passo com outras pessoas é tempo retirado de nossa convivência. Farei de tudo para compensar vocês!

Também gostaria de agradecer a nossos primeiros discípulos e agora colegas por todo o estímulo e apoio. Aos dois "filhos do trovão": Patrick Sehl, obrigado por seu incessante auxílio e amor por este material; e C. J. Fox, obrigado por ser exemplo de integridade e entusiasmo. Aos dois "sábios lendários": Matt Johnson, obrigado por sua silenciosa confiança, dedicação ao Rei e ao Reino e pela essência de patchuli; e Jimmy Taylor, obrigado por sua criatividade e profundidade e por seu amor absoluto a Jesus. Esses quatro jovens irão mudar o mundo.

Gostaria de agradecer a dois de meus colegas na Friends University que leram o manuscrito da trilogia, ofereceram muitas sugestões úteis e me ajudaram a evitar alguns erros — ao dr. Stan Harstine, por seu brilhantismo bíblico, e ao dr. Darcy Zabel, por suas habilidades literárias.

Estou em grande débito com Kathy Helmers, minha agente e guia no labiríntico mundo editorial, por compartilhar meu amor por esta trilogia, transformando-a em algo bom, e então encontrando o parceiro certo para publicação. Kathy, você é a melhor no que faz, e sou um felizardo em trabalhar com você.

Gostaria também de agradecer a Jeff Crosby e Cindy Bunch da InterVarsity Press, que deixaram claro para mim desde o momento em que nos encontramos que vocês eram pessoas de qualidade com habilidades incríveis, uma paixão pela publicação de bons livros e uma clara visão do que esta série é e pode ser. Sou abençoado em trabalhar com vocês dois.

Além disso, quero agradecer a Andrew Tash por ter escrito as excelentes questões que complementam cada capítulo.

E gostaria de agradecer a outros que contribuíram de maneiras menos visíveis.

Bob Casper — por acreditar em mim e nestes livros e por sua mente brilhante.

Jeff Gannon — meu pastor, amigo e colega trabalhador do Reino.

Lyle SmithGraybeal — por nunca ter duvidado da trilogia.

Vicki e Scott Price — por me amarem e acreditarem em mim neste projeto.

Ashley Brockus — pelo incentivo e por toda a assistência para que o trabalho pudesse ser realizado.

Também agradeço ao povo e aos pastores da Igreja Metodista Unida de Chapel Hill, em Wichita, no Kansas, que estudaram e puseram em prática os conceitos da trilogia, permitindo-me aprender com base em suas experiências e descobertas. Sua presença flui nas páginas desses três livros.

Finalmente, gostaria de agradecer a Warren Farha, da Eighth Day Books, por ter me ajudado a encontrar os livros certos para ler e estudar. Não há maior "amante dos livros" e nenhum livreiro mais admirável neste mundo.

Sobre o RENOVARE

<www.renovare.org>

Há exatos vinte anos, Richard J. Foster, meu mentor e amigo, me disse: "Jim, estou começando um ministério. É tempo de derrubar os muros que separam as denominações. A igreja precisa desempenhar melhor sua tarefa primordial — fazer discípulos.

"E as pessoas precisam aprender a praticar as disciplinas espirituais não apenas como indivíduos, mas como parte de um grupo.

"Precisamos ajudar a igreja moderna a conectar-se com a igreja primitiva. Gostaria que você me ajudasse a desenhar e liderar esse programa". Eu aceitei o desafio. Um mês depois, encontrei Richard para almoçar, e ele me disse que tinha encontrado um nome para esse ministério de renovação espiritual: RENOVARE[1] (palavra latina que significa "renovar"). Na hora, soube que estávamos em apuros: ninguém (nos Estados Unidos) seria capaz de pronunciar esse nome, e ninguém saberia o que isso quer dizer.

---

[1] Para mais informações, acesse RENOVARE BRASIL em: <www.renovare.org.br>.

Mas soava realmente interessante, porque desde o princípio era algo realmente ousado e desafiador.

O que me alegra no RENOVARE é que ele trabalha ao lado das igrejas, provendo-lhes recursos, sem tentar desempenhar sua função última, a saber, fazer discípulos de Jesus Cristo. Muitas pessoas esquecem que os seguidores de Cristo foram *discípulos* porque praticaram as *disciplinas* de Cristo; apesar disso, foram aquelas práticas de oração, moralidade, compartilhar o evangelho, serviço, comunhão e dons espirituais que tornaram a vida dos discípulos tão dinâmica e tão rica.

O RENOVARE ajuda pessoas e igrejas a redescobrir essas práticas para que possamos ser mais parecidos com Jesus. Tenho trabalhado com o RENOVARE por todos estes anos (e me associei a ele no desenvolvimento desta série de livros) porque ele sabe que seguir Cristo é mais que uma denominação, mais que o último programa da igreja, e nos dá ferramentas para descobrir a vida com Deus nos desafios da vida cotidiana.

Talvez você não perceba imediatamente, mas o livro que acabou de ler tem muito do RENOVARE — tem o mesmo DNA, se você preferir. Assim, espero que você não pare por aqui, porque o RENOVARE — tanto a organização quanto a comunidade das pessoas mais parecidas com Cristo que eu conheço — continua a conversa e a jornada que você iniciou neste livro. Venha e caminhe conosco.

Esta obra foi composta em *GoudyOlSt BT*
e impressa por Imprensa da Fé sobre papel
Pólen Natural 70 g/m² para Editora Vida.